Burghard Krause · Reise ins Land des Glaubens

Burghard Krause

Reise ins Land des Glaubens

Christ werden – Christ bleiben

Aussaat

2. Auflage 2003

Verlagsgesellschaft des Erziehungsvereins mbH, Neukirchen-Vluyn
Titelgestaltung: Hartmut Namislow
Gesamtherstellung: Breklumer Druckerei Manfred Siegel KG
Printed in Germany
ISBN 3-7615-5160-6
Bestellnummer 155 160

INHALT

I. Vom Land des Glaubens – und wie es sich erkunden lässt

Liebe Leserin, lieber Leser,

eigentlich würde ich Ihnen jetzt gern gegenübersitzen – zum Beispiel in einem gemütlichen Café. Sie hätten dann nicht nur mein Buch in den Händen, sondern auch mein Gesicht vor Augen. Vielleicht kämen wir miteinander ins Gespräch über das, was Sie lesen und was in Ihnen dadurch ausgelöst wird. Sie müssten sich nicht Fragezeichen am Buchrand machen. Sie könnten mir direkt Fragen stellen, und ich könnte mich vergewissern, was Sie wirklich erreicht von dem, was ich Ihnen gerne mitteilen möchte.

Der Glaube eines Menschen ist ja etwas sehr Persönliches. Darüber spricht man nicht mit jedem und nicht zu jeder Zeit. Nach meiner Erfahrung redet es sich leichter über Glaubensfragen, wenn man miteinander vertraut ist. Nun ist ein Buch nur begrenzt geeignet, miteinander vertraut zu werden. Es kann die persönliche Begegnung nicht ersetzen. Aber vielleicht hilft es Ihnen, wenn Sie sich beim Lesen bewusst machen, dass hinter dem Buch ein Mensch steht, der mit Ihnen ins Gespräch kommen möchte. Ich möchte mich Ihnen gern vertraut machen mit dem, was mich am christlichen Glauben seit langem fasziniert.

Ich kann mir mein Leben ohne den Glauben nicht mehr vorstellen. Aber ich bin kein Glaubensheld. Mein Glaube muss sich immer wieder gegen meinen Unglauben durchsetzen. Darum sind mir Menschen nah, denen der Glaube abhanden gekommen ist, die mehr Fragen als Antworten haben, die suchen, unfertig sind oder zweifeln, und die sich nicht mit vorschnellen Lösungen zufrieden geben. Sie vor allem wünsche ich mir als Leserinnen und Leser. Besonders mit ihnen möchte ich ins Gespräch kommen.

Warum Sie wohl nach diesem Buch gegriffen haben? Ich kann mir viele Gründe denken: Vielleicht hat Ihnen ein freundlicher Mensch das Buch geschenkt, und Sie wollen zunächst nur ein wenig hineinschnuppern, weil Glaubensfragen Sie schon immer interessiert haben. Es kann auch sein, dass Sie den christlichen Glauben bisher für etwas sehr Kompliziertes hielten und sich von diesem Buch endlich einfache und verständliche Antworten auf Fragen versprechen, die Sie schon lange mit sich herumtragen.

Vielleicht sind Sie von der Kirche bisher enttäuscht worden und lesen dieses Buch aus einer gewissen skeptischen Distanz dem christlichen

Glauben gegenüber. Eventuell sind Sie momentan auch auf der Suche nach einer neuen Lebensorientierung oder Sie befinden sich in einer Lebenskrise. Oft sind ja gerade unsere Krisen Zeiten, in denen wir für neue Impulse besonders empfänglich sind. Eventuell haben Sie auch bereits ein Stück Glaubensgeschichte hinter sich – und diese Geschichte ist irgendwann abgebrochen oder liegen geblieben. Nun hoffen Sie, mit der Lektüre dieses Buches den Faden wieder aufnehmen zu können. Es kann auch sein, dass Sie in Ihrem eigenen Christsein müde geworden sind und sich nach einer Auffrischung Ihres Glaubens sehnen.
Aus welchem Grund auch immer Sie nach diesem Buch gegriffen haben: Es ist auf jeden Fall sinnvoll und gut, wenn man sich ab und zu den „Luxus" leistet, über die Fragen des Glaubens etwas intensiver nachzudenken als gewöhnlich. Ich wünsche Ihnen sehr, dass Sie beim Lesen gute Erfahrungen machen – mit sich selbst und mit dem Glauben auch.

Sie sind eingeladen!

Ich möchte Sie zu einer Reise einladen. Reisen Sie gern? Meist kurz vor Beginn der Sommerferien packt mich das Reisefieber. Ein unbestimmtes Fernweh überfällt mich dann, das Gefühl: Ich brauche unbedingt einen Tapetenwechsel, muss mal raus aus dem gewohnten Trott! Unsere Reise soll keine Bildungs- und Kultur-Reise zu altertümlichen, ehrwürdigen Stätten der Vergangenheit sein, eher eine Abenteuer- und Erlebnisreise!

Unser Reiseziel ist das „Land des Glaubens": für viele ein weithin unbekanntes Land. Unzählige kennen es nur vom Hören-Sagen. Manche haben als Kind mal eine Stippvisite in dieses Land gemacht, es dann aber als Erwachsene nie mehr betreten. Es gibt Menschen, die das Land des Glaubens für ein Märchenland halten, das in Wirklichkeit gar nicht existiert. Dabei ist es realer als die virtuellen Fernseh- und Computerwelten, in die wir täglich eintauchen. Viele meinen auch, das Land des Glaubens sei ein fernes Land – nahezu unerreichbar für aufgeklärte Menschen am Beginn des dritten Jahrtausends.
Aber das Land des Glaubens liegt nicht weit weg – es ist uns sogar sehr nah. Es ist unser Heimatland – vielleicht ein Heimatland, aus dem wir

ausgewandert sind oder durchs Leben vertrieben wurden. Aber hier, im Land des Glaubens, liegen unsere eigentlichen Wurzeln. Hier sind wir Menschen wirklich zu Hause. Und darum haben wir, wohin es uns auch verschlagen hat, nach diesem Land des Glaubens immer wieder Sehnsucht – manchmal, ohne es zu wissen. Vielleicht werden Sie das Land des Glaubens zunächst wie Neuland betreten. Wer Neuland betritt, ist anfangs oft verunsichert. Aber nachdem die erste Fremdheit überwunden ist, stellen sich im Land des Glaubens bei vielen heimatliche Gefühle ein. Ich wünsche Ihnen, dass Sie das Land des Glaubens als einen weiten Raum entdecken, in dem Sie sich mehr und mehr zu Hause fühlen und gern ihre Zelte aufschlagen.

Reiseleitung erwünscht?

Auf Reisen in unbekannte Länder hat es sich bewährt, einen Reiseleiter zu haben, einen kompetenten Begleiter, der Land und Leute kennt und Erfahrungen mit der Reiseroute hat. Er macht auf Sehenswürdigkeiten aufmerksam, an denen man sonst vielleicht achtlos vorbeilaufen würde. Er erklärt Zusammenhänge und Hintergründe, die man sich allein nur schwer erschließen kann. Ich möchte mich Ihnen für unsere Reise ins Land des Glaubens als Reiseleiter anbieten.

Vielleicht reagieren Sie mit einer gesunden Portion Skepsis auf jemanden, der Sie zu einem religiösen Trip verlocken will. Schließlich hat man ja so seine Erfahrungen mit Reiseleitern in Sachen Religion. Jeder weiß: Auf dem Markt der religiösen Möglichkeiten gibt es nicht nur seriöse Angebote. Da treiben etliche Scharlatane ihr Unwesen. Mancher „Ausflug ins Transzendente“ gleicht einer Kaffeefahrt, bei der man viel nutzloses Zeug aufgeschwatzt bekommt. Am Ende ärgert man sich darüber, dass man darauf reingefallen ist.

Es gibt Reiseleiter in Sachen Religion, die haben Ähnlichkeit mit der Figur auf diesem Bild: Reiseleiter, die wie fromme Rattenfänger agieren, Fachleute der religiösen Agitation, die geschickt und verführerisch ihre

Flöte spielen, bis alle in Reih und Glied nach ihrer Melodie tanzen. Sie sind so eingenommen von ihrem Reiseland, dass sie die Teilnehmer in ihren Reiseeindrücken manipulieren, statt sie zum eigenen Entdecken anzuleiten. Solchen Reiseleitern gegenüber sollte man misstrauisch sein.
Nun habe ich ja schon zugegeben: Ich bin in Bezug auf das Land des Glaubens nicht neutral. Davon hätten Sie auch nicht viel. Ich bin fasziniert von diesem Land und möchte Sie faszinieren. Ich habe dieses Buch in der Absicht geschrieben, Ihnen Lust zum Glauben zu machen und Sie zum Christsein zu verlocken.
Aber ein Reiseleiter wie auf dem Bild oben möchte ich nicht sein. Ich verspreche Ihnen – trotz meiner Parteilichkeit – ein Fairplay. Unsere Reise ins Land des Glaubens ist eine Reise ohne Manipulation, ohne Tricks und Fallen. Mein Werben für den Glauben wird leidenschaftlich sein – aber ohne Angstmache und Druck. Im Land des christlichen Glaubens haben Rattenfänger nichts zu suchen. In diesem Land kann man tief durchatmen. Da herrscht Freiheit. Diese Freiheit werden Sie auf unserer Reise behalten – ja vielleicht sogar ganz neu gewinnen.
Freiheit meint selbstverständlich auch Freiheit zum Nein. Ich erinnere mich an einen Mann, der mir nach der Teilnahme an einem „Grundkurs des Glaubens" sagte: „Das war ein faires und spannendes Angebot. Ich fühlte mich nie bedrängt, in die Ecke argumentiert oder kirchlich vereinnahmt. Vielleicht habe ich sogar zum ersten Mal in meinem Leben wirklich verstanden, worum es im Christsein eigentlich geht. Ich weiß jetzt aber auch, dass ich das nicht will. Vielen Dank!"

Reisevorbereitungen: Was ist mitzunehmen?

Wer in ein unbekanntes Land aufbricht, ist gut beraten, wenn er eine Landkarte mitnimmt. Denn die verschafft den notwendigen Überblick. Der ist wichtig, wenn man sich nicht ständig verfahren will. Vielen fehlt der Überblick über das Land des Glaubens. Sie halten von der Karte dieses Landes bestenfalls noch Bruchstücke, kleine Puzzle-Teilchen in den Händen: Reste einer religiösen Erziehung in der frühen Kindheit, Erinnerungsbrocken aus Schule oder Konfirmandenunterricht, ein bisschen christliches Allgemeinwissen. Aber sie kennen das Gesamtbild nicht, zu dem die Teile gehören.

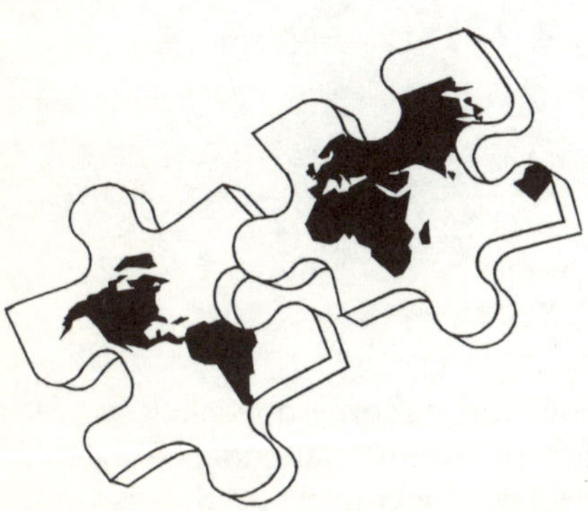

Vielleicht haben Sie im Fami-

lienkreis mal ein Puzzle zusammengesetzt. Solange man den Karton vor Augen hat, auf dem das Gesamtbild zu sehen ist, macht das Spaß. Ist der Karton aber weg und damit der Überblick, an dem man sich orientieren konnte, dann ist mit den Einzelteilen oft kaum noch etwas anzufangen. Zumindest wird es äußerst schwierig und langwierig, das Puzzle fertig zu stellen.
Übrigens: Wenn Ihnen das Gesamtbild des christlichen Glaubens abhanden gekommen ist, muss das nicht unbedingt Ihre eigene Schuld sein. Weithin gelingt es unserer Kirche nämlich nicht mehr, ein solches Bild des Glaubens verständlich und nachvollziehbar darzustellen. Darum können Sie unsere „Reise ins Land des Glaubens“ auch als einen Wiedergutmachungsversuch Ihrer Kirche verstehen. Dieses Buch möchte Ihnen einen ersten Überblick über das Land des christlichen Glaubens verschaffen. Es bietet Ihnen eine Landkarte an, die Ihnen später auch das eigene Reisen und die intensivere Erkundung dieses Landes ermöglicht.

Geht Ihnen das auch so, wenn Sie zu einer Reise aufbrechen? Häufig nimmt man zu viel mit. Sie brauchen sich für unsere Reise ins Land des Glaubens nicht mit unnötigem Reisegepäck zu belasten. Vielleicht werden Sie beim Lesen sogar die Erfahrung machen, dass Sie von einigem entlastet werden, womit Sie sich auf Ihrer bisherigen Lebens- und Glaubensreise abgeschleppt haben. Weder Vorerfahrungen noch Vorkenntnisse im Glauben sind erforderlich, um mitreisen zu können. Es reicht, wenn Sie sich selbst mitbringen – sich selbst und Zeit, um das Gelesene zu verarbeiten.
Mein Rat: Lesen Sie langsam und in kleinen Portionen. Schnelligkeit ist zwar Trumpf in unserer hektischen Zeit. Aber wir zahlen dafür auch einen hohen Preis: Oberflächlichkeit heißt er. Natürlich können Sie in vierzehn Tagen um die ganze Welt jetten. Sie dürfen sich dann aber nicht wundern, wenn nichts wirklich die Tiefe Ihrer Seele erreicht. Unsere Reise ins Land des Glaubens wird nur dann bleibende Eindrücke in Ihrer Seele hinterlassen, wenn Sie sich dafür Zeit nehmen. Gott ist kein religiöser Schnell-Imbiss und das Evangelium kein Fastfood, das man sich wie einen Hamburger mal eben zwischen Tür und Angel reinziehen kann.
Darum werden Sie beim Lesen dieses Buches immer wieder auf Einschübe unter der Überschrift „Bevor Sie weiterlesen...“ stoßen. Damit möchte ich Sie zu Denkpausen einladen und zur persönlichen An-

eignung und Verarbeitung des Gelesenen anregen. Vielleicht hilft es Ihnen auch, wenn Sie sich ein „Reisetagebuch“ anlegen, in dem Sie Ihre persönlichen Reiseerlebnisse notieren und Fragen festhalten, an denen Sie weiterarbeiten wollen. Also: Nehmen Sie sich Zeit für Ihre Reise ins Land des Glaubens. Es lohnt sich.

Der erste Teil des Films

Wer reist, stößt immer wieder auf besondere Sehenswürdigkeiten. Eine finden Sie hier abgebildet: eine alte, schöne Burganlage. Wenn Sie genau hinsehen, entdecken Sie, dass das ehrwürdige Gemäuer zugewachsen ist. Dichtes Buschwerk umgibt die Burg. Es verdeckt den Eingang.
Vielen Menschen erscheint der christliche Glaube wie eine solche altertümliche Burganlage aus vergangener Zeit. Die Burg ist von so viel Buschwerk kirchlicher Tradition, von so viel Gestrüpp christlicher Konvention umgeben, dass man die Tür nicht mehr sieht, durch die das Gebäude immer noch betreten werden kann. Da stehen Menschen ratlos oder desinteressiert vor dem geschichtsträchtigen Bauwerk des christlichen Glaubens, weil sie keinen persönlichen Zugang mehr dazu finden. Ich denke an jenen Mann, der nach mehreren Versuchen beschließt, nicht mehr zum Gottesdienst zu gehen. Nach seinen Gründen befragt sagt er: „Was soll ich da? Ich habe in jedem Gottesdienst das Gefühl: Ich sehe den zweiten Teil eines Films, dessen ersten Teil ich nicht kenne. Wenn ich mich ‘bei Kirchens’ sehen lasse, geht es ständig um die Fragen: Wie lebt ein Christ? Was tut ein Christ? Welche Konsequenzen hat der Glaube? Meine Fragen liegen ein paar Meter davor. Ich frage mich: Wie komme ich überhaupt rein in die ganze Geschichte mit dem Glauben?“
In diesem Buch soll es vor allem um den „ersten Teil des Films“ gehen.

Ich möchte mit Ihnen um die Burg des Glaubens herumpirschen. Wir werden versuchen, das Buschwerk kirchlicher Tradition und christlicher Konvention zu durchdringen. Wir wollen auch das Gestrüpp christlicher Belanglosigkeiten zur Seite drücken, bis wir – hoffentlich nicht allzu spät – einen Eingang entdecken, eine Tür, durch die man hineinkommt. Und wenn Sie mögen, werden wir durch diese Tür auch hindurchgehen.
Anders gesagt: Dieses Buch möchte Ihnen einen Zugang zum Glauben eröffnen. Es verhandelt elementare Grundfragen des Glaubens. Eine Basis soll gelegt werden, auf der Sie später aufbauen können. Erwarten Sie also bitte nicht, dass die folgenden Seiten *alle* wichtigen Fragen des christlichen Glaubens verhandeln. Viele Themen können – so wichtig sie sind – auf unserer kurzen Reise nur gestreift werden. Manche Frage, an deren Antwort Sie interessiert sind, wird vielleicht gar nicht vorkommen. Einige wichtige Räume in dieser faszinierenden Burg des Glaubens werden wir uns ansehen – aber bestimmt nicht alle. Ich glaube, einer meiner Freunde hatte recht, als er einmal sagte: „Um alle Schönheiten des Glaubens zu entdecken, braucht es etwas länger als ein ganzes Leben".

Reiseziel „Glauben" – wohin sind wir unterwegs?

Auf Erlebnis- und Abenteuerreisen gerät man ab und zu in sehr unwegsames Gelände. Da kommt kein Reisebus mehr durch. Manchmal muss man sogar auf ein alternatives Transportmittel umsteigen. Stellen Sie sich vor: Wir kommen auf unserer Reise an einen kleinen Fluss, der nur mit einem Ruderboot zu überqueren ist. Sind Sie schon mal gerudert? So einfach, wie das aussieht, ist das gar nicht. Mancher dreht sich zuerst eine ganze Weile im Kreis, solange es ihm nicht gelingt, die beiden Ruder im richtigen Rhythmus zu bewegen.

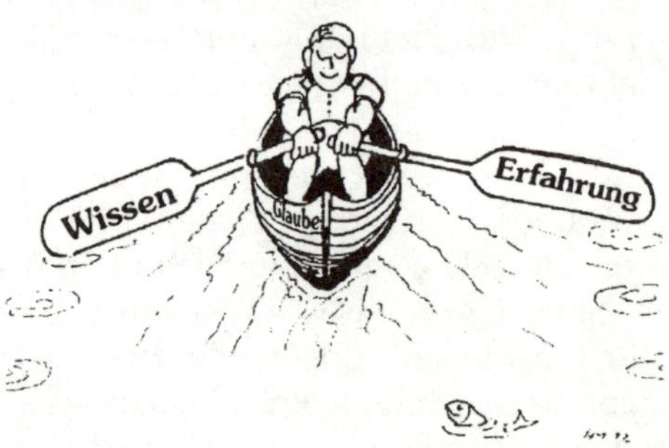

Auch in Glaubensfragen drehen sich viele Menschen ständig im Kreis, weil sie den Rhythmus des Glaubens nicht entdecken. Die Ruder auf dem Bild tragen zwei Stichworte: „WISSEN" und „ERFAHRUNG". In unserem Leben gehört beides eng zusammen. Man kommt nur vorwärts, wenn man beide Ruder in einem aufeinander abgestimmten Rhythmus bewegt.
Sie können über eine Sache sehr viel wissen, aber wenn Sie sie nicht

erfahren haben, wissen Sie zu wenig darüber. Sie können beispielsweise zehn kluge Bücher über die Liebe gelesen haben. Aber was Liebe wirklich ist, werden Sie erst entdecken, wenn Sie sich mal so richtig verliebt haben oder die Erfahrung machen, geliebt zu werden. Ich wusste bereits eine ganze Menge über Flugzeuge, bevor ich das erste Mal in einer Maschine saß. Aber erst als wir starteten, kam zum Wissen die Erfahrung. Mein Kopfwissen rutschte beim Start des Flugzeugs im wahrsten Sinn des Wortes in den Bauch. Plötzlich erfuhr ich, was ich vorher nur wusste: was Fliegen wirklich heißt.

Auch im Glauben gehören Wissen und Erfahrung eng zusammen. Aber bei vielen Menschen ist diese Einheit zerbrochen. Sie wissen zwar noch einiges über „Gott und die Welt", Kirche und Christsein, aber sie erfahren nichts mehr mit Gott in ihrem Leben. Dieses Buch möchte Sie deshalb nicht nur über das Christsein informieren. Es möchte Sie zugleich zu neuen Erfahrungen mit dem Glauben, zu Erfahrungen mit Gott anleiten. Deshalb gleich zu Beginn meine Bitte: Verschließen Sie sich der Erfahrungsseite des Glaubens nicht! Sie ist eine sehr wichtige Seite des Christseins. Ein Glaube ohne Erfahrung verkümmert im Fürwahrhalten von Glaubensaussagen. Solange Sie etwas nur für wahr *halten*, hält es Sie noch nicht. Es gibt so viel angelerntes christliches Kopfwissen, das nicht trägt, weil es keinen lebendigen Kontakt zur eigenen Lebenswirklichkeit hat. Irgendwann wirft man es wie unnötigen Ballast ab.

Das Wort „Gott" ist ein Erfahrungswort. Der Glaube an Gott meint eine Erfahrung, die das Leben völlig verändert. Er betrifft alle anderen Erfahrungen, die wir machen, verwandelt sie und stellt sie in ein neues Licht. Wenn jemand *im Glauben*, wenn er also *aus Erfahrung* von Gott spricht, dann redet er von dem, was ihn „unbedingt angeht", was ihn also nicht nur am Rande, sondern im Zentrum seines Lebens erreicht hat. Wer glaubend von Gott spricht, wer von Gott als Erfahrung spricht, der sagt: Ich bin unerwartet beschenkt und herausgefordert, erschüttert und überrascht. Erst in dieser Erfahrung wird lebendiger Glaube geboren.

Zu welcher Erfahrung brechen wir auf, wenn wir ins „Land des Glaubens" reisen? Um welche Grunderfahrung geht es, wenn ein Mensch sagt: „Ich glaube..."? In unserer Alltagssprache verwenden wir das Wort „glauben" häufig im Sinn von „etwas vermuten". Eine Vermutung ist eine Annahme, für die einiges spricht, die aber nicht durch ausreichendes Wissen abgedeckt ist. Wenn ich nicht genau weiß, wie das Wetter wird, dann sage ich: „Ich glaube, morgen wird wohl wieder die Sonne scheinen!"

Übertragen wir das ins Religiöse. Dann würde der Satz „Ich glaube an Gott" die vage Vermutung ausdrücken, dass es so etwas wie einen Gott gibt. Nach dem Motto: Einiges spricht für diese Annahme, anderes vielleicht auch dagegen – und im übrigen gilt: „Nichts Genaues weiß man nicht". Darum meinen viele, dass der Glaube letztlich erst da anfängt, wo das Wissen aufhört. Weil sich das Wissen der Menschen aber pausenlos erweitert, bleibt für den so verstandenen „Glauben" scheinbar immer weniger Platz. Er muss sich in die dunklen Nischen zurückziehen, die das ständig anwachsende Wissen noch nicht ausgeleuchtet hat. Und vielleicht erübrigt sich dieser Glaube im Sinn religiöser Vermutungen eines Tages ganz, weil er durch ein gesichertes Wissen abgelöst wird. Denn was ich weiß, das muss ich nicht mehr glauben – oder?

Vertrauensbildende Maßnahme

Ich habe nicht vor, Sie mit diesem Buch zu einer Reise ins „Land religiöser Vermutungen" einzuladen. Im biblischen Sprachgebrauch ist Glaube nämlich etwas ganz anderes als die vage Annahme von Sachverhalten, für die es kein ausreichendes Wissen gibt. Das Wort „Glaube" meint hier „VERTRAUEN". Eine Reise ins Land des Glaubens ist eine Einübung ins Vertrauen – eine vertrauensbildende Maßnahme sozusagen.

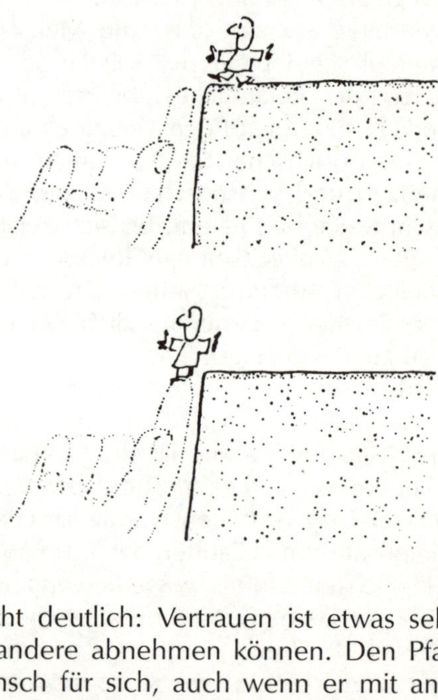

Dieses Bild macht deutlich: Vertrauen ist etwas sehr Persönliches – nichts, was mir andere abnehmen können. Den Pfad des Vertrauens betritt jeder Mensch für sich, auch wenn er mit anderen zusammen durchs Land des Glaubens reist. Vertrauen heißt, sich auf etwas oder jemanden verlassen. Das ist die Grunderfahrung des christlichen Glaubens: Ein Mensch verlässt sich auf Gott.

„Sich verlassen“- ein schönes Sprachbild: Ich verlasse mich, wage mich heraus, lasse mich los, suche meinen Lebenshalt nicht mehr in mir selbst. Zum Vertrauen gehört der Mut zum Risiko. Im Vertrauen setze ich mich selbst aufs Spiel, gebe Sicherheiten auf, um zu einer neuen Gewissheit vorzustoßen, die mich trägt. Vertrauen wagen bedeutet, dass ich die Tragkraft dessen erprobe, auf das ich mich verlasse.

Übrigens: Unser ganzes Leben baut auf Vertrauen auf. Ohne ein Mindestmaß an Vertrauen könnten wir keinen Schritt tun. Jeden Tag wagen wir viele Akte des Vertrauens – oft ohne uns dessen bewusst zu sein. Wenn Sie sich ans Steuer eines Autos setzen, vertrauen Sie auf seine Fahrtüchtigkeit. Wenn Sie den Wagen nicht selbst steuern, vertrauen Sie der Fahrtüchtigkeit des Fahrers. Wenn Sie bei grünem Ampellicht losfahren, vertrauen Sie darauf, dass der Gegenverkehr „Rot“ hat – in der Regel, ohne es vorher zu überprüfen. Ebenso ungeprüft vertrauen Sie dem Medikament, das Sie einnehmen, bzw. dem Arzt, der es Ihnen verschrieben hat. Beim Einkauf vertrauen Sie darauf, dass das, was auf der Verpackung steht, auch drin ist. Wer nicht mehr vertrauen kann, wird neurotisch. Wir können ohne Vertrauen nicht leben.

Der viel zitierte Satz „Ich glaube nur, was ich sehe“ stimmt in der Regel nicht. Wir glauben alle viel mehr, als wir sehen und überprüft haben. Und gar nicht selten glauben wir sogar zu viel.

Ich höre immer wieder die Klage, dass die Menschen nichts mehr glauben. Das Gegenteil scheint mir der Fall zu sein. Es gibt so viel Vertrauensseligkeit, so viel gefährliches, blindes Vertrauen, dass es geradezu abenteuerlich ist. Da wird den Versprechungen der Werbung geglaubt, den Absichten politischer Gruppierungen und Systeme, den Segnungen der Medizin und Wissenschaft. Lange Zeit haben wir in einem naiven Fortschrittsglauben gelebt, bis sich zeigte, dass mancher scheinbare Fortschritt in Wirklichkeit ein Rückschritt war. Wer blind vertraut, kann schnell den Kürzeren ziehen. Die nationalsozialistische Diktatur des Dritten Reiches war nur möglich, weil ein ganzes Volk einem Wahnsinnigen zu viel geglaubt hat.

Ich halte ein „blindes Vertrauen“ (ganz gleich worauf) für äußerst gefährlich. Christlicher Glaube – so viel sei schon vorweg gesagt – ist „sehendes Vertrauen“. „Siehe!“ – das ist ein Zentralwort in der Bibel, wenn es um den Glauben an Gott geht. Zum Vertrauen auf Gott gehört die Einsicht, dass dieser Gott vertrauenswürdig ist. Glauben fängt nicht da an, wo das Wissen aufhört. Glauben setzt ein Wissen voraus. Ich muss um die Verlässlichkeit Gottes wissen, wenn ich mich auf ihn einlasse, mich auf ihn verlasse. Vertrauen hat etwas mit Treue zu tun. Nur wer treu ist, ist auch der Treue wert, ist auch vertrauenswürdig.

Vielleicht ahnen Sie jetzt, dass unsere Reise ins Land des Glaubens spannend zu werden verspricht. Auf dieser Reise geht es nämlich nicht um die Vermutung, dass „hoch oben überm Sternenzelt“ ein höheres Wesen thront. Es geht um die Frage, ob Gott vertrauenswürdig, ob er verlässlich ist, so dass ich mich ihm überlassen, ihm vertrauen kann. Es ist ein Unterschied, ob Sie sagen: „Ich glaube, dass es einen Gott gibt" – oder ob Sie irgendwann zu diesem Gott sagen können: „Ich glaube dir. Ich vertraue dir. Ich traue dir Gutes zu. Ich vertraue mich dir an". Das ist das Ziel unserer Reise ins Land des Glaubens, dass Sie sich erstmalig oder neu Gott anvertrauen.

Der Griff nach der Taube

Ob eine Reise wirklich gelingt, hat man selbst bei guter Vorbereitung letztlich nicht in der Hand. Das Reiseglück ist nicht einklagbar, ganz besonders nicht bei einer Reise ins Land des Glaubens. Mit dem Glauben ist es wie mit der Liebe: Man kann sie beide nicht einfordern. Glaube und Liebe werden zerstört, wenn wir sie erzwingen wollen. Dass Gott Ihnen beim Lesen dieses Buches nahe kommt, sich Ihnen als vertrauenswürdig erweist, das haben weder Sie noch ich in der Hand. Schauen Sie sich das folgende Bild an.

Ich will Ihnen zu diesem Bild eine kleine Geschichte erzählen. Da stößt eine Familie auf dem Platz einer Stadt auf ein großes Heer Tauben. Die kleine Tochter möchte eine Taube streicheln und läuft auf die Tiere zu. Aufgestört fliegt der Taubenschwarm davon. Die Kleine ist bitter enttäuscht. Der Vater versucht ihr zu erklären, dass ihre Art, sich den Tauben zu nähern, die Tiere verschreckt. Als die Tauben sich wieder auf dem Platz niederlassen, ermutigt der Vater sein Töchterchen, sich in respektvollem Abstand zu ihnen ganz ruhig hinzuhocken und die Hand auszustrecken. Dann legt er einige Brotkrümel in die offene Hand des Kindes. Die Kleine wartet. Bald nähert sich ihr eine Taube – langsam und vorsichtig. Nach anfänglichem Zögern setzt sie sich schließlich auf die Hand des Kindes und pickt das Brot auf. Das Mädchen ist tief beglückt.

Diese Geschichte kann uns helfen, eine gesunde innere Einstellung zu unserer Reise ins Land des Glaubens zu gewinnen. Eine Bitte: Versuchen Sie beim Weiterlesen weder von sich selbst noch von Gott irgendetwas zu erzwingen – wie die Taube entzieht sich der Glaube, entzieht sich Gott uns, wenn wir meinen, ihn im schnellen Zugriff in die Hand bekommen zu können. Wir Menschen kriegen Gott nicht in die Hand. Alles, was mein Vertrauen gewinnt, gewinnt mich, bekommt mich also in die Hand – nicht umgekehrt.

Ich empfehle Ihnen etwas anderes als den schnellen Zugriff auf Gott: Strecken Sie einfach die Hand Ihrer Erwartung „in Richtung Gott" aus (wer oder was das auch immer im Augenblick für Sie ist). Warten Sie auf seine Ankunft bei Ihnen, darauf, dass Gottes Verlässlichkeit sich Ihnen zeigt. Die Taube ist in der Bibel ein Bild für Gottes Geist, der uns Gott nahe bringt, uns für Gott aufschließt. Solange Gottes Geist Sie in Ihrem Inneren nicht selbst berührt, werden Sie nicht glauben, nicht vertrauen können. Dieser Geist weht, wo und wann er will. Er gleicht der Taube, die sich von uns nicht einfangen lässt. Der Glaube ist ein Geschenk, das wir staunend empfangen. Nicht wir greifen nach Gott. Er greift nach uns. Aber wenn Sie Gott erwarten, sich nach ihm ausstrecken wie das kleine Mädchen, das die Hand ausstreckt, dann kann es sein, dass sich die Taube des Geistes Gottes bei Ihnen niederlässt und Sie plötzlich tief beglückt und überrascht merken: Ich kann glauben.

Mit Überraschungen ist zu rechnen

Wer reist, muss mit Überraschungen rechnen. Nicht selten stellen wir uns nämlich das Gesicht eines Landes vor einer Reise völlig anders vor, als es sich uns dann während der Reise zeigt. Mit der Reise ins Land des Glaubens kann es Ihnen so ergehen wie mit dem folgenden Bild – vielleicht kennen Sie es:

Darf ich Sie fragen, was Sie auf diesem Bild sehen? Wenn Sie sich lange genug in die Zeichnung vertiefen, werden Sie vielleicht entdecken, dass dieses Bild im Grunde zwei Bilder enthält. Es zeigt zwei Gesichter. Das eine Gesicht: eine alte Frau, in ein Kopftuch gehüllt – mit Hakennase, zusammengekniffenen Lippen und spitzem Kinn. Wir sehen sie von der Seite. Das andere Gesicht: eine jüngere, attraktive Frau – sie hat ihren Kopf nach hinten abgewendet. Sie trägt einen ausgefallenen Kopfschmuck und eine Kette um den Hals. Ihr rechtes Ohr ist unter dem Haaransatz zu sehen. Über der kleinen Stupsnase kann man die Augenwimper erkennen.

Sehen Sie beide Bilder? Oder sehen Sie nur eins von beiden? Es gibt Menschen, die beim Betrachten dieser Zeichnung nur die alte Frau, andere, die nur die junge Frau, und wieder andere, die beide Frauen sehen. Und ab und zu „klappt das Bild auch um" – manchmal sogar völlig unerwartet.

Das kann Ihnen auch bei der Reise ins Land des Glaubens passieren,

dass Ihr Bild vom Glauben plötzlich umklappt. Sie bringen ja bereits irgendein Bild von diesem Land des Glaubens mit, bevor Sie es betreten. In Ihnen lebt eine Vorstellung von dem, was Christsein meint, eine Vormeinung über die Kirche, ein Vorverständnis von Jesus, ein Bild von Gott. Und oft sind es gerade diese tief in uns sitzenden Bilder, die unvoreingenommene Entdeckungen im Land des Glaubens verhindern oder zumindest erschweren. Vielleicht war der Glaube für Sie bisher eine „verkniffene" Angelegenheit – der alten Frau auf der Zeichnung vergleichbar. Aber es ist gut möglich, dass sich Ihr Bild vom Glauben beim Lesen dieses Buches auf einmal unerwartet verändert. Was Sie bisher als eine langweilige Sache von gestern ansahen, könnte für Sie plötzlich überaus „attraktiv" werden – wie eine junge Frau, die jemand anziehend findet. Vielleicht zeigt sich Ihnen Gott von einer Seite, die Sie bisher gar nicht wahrgenommen haben, und Sie entdecken überraschend neue Züge in seinem Gesicht. Vielleicht heilen kranke Gottesbilder in Ihnen aus, die Ihnen den Zugang zum Glauben bisher erschwerten.
Darum meine herzliche Bitte: Klammern Sie sich beim Lesen der folgenden Kapitel nicht an Ihre alten Vorstellungen vom christlichen Glauben. Suchen Sie nicht nur die Bestätigung Ihrer bisherigen Meinung über das Christsein. Es könnte sein, dass es im Land des Glaubens völlig anders aussieht, als Sie vermuten.

Ein Pionier der „Reise ins Land des Glaubens"

Bevor wir unsere Reise beginnen, möchte ich Ihnen gern noch einen Mann vorstellen, von dem uns die Bibel erzählt. Sein Name: Abraham. Man hat ihn den Ur-Vater des Glaubens genannt. Denn er war einer der ersten, die sich auf die Reise ins Land des Glaubens eingelassen haben. Ich stelle ihn mir ungefähr so vor:

Abraham war Viehzüchter von Beruf. Er war Nomade – wir würden heute sagen: ein Mensch ohne festen Wohnsitz. Sein Leben verlief höchst durchschnittlich. Es hatte keine besonderen Höhepunkte. Das, was er sich am meisten wünschte, hatte er nicht bekommen: Kinder nämlich. Er hatte sich damit abgefunden, dass sich seine Geschichte nicht fortsetzen würde. Nun ist er alt geworden, zusammen mit seiner Frau Sara – 75 Jahre alt, ein Ruheständler, der auf sein Ende wartet. Abraham weiß: Jetzt kommt nichts Neues mehr. Das Leben ist gelaufen.
Mancher hat heute bereits mit vierzig dieses Gefühl, dass das Leben im Grunde schon gelaufen ist, dass jetzt nur noch Wiederholungen kommen, die ständige Reproduktion des Bisherigen. Ich kenne

Menschen, die schon in der Mitte ihres Lebens wie Greise wirken, weil sie nichts wirklich Neues mehr für Ihr Leben erwarten. Spricht man sie auf die Reise ins Land des Glaubens an, dann sagen sie: „Dafür bin ich schon zu alt. Das mit dem Glauben wird nichts mehr bei mir".

Auch Abraham will eigentlich nur noch seine Ruhe. Aber da passiert es. Der Ruheständler gerät in einen heilsamen Unruhestand. Gott verlockt den Pensionär zum Aufbruch ins Land der Verheißung, zu einer Abenteuerreise ins Land des Glaubens. In der Sprache des Alten Testaments hört sich das so an: „Und der Herr sprach zu Abraham: Geh aus deinem Vaterland und von deiner Verwandtschaft und aus deines Vaters Haus in ein Land, das ich dir zeigen will. Und ich will dich zum großen Volk machen und will dich segnen und dir einen großen Namen machen, und du sollst ein Segen sein" (1. Mose 12,2).

Eine Zumutung für den Alten – finden Sie nicht auch? Sie müssen sich das mal vorstellen: Alles soll er hinter sich lassen auf ein vages Versprechen hin. Ein „großes Volk" will Gott aus ihm machen – und das heißt ja wohl, dass er noch Nachkommen erwarten darf. Das ist doch geradezu lächerlich – einem hochbetagten Ehepaar noch einen Kindersegen zu versprechen! Sara, Abrahams Frau, hat auch schallend gelacht, als sie das hörte. Aber nun kommt das Verrückte: „Da zog Abraham aus, wie der Herr zu ihm gesagt hatte" (1. Mose 12,4). Er tritt sie tatsächlich an, die Reise ins Land des Glaubens. Und das Versprochene tritt ein: Die beiden bekommen noch ein Kind. Gott segnet Abraham und Sara reichlich.

Vielleicht lachen Sie jetzt auch innerlich über diese alte Geschichte. Vielleicht lachen Sie sogar noch lauter, wenn ich Ihnen sage: Gott wird auch Sie auf unserer Reise segnen. Er wird in Ihnen etwas heranwachsen lassen – so wie damals das Kind in der alten Sara heranwuchs. Er wird seine Hand auf Sie legen und Ihnen Gutes tun. Wenn Sie das im Moment noch nicht glauben können, dann macht das nichts. Ich glaube das für Sie mit – solange, bis Sie es erfahren: „Ich will dich segnen und du sollst ein Segen sein". Diese Zusage Gottes steht über unserer Reise ins Land des Glaubens. Ich bin gespannt darauf, wie Gott sie einlösen wird.

Soviel zur Einstimmung in unser Unternehmen. Damit hat unsere Reise begonnen. Die erste Etappe liegt nun vor uns.

Bevor Sie weiterlesen...

Was erwarten Sie persönlich
von dieser Reise ins Land des Glaubens?

Was erhoffen Sie sich
von der Lektüre dieses Buches?

II. Vom Sinn unseres Lebens – und wie wir ihm auf die Spur kommen

Unsere Reise ins Land des Glaubens beginnt mitten in unserem Alltag: Da treffen sich zwei Männer nach einem langen Arbeitstag an der Theke einer Kneipe. Sie trinken ein Bier, ein zweites, ein drittes, „dampfen" den Tag aus, schimpfen über den Chef und ordnen die Weltgeschichte. Wahrscheinlich kennen Sie solche Stammtischgespräche: Je länger sie dauern, desto einfacher werden die Lösungen für die schwierigsten Probleme.

Stammtischphilosophie im Kreisverkehr

Nach dem fünften oder sechsten Bier geraten die beiden Stammtischfreunde schließlich ins Philosophieren – wenn auch auf einem relativ niedrigen Niveau. Plötzlich rückt der eine etwas näher, schaut seinen Gesprächspartner mit einem tiefsinnigen Gesichtsausdruck an und fragt ihn unvermittelt:

„Du, sag mal, hast du 'ne Ahnung, was man hier soll?"
„Wo denn?"
„Na hier, auf der Welt."
„Logisch: Groß werden!"
„Und dann?"
„Verdienen!"
„Für wen verdienen?"
„Für deine Kinder!"
„Und was soll'n die?"

Ich versuche, diesen kleinen Dialog – er stammt von Wolf Dietrich Schnurre – noch ein wenig weiterzuspinnen.
„Was meine Kinder sollen? Natürlich auch verdienen – für ihre Kinder!"
„Und was sollen die?"
Spüren Sie es? Die beiden Stammtischfreunde drehen sich bei ihrer Unterhaltung im Grunde ständig im Kreis. Stammtischphilosophie im Kreisverkehr! Übrigens: Die Frage, um die ihr Gespräch kreist, ist eine sehr spannende Frage. Es ist im Kern die Frage nach dem Sinn ihres Lebens. Haben Sie Lust, jetzt mit mir zusammen über diese Frage weiter nachzudenken? Ich glaube, es lohnt sich.
Welchen Sinn hat eigentlich mein Leben? Die Frage stellen wir uns nicht

alle Tage. Das wäre viel zu anstrengend. Die Frage nach dem Sinn des eigenen Lebens stellt sich auch nicht von selbst. Wir müssen sie stellen, oder besser gesagt: Wir Menschen dürfen sie stellen. Wir haben ein Recht dazu, so zu fragen. Viele Menschen allerdings machen von diesem Grundrecht ihres Lebens keinen Gebrauch. Sie leben sozusagen unter ihren Möglichkeiten. Sie gehen mit der Frage nach dem Sinn ihres Lebens so um wie ich mit meinen Zähnen. Ich gehe immer erst zum Zahnarzt, wenn es weh tut, obwohl ich weiß, dass das nicht sehr vernünftig ist. Viele schieben die Frage nach dem Sinn ihres Lebens auf Eis – und zwar so lange, bis das Eis bricht, bis sie in eine Sinnkrise hineingeraten.

Welchen Sinn hat eigentlich mein Leben? Das ist eine sehr persönliche Frage. Sie braucht auch eine persönliche Antwort. Im Klartext heißt das: Die Antwort auf die Frage nach dem Sinn Ihres Lebens kann ich Ihnen nicht abnehmen. Aber ich kann mit Ihnen zusammen die Frage stellen – und vielleicht eine Antwortrichtung anzeigen, der Sie weiter nachspüren können.

Ich möchte zunächst versuchen, Ihnen die Sinnfrage etwas aufzuschlüsseln. Sie ist eine Frage, die viele Facetten hat. Mit Hilfe von drei Bildern will ich Ihnen zeigen, dass in der Frage nach dem Sinn des Lebens mindestens drei andere Fragen stecken, spannende Fragen, wie Sie gleich entdecken werden.

Wozu? Wohin? Woher? – Facetten der Sinnfrage

Für das, was Sie auf dem Bild auf Seite 23 sehen, gibt es sehr unterschiedliche Bezeichnungen: Jahrmarkt, Schützenfest, Kirmes, Kirchweih u.a.m. Bleiben wir beim Begriff „Jahrmarkt“. Als Kind habe ich ihn geliebt. Meine Schwester und ich bekamen von unseren Eltern ein paar Mark, und dann zogen wir los. Dabei hatten wir eine Angewohnheit: Wir sind zunächst einmal über den Platz gelaufen, ohne auch nur einen Pfennig auszugeben. Wir wollten sehen, was es alles gibt, wollten rauskriegen, wofür sich der Einsatz unseres kleinen Kapitals lohnt. Ein verwirrend buntes Angebot mit vielen Attraktionen – und nur ein begrenztes Kapital! Irgendwann fiel dann die Entscheidung: fürs Ketten-Karussell oder die Losbude. Manchmal freilich haben wir auch ein höchst reizvolles Angebot übersehen. Dann standen wir plötzlich – den Mund voller Zuckerwatte – mit Sehnsuchtsaugen davor. Aber das Geld war bereits ausgegeben.

Das Bild vom Jahrmarkt spiegelt eine Wahrheit unseres Menschseins wider. Sie befinden sich nun seit 20, 40, 60 oder noch mehr Jahren auf dem Jahrmarkt des Lebens. Spannende und attraktive Angebote umgeben und umwerben Sie täglich. Sie sehen viele Möglichkeiten, aus Ihrem Leben etwas zu machen und es nach Ihren Vorstellungen zu

gestalten. Sie halten dabei auch ein Kapital in Ihren Händen: Zeit und Kraft, Geld und Besitz, Bildung und Phantasie, Gaben und Beziehungen, berufliche und familiäre Gestaltungsräume. Allerdings ist das Kapital begrenzt. Darum müssen Sie unter mehreren Alternativen des „Jahrmarkts Leben" auswählen. Jeden Tag will Ihr Kapital ausgegeben werden. Wir Deutschen sind zwar berühmt fürs Sparen. Aber das Leben kann man nicht ansparen. Ihre Lebenszeit können Sie nicht auf die hohe Kante legen. Jeden Tag erleben Sie nur einmal. Er ist ein Kapital, das ausgegeben werden will. Darum heißt die Frage: Wofür lohnt sich eigentlich der Einsatz meines Lebenskapitals? Wofür lohnt es sich zu leben? Anders und noch tiefer gefragt: Wozu bin ich eigentlich da? Wozu laufe ich für einige Jahre herum auf diesem verwirrenden Jahrmarkt der Möglichkeiten, den wir Leben nennen? Wozu? Irgendwann holt uns diese Frage ein. Je mehr Kapital wir bereits ausgegeben haben, desto bedrängender wird sie. Die *Wozu-Frage* ist eine Facette, in der uns die Frage nach dem Sinn unseres Lebens begegnet.

Aber in der Sinnfrage steckt noch eine zweite Frage. Mit dem folgenden Bild möchte ich sie Ihnen näher bringen.

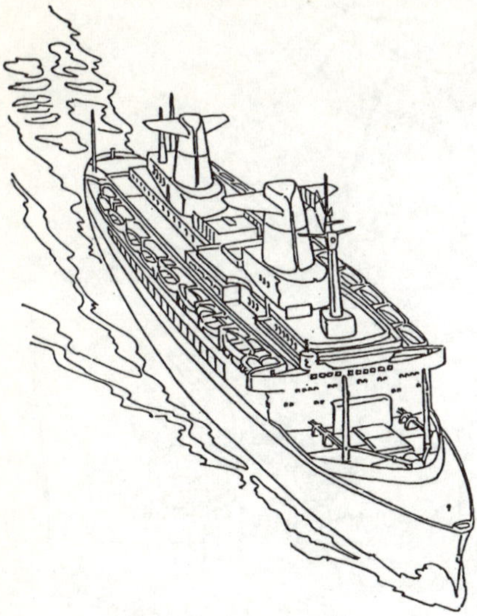

Stellen Sie sich bitte einmal vor, Sie wären Passagier auf diesem Ozeandampfer. Eine vielversprechende Kreuzfahrt mit einem interessanten Programm wartet auf Sie. Die Bordküche zaubert exzellente Menüs auf den Tisch. Animateure locken mit vielfältigen Unterhaltungsprogrammen und Sportangeboten. Abends laden Top-Bands die Passagiere zum Tanzen ein. Das Wetter verwöhnt Sie. Die Stimmung an Bord könnte nicht besser sein. Das Ganze hat nur einen Haken: Der Ozeanriese ist manövrierunfähig. Der Kompass funktioniert nicht und die Steuerung ist defekt. Das wundervolle Schiff treibt hilflos auf dem Meer. Über den Kurs entscheidet der Zufall. Es ist nur eine Frage der Zeit, wann das Schiff an einem Eisberg oder an einer Klippe zerschellt. Dieses Bild fängt nicht nur die düsteren Befürchtungen ein, die wir im Blick auf manche Entwicklung auf unserem Globus haben. Es trifft auch auf viele Einzelbiographien von Menschen zu. Manche Lebensreise hat keinen klar identifizierbaren Kurs. Sie gleicht einem steuerlosen Schiff auf der Fahrt ins Ungewisse. Man lebt nicht – man wird gelebt. Man führt sein Leben nicht, sondern lässt sich treiben. Die Richtung ist mehr oder weniger dem Zufall überlassen. Wo aber die Gesamtausrichtung unseres Lebens unklar ist, da wird das Leben zu einem riskanten Unternehmen. Auch auf einem manövrierunfähigen Dampfer lassen sich zwar immer noch viele scheinbar sinnvolle Dinge tun. Man kann z.B. 1. oder 2. Klasse fahren, über die Menüqualität diskutieren, überlegen, ob das Schiff nicht lieber rot statt weiß angestrichen sein sollte. Und man kann sich bis zur Besinnungslosigkeit vergnügen. Aber die ganze Fahrt selbst ist ein in sich sinnloses Unternehmen. Denn keiner weiß: Wohin geht eigentlich die Reise? Wann und wo endet sie?

Haben Sie sich schon einmal gefragt: Wohin geht eigentlich meine Lebensreise? Auf welchem Kurs befindet sich meine Biographie, und wer steuert sie? Führe ich noch mein Leben, indem ich ihm eine Ausrichtung gebe – oder werde ich gelebt? In welchen Zielhafen soll mein Lebensschiff einmal einlaufen? Wer nach dem Sinn seines Lebens fragt, der fragt nicht nur: „Wozu bin ich da?“ Er fragt auch: „Wohin gehe ich? Wohin will ich eigentlich?“ Die *Wohin-Frage* ist eine zweite

Gestalt, in der uns die Frage nach dem Sinn unseres Lebens begegnet. Und noch eine dritte Fragestellung verbirgt sich in der Sinnfrage. Schauen Sie sich bitte das nächste Bild an.

Beim Anblick dieses Oldtimers wird sicher manches Sammlerherz höher schlagen. Ich möchte Ihren Blick jetzt aber auf das Rad lenken, das Sie neben dem Wagen liegen sehen. Ursprünglich war dieser Autoreifen als viertes Rad am Wagen ein Teil des Oldtimers. Nun liegt er abseits vom Auto im Gras. Stellen Sie sich vor, der Reifen könnte über sich nachdenken. Er findet sich isoliert vom Auto vor, schaut sich selber an und fängt plötzlich an zu fragen: „Wozu liege ich hier? Warum bin ich eigentlich da? Welchen Sinn hat meine Existenz?" Im Blick auf sich selbst kann der Reifen den Sinn seines Daseins nur bruchstückhaft erschließen. Er kann beispielsweise wahrnehmen, dass er rund ist und einen Gummimantel trägt. Er kann aus dieser Selbsterkenntnis heraus vermuten, dass er aufs Rollen angelegt ist. Doch damit hat er den ihm ursprünglich zugedachten Sinn, nämlich ein unentbehrlicher Teil dieses Fahrzeugs zu sein, noch nicht entdeckt.

Solange der Reifen aber seinen wahren Sinn nicht kennt, ist er sehr anfällig für fremde Sinngebungen. Da kommen beispielsweise Kinder und benutzen ihn als Spielzeug. Oder die Stadtverwaltung verwendet ihn zur Abfederung einer Wippe auf dem Kinderspielplatz. Jemand schneidet das Gummi auf, malt den Reifen weiß an und pflanzt Blumen hinein. Ein solcher Gummireifen lässt sich sogar zu brutaler Lynchjustiz missbrauchen, indem man ihn mit Benzin füllt, jemandem als „Halskrause" umhängt und anzündet. Sie sehen: ist der Reifen erst einmal vom Wagen getrennt, kann man fast alles mit ihm machen. Man kann ihm einen neuen Sinn geben und ihn seinem ursprünglichen Sinn total entfremden. Und weil der Reifen diesen ursprünglichen Sinn nicht mehr kennt, merkt er vielleicht gar nicht, dass er bis zur Sinnentstellung manipuliert und zu Zwecken eingesetzt wird, die seiner Bestimmung nicht entsprechen.

Wie entdeckt der Autoreifen seine wahre Bestimmung, den eigentlichen Sinn seiner Existenz? Er kann sich seinen Sinn nicht selber geben. Er empfängt ihn – und zwar von der ihm übergeordneten Größe her: in diesem Fall vom Hersteller des Wagens. Der Autoreifen kann nicht selbst über den Sinn seiner Existenz entscheiden, weil er sich nicht selbst gemacht hat. Um seinen wahren Sinn zu entdecken, müsste der Reifen den kennen lernen, der ihm seine Bestimmung gab, er müsste wissen, woher er eigentlich kommt.

Damit sind wir auf eine dritte Facette der Sinnfrage gestoßen. Wer nach dem Sinn seiner Existenz sucht, fragt nicht nur: „*Wozu* bin ich da?" und „*Wohin* bin ich unterwegs?". Er fragt auch: „*Woher* komme ich eigentlich?". Man kann die Frage nach dem eigenen „Woher" natürlich biologisch beantworten: „Irgendwann haben meine Eltern nicht aufgepasst. Daher komme ich." Aber reicht Ihnen diese Antwort? Mir nicht. Manches Kind ist von seinen Eltern gar nicht gewollt. Wenn ich frage: „Woher komme ich?" – dann will ich nicht nur eine lapidare Erklärung meines genetischen Ursprungs, sondern ich will wissen, ob ich von irgendwoher gewollt bin, außer (vielleicht) von meinen (zufälligen) irdischen Erzeugern. Ist mein Leben nur ein Spielball des Zufalls, ein überflüssiges, bedeutungsloses Glied in einer langen Evolutionskette? Bin ich ein jederzeit austauschbares Rädchen im Getriebe der Weltgeschichte? Bin ich nur ein kleiner Wicht – oder bin ich irgendwem wirklich wichtig? Woher empfängt mein Leben einen bleibenden Wert? Wer gibt ihm seine Bedeutung? Woher komme ich eigentlich?

Ich bin tief davon überzeugt: Wir Menschen können uns den Sinn, die Bedeutung, den Wert unseres Lebens nicht selbst geben. Denn wir haben uns nicht selbst gemacht. Wir legen uns unseren Namen und unsere Identität nicht selbst zu. Wir empfangen unser Leben – und damit empfangen wir auch den Sinn unseres Lebens. Aber woher empfangen wir ihn? Wem geben wir das Recht, über unseren Wert zu entscheiden? Gleichen wir vielleicht dem Autoreifen, der – weil er nicht weiß, woher er kommt – zur schnellen Beute sinnentfremdender Manipulationen wird?

Woher komme ich? Stellen Sie sich vor, es gäbe einen größeren Zusammenhang, in den Ihr Leben hineingehört, eine übergeordnete Größe, die Ihrem Leben Sinn verleiht. Stellen Sie sich vor, es gäbe jemanden, der sich – wie der Hersteller des Oldtimers – bei der Konstruktion Ihres Lebens etwas gedacht hat, und der darauf wartet, dass Sie seinen Plan entdecken

Merken Sie, wie die zunächst abstrakt anmutende Frage nach dem Sinn unseres Lebens auf einmal Farbe bekommen hat? Wozu bin ich eigentlich da? Wofür lohnt es sich, das Kapital des eigenen Lebens zu investieren? Wohin ist mein Lebensschiff unterwegs? Wer bestimmt den Kurs? In welchen Zielhafen soll es einmal einlaufen? Woher komme ich eigentlich? Von woher bin ich gewollt? Wer entscheidet über meine Identität, über meine Bestimmung und meinen Wert?

Verdrängen ist keine Lösung

WOZU – WOHIN – WOHER? Man kann mit diesen Fragen seines Lebens sehr unterschiedlich umgehen. Ganz gleich, wie Sie damit

umgehen – um eins möchte ich Sie bitten: Machen Sie es nicht wie jener Wüstenwanderer, den Sie auf dem Bild oben sehen.

Da ist einer in der Wüste unterwegs. Die Sonnenglut hat ihn ausgedörrt. Er hat Durst und braucht dringend Wasser. Aber merkwürdig: Er läuft am Schild vorbei, das ihm den Weg zur Oase weist. Ich bin sicher, dass er das Schild gesehen hat – es ist ja groß genug. Aber er läuft vorbei. Es ist seltsam: Man kann trotz Durst nach Sinn an der Oase eines Sinnangebotes vorbeigehen. Man kann seinen Durst nach Sinn leugnen und auf eine Antwort auf die Sinnfrage verzichten. Man kann die Fragen „Woher komme ich? Wohin gehe ich? Wozu bin ich da?" systematisch verdrängen. Wir Menschen sind Künstler im Verdrängen wichtiger Fragen.

Da sagt jemand zum Beispiel: „Warum soll ich mich mit dieser Sinnfrage herumschlagen? Das Leben ist anstrengend genug. Man muss es nehmen, wie es kommt. Für mich macht das Sinn, was mir im Augenblick Spaß macht. Ich koste das Heute aus und frage nicht nach morgen." Viele Menschen leben mit einer solchen oberflächlich-provisorischen Daseinshaltung: Sie probieren ihr Leben aus, als hätten sie mehrere davon. Das Dumme ist nur, dass die Probe aufs Leben bereits das Leben selbst ist. Wir haben nur eins. Und das gleicht oft einer Wüstenwanderung. Die Sonnenglut der unbeantworteten Sinnfrage dörrt uns nach und nach aus. Die mitgenommenen Sinnreserven sind bald aufgebraucht. Irgendwann bleiben wir innerlich erschöpft liegen, auch wenn wir uns äußerlich noch weiterschleppen wie jener Wüstenwanderer.

Wir Menschen dürsten nach Sinn. Wir sind auf Sinnfindung und Sinnempfang angelegt. Zumindest auf Dauer können wir ohne einen Sinn, der uns ausfüllt, nicht leben. Ohne Sinn zerfließt unser Leben, verliert seine Mitte, zerfällt in Teile ohne Zusammenhang. Wer nicht mehr weiß, wofür er lebt, wird gleichgültig, apathisch, zynisch. Wer auf

Sinn verzichtet, verzichtet auf ein menschenwürdiges Leben. Darum ist das Verdrängen der Sinnfrage, der Verzicht auf einen Lebenssinn – so heroisch er vielleicht auch aussehen mag – letztlich lebensgefährlich. Sinnverzicht ist wie der Verzicht des Wüstenwanderers auf die rettende Oase. Man kann mit der Sinnfrage nicht so fertig werden, dass man sie einfach offen lässt.

Sinn als koordinierende Lebensmitte

Aber wie bekommt denn mein Leben Sinn? Eine erste, noch formale Antwort heißt: indem es eine Mitte bekommt, die es zusammenhält, ein koordinierendes Zentrum, um das mein Leben kreist. Der Sinn meines Lebens ist das, worum sich letztlich alles dreht, mein Lebensentwurf, meine Lebenswege und Lebensziele, meine Lebenshoffnungen und Lebenspläne. Wer eine Mitte, ein inneres Lebenszentrum hat, lebt gesammelt und nicht zerstreut. Wer weiß, wozu er da ist, kann unterscheiden zwischen dem, was wichtig, und dem, was unwichtig ist. Der Lebenssinn, den ein Mensch für sich entdeckt hat, steuert seinen Lebenslauf. Die Lebensmitte, die er sich erwählt, bestimmt die Lebensschritte, die er geht. An der folgenden Graphik möchte ich Ihnen diesen Zusammenhang veranschaulichen.

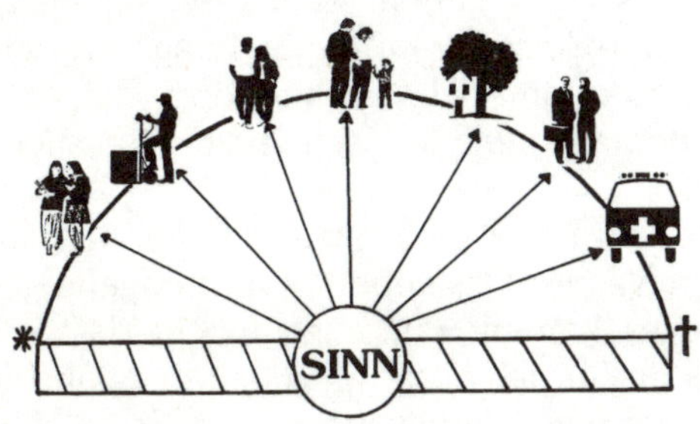

Sie sehen einen „Lebensbogen" – ausgespannt zwischen Geburt und Tod. Der Bogen ruht auf einem Fundament. Es hat einen Mittelpunkt, von dem strahlenförmige Linien zu kleinen Symbolen ausgehen. Die Symbole stehen für Schritte auf unserem Lebensweg, für Teiletappen unseres Lebenslaufs, für Stationen unserer Lebensreise. Um diese Schritte zu gehen, diese Stationen zu erreichen, investieren wir in der Regel viel von unserem Lebenskapital: Zeit, Kraft, Phantasie und Geld. Gehen wir die Symbole kurz durch. Da ist z.B. die Etappe „Schulausbildung", die die erste Phase unseres Lebens entscheidend prägt. Sie kann Eltern und Kindern viel Energie kosten. Die nächste Station der Biographie heißt in der Regel „Berufswahl und Berufsausbildung". In unserer Gesellschaft, in der die Arbeit zunehmend zur Mangelware wird, ist dieser Schritt oft mit schwierigen und schwerwiegenden

Entscheidungen verbunden, die die Weichen für das gesamte weitere Leben stellen. Ein nächster Schritt des Lebensweges ist die „Partnersuche“ bzw. die Entscheidung für eine Single-Existenz. Es folgt eventuell die wichtige Etappe der „Familiengründung“, bei der die bisherigen Lebensmuster und Rollen neu zu überdenken sind. „Besitzerwerb und Besitzstandswahrung“- die mittlere Lebensphase ist entscheidend davon mitgeprägt. Der Bau des eigenen Heims kann z.B. für Jahre zum Hauptthema werden. „Berufliches Vorankommen bzw. beruflicher Wechsel“ – diese Etappe verlangt uns hohe Flexibilität im Arbeitsleben ab. Schnell, häufig zu schnell ist dann der Zenit des Lebensweges überschritten. Nun kommen Lebensphasen, in denen sich das Thema „Gesundheit“ in den Vordergrund schiebt. Vorher hat man seinem Körper das Letzte abverlangt – jetzt bangt man um ihn. Mancher rennt bis 50 hinter dem Geld – und ab 50 mit dem Geld hinter dem Arzt her. Und dann – oft „plötzlich und unerwartet“ – die letzte Station unserer Reise: der Tod – eine in der Regel nicht bewusst angesteuerte Etappe, aber die einzige auf unserer Lebensreise, die wir „todsicher“ erreichen. Irgendwo haben Sie sich jetzt selbst wiederentdeckt auf diesem Weg, den wir „Lebenslauf“ nennen.
Zurück zur Frage nach dem Sinn des Lebens. Wir hatten gesagt, dass der Lebenssinn eines Menschen die Mitte, das koordinierende Zentrum ist, um das sich letztlich alles dreht. Die Sinnfrage heißt: Was hält mein Leben eigentlich zusammen? Was verbindet die vielen Etappen auf meinem Lebensbogen zu einem Ganzen? Dabei muss man bedenken, dass die Antwort auf diese Frage sehr praktische Auswirkungen auf das Leben hat. Welchen Sinn Sie auch immer für Ihr Leben wählen – er bestimmt den Umgang mit jeder Lebensstation Ihrer Biographie. Was Sie zum Sinn, d.h. zum letzten Inhalt und Ziel Ihres Lebens erklären, das entscheidet darüber, wie Sie mit den Etappen und Teilzielen Ihres Lebens umgehen. Wie gesagt, der Lebenssinn, den ein Mensch für sich entdeckt hat, steuert seinen Lebenslauf. Die Lebensmitte, die er sich erwählt, bestimmt die Lebensschritte, die er geht.
Einige Beispiele zur Illustration. Wenn Sie z.B. sagen: „Der Sinn meines Lebens besteht darin, möglichst viel Geld zu verdienen“ (ich gönne es Ihnen!), dann wird jede Lebensetappe, die sie anpeilen, heimlich oder offen von diesem Sinn gesteuert. Das hat Konsequenzen – von der Berufsentscheidung bis hin zur Partnerwahl. Wenn Sie den Sinn Ihres Lebens darin sehen, möglichst viele Menschen glücklich zu machen, dann werden Sie die Stationen Ihres Lebens unter dieser Sinnperspektive ansteuern und gestalten. Welchen Beruf Sie wählen, wie Sie mit Ihrem Besitz umgehen, wie Sie die Spannung zwischen Karriere und Familie leben, was Sie Ihrem Körper und Ihrer Seele abfordern, und wie Sie auf Ihren Tod zugehen – das alles ist davon abhängig, was Sie zum Sinn, zur Mitte Ihres Lebens erklärt haben. Die Beantwortung der Sinnfrage ist die eigentliche Triebfeder Ihrer Biographie.

Eine fatale Verwechslung

Nun möchte ich Sie auf zwei Gefahren aufmerksam machen, denen wir im Umgang mit der Sinnfrage häufig erliegen. Die erste Gefahr besteht darin, dass wir eine beliebige Lebensstation mit dem Sinn unseres Lebens gleichsetzen, d.h. dass wir eine Etappe unserer Lebensreise zum Zentrum unseres Daseins erklären, einen Schritt auf unserem Lebensweg zur alles bestimmenden Mitte machen.

Was daran gefährlich ist? Wenn Sie die Etappe, die Sie mit dem Sinn Ihres Lebens gleichgesetzt haben, erreichen (also z.B. Ihre Schule abgeschlossen, Ihren Beruf gefunden, Ihr Haus gebaut haben), dann ist Ihr Lebenssinn erfüllt. Sie müssen sich, wollen Sie sinnvoll weiterleben, nach einem neuen Lebenssinn umschauen. Sie sind also genötigt, nach jeder Teilstrecke Ihres Lebens den Sinn zu wechseln. Das ist wahnsinnig anstrengend, und kaum einer hält das durch. Wenn Sie aber das Etappenziel, das Sie mit dem Sinn Ihres Lebens gleichgesetzt haben, nicht erreichen (was ich Ihnen nicht wünsche!), dann bricht das ganze Sinngefüge Ihres Lebens wie ein Kartenhaus in sich zusammen. Und Sie zerbrechen eventuell mit daran.

Da sagen beispielsweise Eltern zu ihrem Sohn: „Du sollst es besser haben als wir: Du musst unbedingt Abitur machen und studieren". Das Ziel „Abi" bekommt bei Eltern und Sohn eine unglaublich hohe Wertbesetzung. Der Junge quält sich durch die Schule, verrennt sich in den Gedanken: „Schule, Abi machen – darauf kommt es an. Alles andere ist unwichtig!" Und dann fällt er durch. Am nächsten Tag liegt ein Zettel auf dem Küchentisch: „Liebe Mutti, lieber Vati! Ich habe es nicht geschafft. Nun hat alles keinen Sinn mehr!" Es ist die letzte Nachricht, die die Eltern von ihrem Sohn erhalten. Was ist passiert? Da hat jemand ein schönes, erstrebenswertes Ziel seines Lebens mit dem Sinn seines Lebens verwechselt. Das kann lebensgefährlich sein.

Eine Frau, Anfang 50, sucht den Arzt auf. Sie klagt über Schlafstörungen, nervöse Unruhe, Depressionen. „Ich weiß gar nicht, was plötzlich mit mir los ist", sagt sie, „als ob ich in ein tiefes Loch gefallen bin". Der Arzt tippt auf Wechseljahre, verschreibt Medikamente. Aber die schlagen nicht an. Erst nach einer Weile entdeckt die Frau, dass sie in einer tiefen Sinnkrise steckt. Vor kurzem hat das letzte ihrer drei Kinder das Haus verlassen. Nun sind die Kinderzimmer leer. Bisher ist diese Frau vor allem und mit ganzer Hingabe Mutter gewesen. Sie ist in dieser Rolle völlig aufgegangen. Sie hat eine schöne Etappe ihres Lebensweges mit dem Sinn ihres Lebens verwechselt. Als nun das letzte Kind das Haus verlässt, bricht für die Frau eine Welt zusammen. Jedes Teilziel auf unserem Lebensweg verdient Beachtung, will angesteuert und erkämpft werden, erfordert den Einsatz von Zeit und Energie. Das ist auch gut so. Aber wir sollten aufpassen, dass wir es nicht heimlich zu unserem „Ein und alles" werden lassen und mit dem Sinn unseres Daseins verwechseln. Das wäre fatal.

Gefährliches Verschiebespiel

Noch auf eine zweite Gefahr im Umgang mit der Sinnfrage möchte ich Sie gern aufmerksam machen. Sie besteht darin, dass wir die Frage nach einer sinnvollen Erfüllung unseres Lebens ständig vor uns herschieben – von einer Station unseres Lebens auf die nächste. Nach dem Motto eines meiner ehemaligen Lehrer, der auf Schülerfragen häufig antwortete: „Das kriegen wir später!", vertagen wir die Sinnfrage. Es gibt Menschen, die erwarten die Erfüllung ihres Lebens immer von den Lebensabschnitten, die noch vor ihnen liegen. Ihr Leitspruch heißt: „Das Eigentliche kommt erst noch!" Wenn es in der gegenwärtigen Lebensphase nicht kommt, wenn die erhoffte Lebenserfüllung ausbleibt, dann verschieben sie ihre Erwartung einfach auf die nächste Etappe. Da wiederholt sich dann dasselbe Spiel.

Dieses „Verschiebespiel" beginnt häufig schon sehr früh. Da sieht das kleine Mädchen den älteren Bruder am Tag der Einschulung voller Stolz mit der Schultüte in der Hand zur Schule gehen. Sehnsucht bricht auf: „Wenn ich erst mal so weit bin, dann beginnt das Leben". Aber als sie später selber Schülerin ist, merkt sie schnell, dass die Schule ihre Sehnsucht nach Lebenserfüllung nicht stillt: „Wenn ich bloß erst die blöde Penne hinter mir hätte, dann ..." Endlich ist der ersehnte Schulabschluss erreicht. Aber nicht die erhoffte Freiheit, sondern der berühmte Ernst des Lebens fängt an. Das Verschiebespiel geht weiter: „Wenn ich erst mal meinen Beruf habe, dann ...!“ Steht man dann im Beruf, taucht auf einmal die Frage auf, ob nicht was anderes doch besser gewesen wäre. Die erhoffte Sinnerfüllung stellt sich nicht ein. „Wenn ich erst mal einen Partner / eine Partnerin gefunden habe, dann ...“ Aber es wird auch nur eine ganz normale Ehe – nicht schlecht, aber viel weniger erfüllend als erträumt. Erste Anzeichen von ehelicher Langeweile – ein Kind kündigt sich an. „Wenn das Kleine erst da ist, dann kommt noch einmal neuer Schwung in unsere Beziehung“, denkt die Frau. Dann kommt das Kind, und nun geht's wirklich los – nur ganz anders, als sich das beide vorgestellt hatten. „Du“, sagt er ein paar Jahre später abends beim Glas Wein, „wenn die Kinder erst mal aus dem Haus sind, dann holen wir alles nach, was jetzt nicht möglich ist – vor allem das Reisen, das wir immer wieder verschoben haben“. Dann sind die Kinder aus dem Haus, und plötzlich merken die beiden Altgewordenen, dass ihre Sehnsucht nach Lebenserfüllung immer noch nicht gestillt ist. Aber so richtig eingestehen wollen sie sich das nicht. Über dem aufgeschlagenen Fotoalbum blicken sie zurück – und verklären ihr gelebtes Leben: „Weißt du noch, damals ...?“. Dabei haben sie damals (!) gedacht: „Das Eigentliche kommt erst noch!“ Sie haben die Frage nach der Sinnerfüllung vor sich hergeschoben, haben sie ein ganzes Leben lang vertagt und nie beantwortet. Die Sinnfrage als Verschiebespiel! Es ist zum Schmunzeln und tragisch zugleich. Wenn die beiden diese Wahrheit ertragen könnten, müsste man sie fragen: „Wann habt Ihr eigentlich wirklich gelebt? Wann habt Ihr sinnerfüllt gelebt?“

„Da muss noch Leben ins Leben ...“

Der Liedermacher Wolf Biermann hat ein kleines Lied geschrieben. Im Refrain schaut ein Mensch auf sein Leben und sagt:

Das kann doch nicht alles gewesen sein,
das bisschen Sonntag und Kinderschrein,
das muss doch noch irgendwo hingehn!
Die Überstunden, das bisschen Kies -
und abends inne Glotze: das Paradies!
Darin kann ich noch keinen Sinn sehn.
Das soll nun alles gewesen sein?
Da muss doch noch irgendwas kommen! Nein -
da muss noch Leben ins Leben!

„Da muss noch Leben ins Leben“ – ein Satz der Sehnsucht, der den ungestillten Hunger nach Sinn anzeigt. Irgendwann gibt es keine Station des Lebens mehr, auf die man die unerledigte Sinnfrage weiterschieben könnte. Da liegt ein Mensch auf dem Sterbebett. Sein Körper signalisiert, dass es zu Ende geht. Aber er kann das Leben nicht loslassen. Denn er hat das Gefühl: „Ich habe noch gar nicht richtig gelebt!"

Ich möchte Ihnen vor dem Tod keine Angst machen. Aber ich denke, wir können ihn aus der Beschäftigung mit der Frage nach dem Sinn unseres Lebens nicht einfach ausklammern. Wir klammern unseren Tod ohnehin schon oft genug aus. Wir wissen zwar alle, dass wir sterben werden – aber wir glauben es letztlich doch nicht. Da sagt eine Frau, die aus Bremen stammt, zu ihrem Mann: „Wenn einer von uns beiden stirbt, ziehe ich wieder nach Bremen". Der Tod ist ja eine ganz besondere Etappe auf unserem Lebensweg. Er ist wie ein Sieb, durch das alle anderen Teilziele unseres Lebens durchfallen. Darum sollten wir die Sinnfrage nicht am Tod vorbei beantworten. Wozu bin ich da? Woher komme ich? Wohin gehe ich? Das sind Fragen, die unter dem Vorzeichen unserer Vergänglichkeit noch einmal an Brisanz gewinnen. Angesichts der eigenen Endlichkeit heißt die Sinnfrage: „Was trägt mich auch durchs Sterben hindurch? Was hält meinen Lebenslauf auch im Tod noch zusammen – also auch dann noch, wenn alles auseinander zu fallen droht?"

Ich bitte Sie herzlich, geben Sie sich bei Ihrer Antwort auf die Sinnfrage nicht mit vorschnellen Lösungen zufrieden – auch nicht mit vorschnellen frommen Lösungen. Was für Ihr Leben sinngebend sein soll, das muss es mit Ihrem Tod aufnehmen können!

Gähnende Leere

Aber nun suchen viele nach einem Sinn für ihr Leben – und finden ihn nicht. Müde schlendern sie über den Jahrmarkt des Lebens, aber keine der Attraktionen fasziniert sie wirklich. Kein Angebot ist reizvoll genug, das eigene Lebenskapital zu investieren. Sie wissen nicht mehr, wozu sie da sind. Ihnen ist nicht mehr klar, was und wohin sie eigentlich wollen.

Was passiert, wenn unsere Sinnsuche ergebnislos bleibt, wenn unsere Sehnsucht nach Sinnerfüllung in einer Frustration endet? Dann zieht in der Regel eine abgrundtiefe Langeweile in unser Leben ein. Sie fängt an, uns von innen her zu zerfressen. Die Langeweile scheint das Lebensgefühl der Menschen in der westlichen Kultur immer stärker zu prägen. Langeweile ist die Kehrseite des Wohlstands, der Preis, den wir fürs „Zuviel" zahlen. Es ist schon seltsam, dass wir im Überfluss leben – aber das Leben „fließt" nicht mehr. „Kurzweil" ist angesagt – und es wird immer langweiliger. Wir sind unglaublich reich – und verarmen doch innerlich immer mehr. Unsere Konten, unsere Häuser, unsere Bäuche sind voll – und zugleich fühlen wir uns oft total leer.

Der Arzt und Therapeut Victor F. Frankl, Begründer der sinnorientierten „Logotherapie", hat in den Konsum- und Überflussgesellschaften des Westens die Besorgnis erregende Entdeckung gemacht, dass viele Menschen in unserem Kulturkreis an einem abgrundtiefen Sinnlosigkeitsgefühl leiden. Nicht selten werden sie davon krank. Eine innere Verödung hat sie beschlichen, eine seelische Leere – eine Art „existentielles Vakuum", wie Frankl das nennt. Dieses „existentielle Vakuum" muss man sich wie ein Loch vorstellen, das uns die unbeantwortete „Wozu-Frage" in die Seele frisst. „Angst essen Seele auf", heißt ein bekannter Spielfilm. Aber auch die ständige Frustration der Sehnsucht nach Sinnerfüllung nagt an unserer Seele. In vielen Menschen wird dieser Frust eines Gefühls zunehmender Sinnlosigkeit immer stärker. Das „Sinnloch" wächst ständig – wie die Sahara. Da schreibt ein Student aus Amerika: „Ich bin 22, besitze einen akademischen Grad, fahre einen luxuriösen Wagen, bin überhaupt finanziell unabhängig, und es stehen mir mehr Sex und Prestige zur Verfügung, als ich verkraften kann. Was ich mich frage, ist nur, was das alles für einen Sinn haben soll?" Da kann man sie spüren, die innere Leere, diese abgrundtiefe Langeweile, diese Grundstimmung, die der fehlende Sinn hinterlässt: „Es geht mich nichts mehr wirklich etwas an!" Kennen Sie diese Stimmung auch? Spüren Sie etwas von diesem „existentiellen Vakuum", diesem „Sinnloch" in Ihrem Leben?

Löcher wollen gestopft werden

Löcher wollen gestopft werden – auch das Sinnloch in unserer Seele schreit danach. Weil wir die Sinnleere in uns nicht aushalten, sind wir anfällig für alle Angebote, die unser inneres Vakuum auszufüllen versprechen. Eine raffiniert arbeitende Vergnügungs- und Konsumindustrie hat sich das zur Aufgabe gemacht. Sie bietet uns Sinnsurrogate (Ersatzmittel für Sinn) an. Sie versucht, unser Sinnloch zu stopfen, indem sie den Schmerz des nicht gefundenen Sinns in uns betäubt. Konsum und kurzweiliges Vergnügen scheinen in dem Maße zuzunehmen, in dem sich das Sinnlosigkeitsgefühl unter uns ausbreitet. „Wir amüsieren uns zu Tode", heißt der Titel eines Buches, das das exzessive Konsumverhalten ins unserer westlichen „Erlebnisgesellschaft" kritisch analysiert. Da werden Lebensmittel zur Lebensmitte, weil das eigentliche Lebenszentrum fehlt. Wir entfliehen unserer Sinnsehnsucht durch eine kurzatmige Befriedigung unseres Erlebnishungers.

Es gibt für diesen Vorgang einen sehr bildhaften Ausdruck. Er heißt: „sich etwas reinziehen". Ich denke an die „Kopfhörer-Generation", die sich ständig etwas „reindröhnen" muss, um die Langeweile zu betäuben und die innere Leere zu übertönen. Ich habe Taufgespräche als Pastor erlebt, wo ich die jungen Eltern zweimal bitten musste, während unseres Gesprächs doch bitte den Fernseher abzustellen. „Reinziehen" kann man sich vieles, nicht nur Drogen und Alkohol. Man kann sich auch Menschen „reinziehen". Es gibt Leute, die saugen andere geradezu auf, ziehen sie hinein in den Strudel ihres Sinnlosigkeitsgefühls. Übrigens: Sie können sich auch „Religion" in Ihre innere Lehre reinziehen. Der religiöse Markt ist voller Angebote. Auch das Buch, das Sie gerade lesen, können Sie sich mal eben „reinziehen".

Allerdings hat das „Reinziehen" einen Haken. Es macht nicht auf Dauer satt. Den großen Sinnhunger jedenfalls stillt es nicht. Das schnelle Glück, die kurze Lust, der berauschende Augenblick – sie sind meist ohne nachhaltige Wirkung. Sie bringen unserem Leben keine wirkliche Erfüllung. Frankl hat den schönen Satz gesagt: „Wem es nur um die Lust geht, dem vergeht sie auch schon". Probieren Sie den Satz mal aus, z.B. in Ihrer Sexualität – ich glaube, er stimmt. Alles, was wir uns nur „reinziehen", überdeckt vielleicht für eine Weile unsere innere Öde. Aber es überwindet unseren Sinnmangel nicht wirklich. Auf Dauer tötet es in uns lediglich den Schrei nach sinnerfülltem Leben ab.

Hektik: Flucht vor der inneren Öde?

Wir haben noch eine andere, weit verbreitete Methode entwickelt, um mit dem bedrohlichen Gefühl von innerer Leere und Sinnverlust umzugehen: Wir erhöhen einfach unser Lebenstempo.

Viele Menschen leben wie Hamster im Laufrad. Unsere Zeit ist wahnsinnig hektisch geworden. Wie Getriebene hecheln wir von Termin zu Termin, rasen, als hätten wir keine Zeit. Könnte es sein, dass das irrwitzige Tempo, das wir an den Tag legen, der Versuch einer Selbstbetäubung ist? Leben wir vielleicht deshalb so hektisch, weil wir auf der Flucht sind, auf der Flucht vor unserer inneren Verödung und Leere? Lassen Sie diesen Gedanken ruhig einmal an sich heran. Frankl, noch einmal zitiere ich ihn, hat gesagt: „Je weniger ein Mensch um so etwas wie einen Sinn seines Daseins und ein Ziel seines Weges weiß, um so mehr beschleunigt er das Tempo, in dem er diesen Weg durcheilt". Nach dem Motto: Ich weiß zwar nicht genau, wohin ich will, aber dafür bin ich um so schneller da. Ob das der Grund ist, warum wir oft nicht zur Ruhe kommen? Viele Menschen wünschen sich das ja, dass sie endlich mal „zur Ruhe kommen". Zugleich haben sie eine wahnsinnige Angst davor. Denn in dem Moment, wo sie tatsächlich zur Ruhe kommen, entdecken sie erst, wie leer es in ihnen ist.

Wie kommt man dem Sinn des eigenen Lebens auf die Spur? Bevor ich Sie auf Ihrem Weg zu einer Antwort auf diese Frage begleite, bitte ich Sie, sich ein wenig Zeit zu nehmen für die folgenden Anregungen. Es bringt Ihnen nichts, wenn Sie sich mit Antworten auf Fragen beschäftigt, die noch gar nicht zu Ihren eigenen Fragen geworden sind. Vielleicht blättern Sie einfach die Seiten dieses Kapitels noch einmal durch und schauen sich dann die Anregungen an, die ich Ihnen für Ihre eigene Überlegungen vorschlage.

➔ *Bevor Sie weiterlesen...*

Was hat Sie beim Lesen
besonders berührt oder unruhig gemacht?
Wissen Sie, warum?

Was empfinden Sie persönlich,
wenn Sie den Liedtext von Wolf Biermann
in diesem Kapitel lesen?

Wie sind Sie selbst bisher mit der Frage
nach dem Sinn Ihres Lebens umgegangen?

Wie gesagt, abnehmen kann ich Ihnen die Beantwortung der Sinnfrage nicht. Ich möchte Ihnen jetzt aber eine Richtung anzeigen, will Ihnen eine Fährte legen, auf der Sie Ihrem Lebenssinn auf die Spur kommen können. Und ich möchte Ihnen auch ein wenig davon erzählen, wie das bei mir war.

Wenn Langeweile in Faszination umschlägt

Ich beginne mit einer kleinen Geschichte. Sie ereignet sich an einem Sonntagnachmittag im Winter. Draußen liegt Schnee. Es ist einer jener Nachmittage, die sich zäh, wie im Schneckentempo dahinziehen. Gelangweilt lümmelt der Sohn des Hauses auf dem Sofa. Alles ödet ihn an. „Was ist los mit dir?", fragt ihn sein Vater. „Ich weiß nicht, was ich machen soll. Es ist alles so langweilig", sagt der Junge. Mit leeren Augen gafft er die Wand an. „Ich habe eine Idee", sagt der Vater und sieht durchs Fenster in den schneebedeckten Garten. Seine Stimme lässt den Jungen aufhorchen. „Hast du Lust, mit mir rauszugehen und im Schnee ein Iglu zu bauen?" In den Augen des Jungen blitzt es auf. Plötzlich ist die Müdigkeit verschwunden. Die Idee fasziniert ihn. Er ist hin und weg – und seine Langeweile auch. Er

springt auf, zieht sich warme Sachen an, besorgt Eimer und Schaufeln. Stundenlang arbeiten die beiden an ihrem Schneehaus. Sie schauen nicht auf die Uhr. Die Zeit vergeht wie im Flug. Sie verlieren sich ans Iglu-Bauen. Leidenschaftlich geben sie sich hin an ihren Plan: Heute Abend muss das Iglu stehen. Als es dunkel wird, haben sie es geschafft. Durchgefroren, aber tief beglückt, sitzen sie abends im Wohnzimmer zusammen, reden mit Begeisterung über ihre gemeinsame Erfahrung. Die Augen des Jungen strahlen. „Vati“, sagt er, „das war ein toller Tag!“ Diesen Tag hat er nicht als sinnlos erlebt.
Was ist geschehen? Der Junge hat für wenige Stunden eine Erfüllung erlebt, die seine innere Leere vertrieben hat. Etwas, das ihn fasziniert (Vaters Idee vom Iglu-Bauen), ist von außen auf ihn zugekommen. Daran hat sich der Junge verloren. Er hat sich für einen Nachmittag an etwas hingeben können.

Der Traum von der Selbstfindung

Lassen Sie mich diesen Gedanken jetzt etwas vertiefen. Ich möchte zunächst eine Sehnsucht ansprechen, die in uns Menschen wohnt – ich vermute: in Ihnen auch. Wenn Sie tief genug in sich hineinhorchen, werden Sie darauf stoßen. In uns Menschen lebt die Sehnsucht, nicht bei uns selbst zu bleiben. Wir sind auf der Suche nach etwas, das größer ist als wir, nach etwas, das von außen auf uns zukommt und uns so fasziniert, so hinreißt, dass wir uns daran verlieren. Wir Menschen wollen uns an etwas hingeben. Wir sind auf Hingabe angelegt.

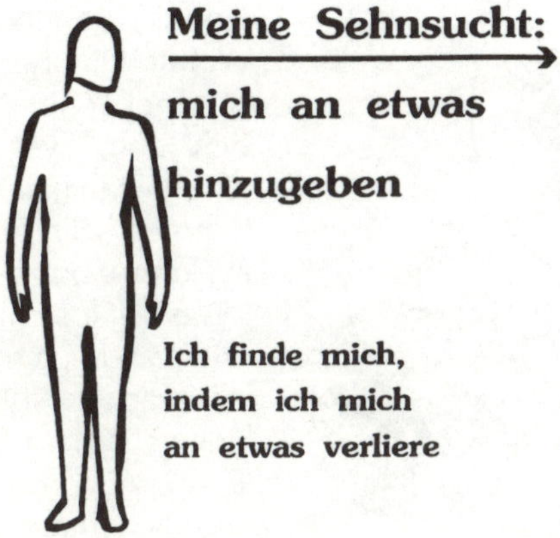

Gegenwärtig träumen viele Menschen von Selbstfindung. Das ist an sich etwas Gutes, wenn ein Mensch zu sich selbst findet. Aber wie geht das? „Endlich hatte ich mal ein freies Wochenende, um zu mir selbst zu kommen,“ sagt einer zu seinem Freund. „Und, wie war's?“, fragt der zurück. „Ach, wenn ich ehrlich bin: eigentlich war nicht viel los!" Kennen Sie diese Erfahrung auch? Wir wollen uns selbst finden, aber in dem Augenblick, wo wir bei uns selbst landen, wird es plötzlich langweilig. Vielleicht findet man sich selbst gar nicht, indem man nur zu sich selbst kommt und bei sich selbst bleibt.

Es gibt eine seltsame Erfahrung in unserem Leben: Wir finden uns immer da, wo wir uns an etwas verlieren. Das klingt paradox – und ist doch wahr. Sie können es selbst ausprobieren. Ich finde mich immer da, wo ich mich an etwas verlieren kann, was mich zutiefst hinreißt und fasziniert. Ich finde mich in der Hingabe an etwas, was mich erfüllt.

Damit ist eine Fährte angezeigt, auf der Sie dem Sinn Ihres Lebens auf die Spur kommen können. Sie finden den Sinn Ihres Lebens nicht durch theoretische Auskünfte, nicht durch kluge Bücher oder philosophisches Grübeln. Der Sinn Ihres Lebens fällt Ihnen nicht einfach in den Schoß, wenn Sie lange genug darüber nachdenken. Sinnfindung geschieht ganz praktisch: Wenn ich etwas entdecke, an das ich mich wegschenken, an das ich mich hingeben kann, dann erfahre ich mein Leben als sinnvoll. Jeder Mensch ist auf der Suche nach einem Gegenstand seiner Hingabe.

Sinnfindung durch Hingabe

Für diese Wahrheit unseres Lebens gibt es unzählige Illustrationen: Da hat sich jemand einer großen Aufgabe verschrieben, ist ganz erfüllt davon und findet darin den Sinn für sein Dasein. Oder jemand ist „hin und weg" von einer beflügelnden Idee, an die er sich verloren hat, und die er umzusetzen versucht. Ein anderer ist „Feuer und Flamme", weil er sich in der Liebe zu einer anderen Person wegschenkt und sich in diesem Verschenken neu findet. Ich habe noch nie ein frisch verliebtes Paar gesehen, das eng umschlungen auf einer Parkbank sitzt und klagt: „Es ist alles so sinnlos!" Denn Liebe – die wohl großartigste und waghalsigste Form der Hingabe – erfüllt unser Leben mit Sinn.

Hingabe heißt, dass ein Mensch durch etwas Faszinierendes, das größer ist als er selbst, dazu verlockt wird, sich loszulassen und sein Leben daran zu verschwenden. Ich bin davon überzeugt, dass Sinnfindung ohne den Preis der Hingabe nicht möglich ist. Das Sinnlosigkeitsgefühl, das Menschen immer wieder überfällt, hat nicht zuletzt damit zu tun, dass sie sich nicht hingeben können oder wollen. Denn das, woran wir uns in tiefer Faszination verlieren – heimlich oder offen –, das erfüllt uns, das wird zu unserem Lebenssinn.

Wenn die Hingabe gelingt, wenn wir uns an etwas verloren haben, dann stellt sich in aller Regel etwas sehr Schönes ein: Wir erfahren eine tiefe Beglückung, Lebenslust und Daseinsfreude – und danach sehnen wir uns sehr.

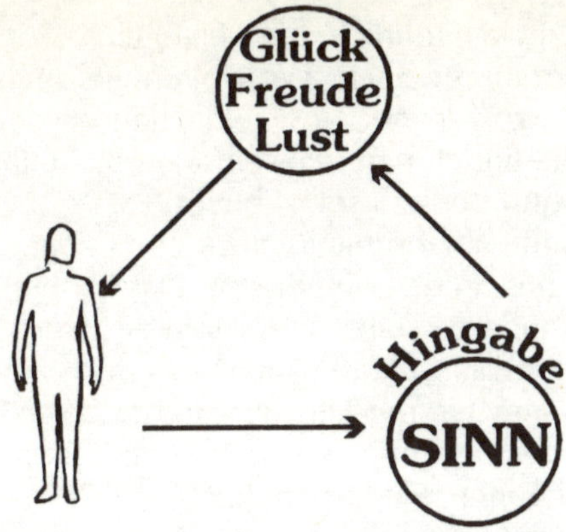

Ich bitte Sie herzlich: Lassen Sie sich Ihre Sehnsucht nach Glück und Lebensfreude von niemandem madig machen. Sie müssen nur wissen: Wir Menschen suchen nicht das Glück und die Freude an sich. Wir suchen vielmehr nach einem Grund zur Freude, nach einem Grund, glücklich zu sein. Wenn wir den gefunden haben, dann stellen sich Freude und Glück wie von selbst ein – so wie sich das Lachen von selbst einstellt, wenn jemand einen guten Witz hört. *Wirkliche Lebensfreude* hat ihren Grund in einem gefundenen Lebenssinn. Sie ist die Folge der Hingabe an diesen Sinn. Sie haben das vermutlich auch schon einmal erlebt, als Sie in etwas aufgegangen sind, das Sie ganz erfüllt hat: Da bricht plötzlich Freude auf. Punktuelle Lust und kurze Beglückung kann man sich zur Not auf schnellem Weg „reinziehen" – aber tiefe und bleibende Lebensfreude gibt es nur auf dem Weg der Hingabe. Wer diesen Weg scheut, wird sich mit weniger zufrieden geben müssen als mit dem Glücklichsein, nach dem er sich sehnt.

Die kleine und die große Hingabe

Übrigens: „Kleine" Akte der Hingabe erleben wir fast jeden Tag. Man kann sie auch „Teil-Hingaben" oder bedingte Hingaben nennen. Bedingt deshalb, weil wir uns dabei nicht mit unserer ganzen Person und nicht auf Dauer investieren.
Sie können sich z.B. an einen Sonnenuntergang hingeben. Haben Sie das mal erlebt im Urlaub? Sie sitzen am Meer. Die Zeit vergeht – ohne dass Sie auf die Uhr sehen. Sie vergessen die Welt und alles ringsum. Der rote Feuerball versinkt langsam im Wasser. Es ist berauschend schön. Sie haben sich total an diesen Anblick verloren – zumindest für eine gewisse Zeit. Oder Sie liegen im Bett, wollen nur noch kurz den Krimi anlesen, den Sie geschenkt bekommen haben – aber erst um 3 Uhr nachts machen Sie das Licht aus. Sie haben sich verloren in einer

spannenden Geschichte. Das sind so kleine „Teil-Hingaben“ unseres Lebens.
Aber wir Menschen haben Sehnsucht nach noch mehr – und haben zugleich immer auch Angst davor. Horchen Sie einmal in sich hinein! Wir sehnen uns über die kleinen und bedingten Hingabe-Akte hinaus nach einer unbedingten, unsere ganze Person einschließenden Hingabe. Ich meine eine Hingabe, die alle „Teil-Hingaben“ unseres Lebens umfängt und ihnen eine gemeinsame Ausrichtung gibt. Wir sind auf der Suche nach etwas, das uns nicht nur bedingt, sondern unbedingt angeht, etwas, woran wir uns ganz, woran wir „unser Herz verlieren“ können. Es hat lange gebraucht, bis ich mir diese Sehnsucht eingestanden habe.

Sein Herz verlieren

„Sein Herz verlieren“ – das ist ein schönes Bildwort für eine Hingabe unserer ganzen Person. „Herz“ meint die Personmitte, das innere Zentrum unserer Lebensbewegung, unserer Lebenssehnsucht und unserer Lebensentscheidungen. Wir möchten etwas finden, das uns so hinreißt, dass wir uns ganz daran verschenken können, rückhaltlos und auf Dauer. Unser Herz ist ein seltsames „Ding“. Es will sich verlieren – unter allen Umständen. Es gibt keine Ruhe, bis wir ihm das erlauben. Unser Herz bleibt so lange unruhig, bis es in einer großen Hingabe zur Ruhe kommt.

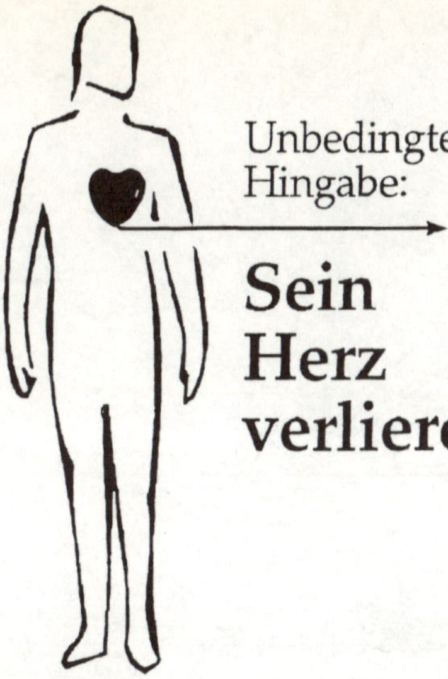

Unbedingte Hingabe:

Sein Herz verlieren

Erst wer sein Herz verliert, hat sich ganz gefunden. Wo mein Herz ist, da ist nämlich auch mein Zuhause, da gehöre ich hin. Vielleicht stoßen wir damit an das eigentliche Geheimnis unserer Sehnsucht nach Sinn: Wir möchten wissen, wo wir hingehören – im Gelingen und im Scheitern, auf den Höhen und in den Tälern, im Leben und im Sterben. Wir möchten irgendwo ganz „zu Hause“ sein. Kennen Sie diese Sehnsucht? Die Sinnfrage ist letztlich die Frage nach unserer „Heimat“. Unsere Sinnsuche hat offenbar etwas damit zu tun, dass wir Menschen in gewissem Sinn „Heimatvertriebene“ sind.

Wer allerdings sein Herz verliert, geht immer ein ungeheures Risiko ein. Er setzt sich selbst dabei aufs Spiel. Er kann alles gewinnen und alles verlieren. Jede(r) von uns hat ja nur ein Herz. Wer sein Herz einmal an etwas verloren hat, das sich nicht lohnte, der scheut das Risiko. Wenn Sie das „Dritte Reich“ miterlebt haben, wissen Sie, wovon ich spreche. Hitler hatte ein ganzes Volk zu einer Hingabe verleitet, die nicht dem Leben, sondern der Vernichtung diente. Ich muss mir schon genau überlegen, woran ich mein Herz verliere, denn dem gegenüber werde ich unkritisch. Das gewinnt Macht über mich und wird zur letzten, zur eigentlichen Autorität, der ich mich unterstelle. Woran ich mein Herz verliere, das wird zur letzten sinngebenden Instanz, vor der ich mein Tun und Lassen verantworte.

Die Sinnfrage als Glaubensfrage

Ich möchte Sie jetzt gern mit einem Satz überraschen, der von Martin Luther stammt. Er heißt:

Vielleicht haben Sie sich beim Lesen darüber gewundert, dass ich bisher immer wieder ungeschützt von „Gott" geredet habe – und zwar ohne je die Frage aufzuwerfen, ob es denn einen „Gott" überhaupt gibt. Das bezweifeln ja viele. Ich bezweifele etwas anderes: nämlich ob wir Menschen es ohne einen „Gott" überhaupt aushalten. Unser Herz springt im Karree, wenn wir ihm auf Dauer nichts anbieten, woran es sich „hängen" kann. Es wird sich dann irgend etwas suchen, um endlich zur Ruhe zu kommen.

Die viel diskutierte Frage, ob es einen Gott gibt oder nicht, hat mich eigentlich immer gelangweilt. Martin Luthers Satz „Woran du dein Herz hängst, das ist dein Gott" überholt diese Frage durch eine viel spannendere. Sie lautet: Wie heißt eigentlich mein Gott? Wie heißt eigentlich Ihr Gott? Sagen Sie mir, woran Sie Ihr Herz „hängen" – und ich sage Ihnen, wie Ihr Gott heißt. Sagen Sie mir, an welchen Sinn Sie sich klammern – und ich sage Ihnen, woran Sie glauben. Ich behaupte: Jeder Mensch glaubt an irgendetwas. Denn jeder Mensch gibt sich auf seiner Suche nach Sinn an irgendetwas hin – früher oder später. Er kann gar nicht anders.

Vielleicht überrascht Sie das, aber die Frage nach dem Sinn unseres Lebens und die Frage nach Gott hängen eng miteinander zusammen. Denn in beiden Fragen geht es darum, ob es etwas gibt, an das man sich mit Gewinn verlieren kann. Die Worte „Gott" und „Sinn" stehen beide für die Behauptung: Es gibt etwas, für das sich eine Lebenshingabe lohnt. Beide Worte sprechen von dem, woher wir kommen, wohin wir gehen und wozu wir da sind. Wo ernsthaft vom Sinn des Lebens geredet wird, da wird von dem geredet, was uns unbedingt angeht und womit unser Leben steht und fällt. Genau das aber meint das Wort „Gott". Das bedeutet, wer nach dem Sinn seines Lebens fragt, wird automatisch in die Frage nach Gott verwickelt – ob er will oder nicht. Die Sinnfrage hat eine religiöse Dimension. Sie ist im Grunde eine Glaubensfrage.

Gott oder Gott-Ersatz?

Unser Herz kann sich an vieles hängen, nicht nur an den Gott, von dem uns die Bibel erzählt. Aber indem ich mein Herz an etwas anderes „hänge", mich etwas anderem hingebe als dem lebendigen Gott, gehe ich eine „religiöse" Bindung ein, auch wenn ich von Religion sonst gar nichts halte. Ich hänge mich dann an einen Gott-Ersatz.
Im Alten Testament wird uns erzählt, wie Mose vom Gott der Bibel auf einen Berg gerufen wird, um dort Gottes Weisung für das Volk Israel zu erhalten. Lange bleibt Mose weg, zu lange für das Volk, das sich mit einer vagen Hoffnung auf Gott nicht zufrieden geben will. So macht es sich einen Gott-Ersatz. Das „goldene Kalb" wird zum Gegenstand der religiösen Hingabe. Die Bibel nennt das Götzendienst. Ein „Götze" kann mir dasselbe versprechen, was mir Gott zusagt. Fraglich ist nur, ob er es auch hält. Gott oder Gott-Ersatz, Gott oder „Götze" – das ist die Alternative, um die es Luther in seinem Satz geht: „Woran du dein Herz hängst, das ist dein Gott".
Gott oder Gott-Ersatz – um diese Alternative geht es auch in Ihrem Leben. Die Frage heißt also nicht, *ob* Sie an einen Gott glauben, sondern an *welchen*? „Woran du dein Herz hängst, das ist dein Gott." Vielleicht kann man diesen Luthersatz etwas freier so übersetzen: „Woran du dein Herz hängst, das wird für dich zum Ein und Alles, zum eigentlichen Sinn deines Lebens. Woran du dein Herz hängst, davon erwartest du dein Glück. Dem vertraust du dich an. Daran bindest du dein Leben. Das trägt dich in guten und in bösen Tagen. Das betest du heimlich oder offen an. Woran du dein Herz hängst, daran glaubst du. Das verehrst du, dem dienst du wie einem Gott."
Wie kriegen Sie das denn raus, an welchen Gott Sie glauben? Es gibt ein paar Schlüsselfragen. Zum Beispiel: Was reißt mich eigentlich wirklich hin? Was fasziniert mich zutiefst – heimlich oder offen? Wovon sind meine Lebensträume bestimmt? Was ist mir konkurrenzlos wichtig? Worauf will ich keinesfalls verzichten? Was ist die eigentliche Triebfeder meines Lebens? Worauf verlasse ich mich im Leben und Sterben? Woran habe ich mein Herz verloren?
Auf unserer Reise ins Land des Glaubens wird uns ein Gott begegnen, der unser Herz für sich gewinnen möchte. Christsein heißt nicht, „den Kopf verlieren" – aber das Herz schon! Mit weniger als unserem Herzen gibt sich der lebendige Gott nicht zufrieden. Es kann nun allerdings sein, dass Ihr Herz schon vergeben ist. Dann wird Sie die Lektüre dieses Buches in eine Krise führen. Dann werden Sie es entweder verärgert oder enttäuscht zur Seite legen – oder der lebendige Gott „spannt Ihnen Ihren Gott aus". Jesus hat einmal gesagt: „Niemand kann zwei Herren dienen: Entweder wird er den einen hassen und den anderen lieben, oder er wird an dem einen hängen und den anderen verachten" (Mt 6,24). Unser Herz ist

unteilbar. Es kann sich nicht gleichzeitig an verschiedenen Stellen verlieren.
Sie müssen wissen: Im christlichen Glauben geht es um eine echte Alternative zu vielen anderen Sinngebungs-Möglichkeiten, die uns das Leben bietet. Es geht um mehr als um ein paar religiöse Gefühle. Es geht um eine Hinwendung, eine Kehrtwendung unseres Lebens zu Gott – und damit zugleich um eine Abwendung von jedem Gott-Ersatz. Wer sich an den lebendigen Gott als den letzten Sinn seines Lebens verliert, der verliert sich nicht mehr im Vorletzten.

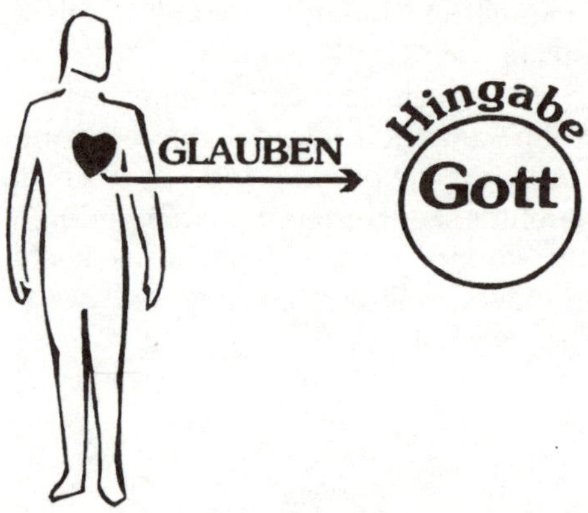

Glauben bedeutet, sein Herz an Gott verlieren. Jesus hat einmal den spannenden Satz gesagt: „Wer sein Leben festhalten will, wird es verlieren. Wer es aber um meinetwillen verliert, wird es gewinnen" (Mt 10,39). Wenn wir unser Leben zurückbehalten, für uns behalten, keine Hingabe wagen, dann zerrinnt es uns zwischen den Fingern. Wenn wir uns aber im Glauben an Jesus und seinen Gott verlieren, sagt Jesus uns einen großen Gewinn an Lebenserfüllung zu. Vielleicht fühlen Sie sich von dem, was Jesus hier sagt, im Augenblick überfordert. Ich könnte das gut verstehen. Lassen Sie sich Zeit. Unsere Reise hat ja erst begonnen.
Aber darf ich Ihnen zum Abschluss dieses Kapitels noch etwas von mir erzählen? Ich stehe ja auch vor der Frage: Welchen Sinn hat eigentlich mein Leben? Ich kenne das Gefühl der Sinnlosigkeit und die Erfahrung der Sinnfrustration. Aber ich merke: Jesu Satz vom Gewinnen und Verlieren verlockt und fasziniert mich. Ich möchte ihn gern ausprobieren. Ich möchte mir den Sinn meines Lebens von Jesus und seinem Gott zeigen lassen. Und dabei mache ich gute Erfahrungen, in denen mein Leben aufblüht. In der Begegnung mit dem Gott der Bibel klärt sich für mich, wozu ich auf dieser Welt bin, wohin ich gehe und woher ich komme. Gott spricht mir Sinn zu, den ich mir nicht selbst zusprechen kann. Und er beansprucht mich für diesen Lebenssinn in einer Weise, die mich nicht überfordert.
Da begegnet mir eine Stimme, die mich umwirbt. Sie sagt: „Du bist kein Produkt des Zufalls, keine Laune der Natur. Du bist da, weil ich, dein Gott, dich gewollt habe. Du bist einer meiner schönsten Gedanken. Du musst deinen Lebenssinn nicht selbst produzieren. Du empfängst ihn täglich neu durch mein Ja zu dir. Ich, dein Gott, bin

leidenschaftlich an dir interessiert. Das gibt deinem Leben Wert und Bedeutung. Du bist dazu geschaffen, aus der Kraft meiner Liebe zu leben und in dieser Kraft Leben zu gestalten und zu verändern. Ich möchte dir Wege und Ziele zeigen, die sich lohnen, die deine tastenden Füße auf weiten Raum stellen. Sei ganz gewiss: Ich habe etwas vor mit dir. Und ich habe etwas vor mit dieser Welt. Daran möchte ich dich gern beteiligen. Dein kleines Leben gehört in einen großen Zusammenhang. Ich werde dich diesen Zusammenhang mehr und mehr entdecken lassen. Dein Weg ist nach vorn hin offen. Aber du gehst nicht ins Ungewisse. Ich begleite dich. Ich erwarte dich am Ziel deines Lebens. Dein Leben ist sinnvoll und bleibt sinnerfüllt in allem, was kommt. Dafür verbürge ich mich, dein Gott!".

An dieser Antwort Gottes auf die Frage nach dem Sinn meines Lebens werde ich wohl ein ganzes Leben lang herumbuchstabieren. Aber immer da, wo ich mich dieser Antwort anvertraue, wo ich mich an Jesus und seinen Gott verliere, da entdecke ich: Ich bin nicht verloren. Bei diesem Gott kann ich nur gewinnen. Vielleicht hat Jesus Recht, wenn er sagt: „Wer sein Leben festhalten will, wird es verlieren. Wer es aber um meinetwillen verliert, wird es gewinnen".

→ *Bevor Sie weiterlesen...*

„Woran du dein Herz hängst,
das ist dein Gott" (Martin Luther)

Versuchen Sie einmal,
sich selbst so ehrlich wie möglich
die folgenden Fragen zu beantworten:

Wie heißt eigentlich mein „Gott"?
Woran habe ich mein Herz verloren?
Um welche Mitte kreist mein Leben?
An welchen Lebenssinn
habe ich mich hingegeben?

III. Von unseren Gottesbildern – und wie Gott sich selbst ins Bild setzt

„Wie stellst du dir eigentlich Gott vor?" Hat Ihnen diese Frage schon mal jemand gestellt? Oder haben Sie sich das selbst schon mal gefragt? Wenn Sie mir jetzt ohne Vorwarnung diese Frage stellen würden – ich bräuchte schon etwas Bedenkzeit für die Antwort, obwohl ich auf unserer Reise ins Land des Glaubens das Wort „Gott" nun schon häufig gebraucht habe. Vielleicht hatten Sie bisher beim Lesen den Eindruck, ich spreche von Gott fast wie von einem guten Freund, mit dem ich vertraut bin. Irgendwie stimmt das auch. Trotzdem – die Frage „Wie stellst du dir eigentlich Gott vor?" macht mich verlegen. Habe ich überhaupt eine Vorstellung, ein Bild vor Augen, wenn ich das Wort „Gott" benutze? Wie sieht dieses Bild aus? Welche Farben, welche Konturen hat es? Ich merke, wie diese Fragen sofort weitere nach sich ziehen: Woher stammt eigentlich die Vorstellung, die ich von Gott habe? Wer hat mir mein Bild von Gott gemalt? Und wenn es gar nicht stimmt, dieses Bild? Wenn Gott ganz anders ist, als ich ihn mir vorstelle? Kann ich meinem Bild von Gott trauen? Mit einer schnellen, leichtfüßigen Antwort habe ich Schwierigkeiten. Aber ich merke, dass sie mich schon reizt, die Frage: „Wie stellst du dir eigentlich Gott vor?" Sie auch?

In uns Menschen wohnen Bilder von Gott. Meist schon seit früher Kindheit tragen wir sie in uns. Das gilt übrigens auch für Menschen, die an keinen Gott glauben. Fragen Sie mal einen, der von Gott nichts wissen will: „An *welchen* Gott glauben Sie nicht?" Dann wird er Ihnen ein Bild malen, ein Negativbild vermutlich, vielleicht sogar ein Schreckbild von einem Gott, den er ablehnt. Wir brauchen sie offenbar,

unsere Gottesbilder – entweder um uns von Gott abzugrenzen oder um uns seiner zu vergewissern.
Wer ins Land des Glaubens reist, betritt das Land der Bilder. Wo immer Menschen ihre Glaubensgeschichten erzählen, malen sie Bilder von dem, was ihnen heilig ist: Bilder vom gültigen, wahren Leben, vom neuen Himmel über einer neuen Erde, Bilder von der Verwandlung des Menschen – und eben auch Bilder vom Geheimnis, das wir „Gott" nennen. Die Bibel ist voller Bilder, in denen sie dieses Geheimnis Gottes und seiner Geschichte mit uns Menschen nachzuzeichnen versucht. Man kann die Bibel als „Bilderbuch" Gottes bezeichnen. Jesus selbst hat viel in Bildergeschichten, den sogenannten Gleichnissen geredet, um zu veranschaulichen, wer Gott ist und wie er unter uns erfahrbar wird.
Kennen Sie die „Ikonen", die heiligen Bilder der orthodoxen Kirche? Für die orthodoxen Christen sind die Ikonen Fenster, durch die Gottes Wirklichkeit durchscheint wie die Sonne durch Kirchenfenster. Das Fenster ist nicht die Sonne selbst, aber es kann für die Sonnenstrahlen durchlässig werden. Gott geht in keinem dieser heiligen Bilder auf, ist mit keinem Bild einfach identisch. Aber der Glaube kann Gott (und sich selbst) offenbar nicht zur Sprache bringen, ohne sich der „Sprache der Bilder" zu bedienen.

Die Sprache der Bilder

Bilder sprechen – häufig sogar eine deutliche Sprache. Oft bringt diese Sprache mehr zum Ausdruck, als Worte es vermögen. Lassen Sie uns einen Moment darüber nachdenken, bevor wir uns dem Thema „Gottesbilder" intensiver zuwenden. Vielleicht ist Ihnen schon aufgefallen, dass Bilder eine große Rolle in unserem Leben spielen. Bilder stürmen von außen auf uns ein. Sie steigen von innen in uns auf. Die rationale Welt der Gedanken ist nur ein Teil unseres Menschseins. Wir sind nicht nur Kopf – wir sind auch Seele. In unserer Seele aber sind die Bilder zu Hause: Kindheitsbilder, Traumbilder, Angstbilder, Sehnsuchtsbilder, Hoffnungsbilder. Nicht selten hat die Bilderwelt unserer Seele größeren Einfluss auf unser Tun und Lassen als die Gedankenwelt unseres Kopfes. Ein starkes inneres Bild lässt sich häufig nicht durch Gedanken, durch Reflexion überwinden. Es muss mit einem starken Gegenbild konfrontiert werden, um seine Mächtigkeit über uns zu verlieren. Bilder werden nur durch Bilder überwunden. Irgendwer erzählte mir von einer Frau. Sie trug wie eine „dunkle Ikone" das Bild ihre toten Tochter in sich, die bei einem Unfall auf tragische Weise ums Leben gekommen war. Dieses bedrückende Bild übte eine ungeheure Macht auf die Frau aus. Diese Macht wurde erst gebrochen, als die Frau wieder ein Kind bekam. Erst das Bild des neugeborenen Babys in ihren Armen war stark genug, die Frau aus der Umklammerung durch das alte, düstere Bild zu befreien.

Bilder, die wir in uns aufnehmen, können uns die Wirklichkeit erschließen – aber auch verstellen. Denken Sie etwa an die Bilderflut der Medien. Die Massenmedien suggerieren uns, dass sie uns ins „BILD" setzen, uns die „Wirklichkeit pur" vermitteln. Und doch wird nirgendwo so mit Bildern manipuliert wie hier. Nachrichtensendungen und Magazine geben sich den Anstrich der Objektivität. Aber wer wählt die Bilder aus, die uns gezeigt werden? Was ist Wirklichkeit – was Interpretation? Und welche Bilder werden uns vorenthalten? Manchmal frage ich mich: Wie würde wohl eine „alternative Tagesschau" aussehen, die nur Bilder von nicht stattgefundenen Katastrophen, gelungenen Beziehungen, geglückten Entscheidungen, unzerstörtem Leben zeigt?

Sich ein Bild machen

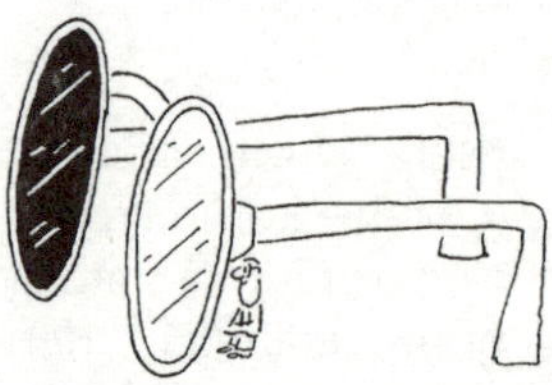

Ein wirklichkeitsgetreues Bild von „der Welt" zu bekommen, ist gar nicht so leicht. Wenn wir Menschen uns ein Bild von der Welt machen, sehen wir sie in der Regel wie durch eine Brille: eine Brille von Interessen und Meinungen, Vorentscheidungen und Vorurteilen. Vielleicht muss man sogar sagen: Die „Welt an sich" gibt es gar nicht. Es gibt immer nur die „ins Bild gefasste", die „betrachtete", die aus einer bestimmten Perspektive angeschaute Welt. Darum sprechen wir auch von „Weltanschauungen". Eine Weltanschauung ist nicht ein naturgetreues Abbild der Wirklichkeit. Sie vermittelt lediglich eine bestimmte Sicht der Dinge. Jede Weltanschauung (auch eine nichtreligiöse) ist letztlich Glaubenssache. Denn Glaube (ganz gleich welcher) ist immer das Wagnis, die Wirklichkeit aus einer bestimmten Perspektive zu betrachten, und darauf zu vertrauen, dass dieser Blickwinkel der Wirklichkeit gerecht wird.

Die Bilder, die wir uns von der Wirklichkeit machen, können uns täuschen. Sie können uns auch enttäuschen. Manchmal sind wir enttäuscht, wenn wir unsere Urlaubsbilder ansehen und trotz Supercolor-Qualität feststellen müssen, dass in Wirklichkeit alles viel, viel schöner war. Gegenüber dem Erlebnisbild, das in unserer Seele wohnt, bleiben Fotos oft blass. Sie halten zwar unsere Erinnerung lebendig, aber sie sind nicht ungefährlich, denn sie fixieren das Objekt, das sie abbilden. Sie frieren es ein und legen es fest. Wenn Sie alte Fotoalben durchblättern, sind Sie sicher ab und zu überrascht: „Was, so sah ich mal aus!?" Inzwischen haben Sie sich verändert – hoffentlich (!). Alles, was lebt, wandelt sich ständig. Im Bild aber erstarrt das Lebendige.

Ist Ihnen das nicht auch schon passiert? Da haben Sie sich von einem Menschen „ein Bild gemacht“ – und merken erst (zu) spät, dass Sie ihn damit verfehlen, weil er ganz anders ist, als Sie ihn sehen. Bilder „halten etwas fest“. Sie verhindern, dass sich das, was im Bild festgehalten wird, wandeln kann. Hängt mein Bild von einem Menschen erst einmal im Rahmen, dann darf dieser Mensch nicht mehr „aus dem Rahmen fallen“, in den ich ihn gepresst habe. Bilder, die wir uns voneinander machen, hindern uns, einander vorurteilsfrei zu begegnen. Wir laufen Gefahr, in den anderen etwas „hineinzusehen“, auf ihn eigene Wunsch- oder Angstbilder zu projizieren. Das Bild, das wir von ihm haben, sagt dann mehr über uns selbst aus als über ihn.
Die Welt unserer Bilder ist also mit Vorsicht zu genießen. Wir sollten nicht allen Bildern blind vertrauen, die wir (oder andere) uns von der Wirklichkeit machen. Bilder können uns hinters Licht führen. Sie sind nicht ungefährlich. Wir müssen lernen, kritisch mit ihnen umzugehen. Sonst laufen wir ihnen in die Falle und werden ihre Opfer.

Gott im Bilderrahmen

Das gilt übrigens in ganz besonderem Maß für unsere „Gottesbilder“. Gerade auch sie sind mit Vorsicht zu genießen. Glaube kommt zwar ohne bildhaftes Reden von Gott nicht aus. Nicht ohne Grund enthält dieses Buch viele Graphiken. Aber es ist nicht ungefährlich, den lebendigen Gott in ein Bild zu pressen. Wo wir uns ein Bild von Gott machen, passiert es (wie bei Menschen) schnell, dass wir in Gott etwas hineinsehen, was ihm nicht entspricht. Nicht selten sind es gerade unsere Gottesbilder, die einer befreienden Begegnung mit Gott selbst im Weg stehen.
Woher kommen sie eigentlich – unsere Gottesbilder? Sie sind ein kompliziertes Mischprodukt. Wie wir als Kind unsere Eltern erleben, spielt bei der Entwicklung unseres Gottesbildes eine wichtige Rolle. Schlüsselerfahrungen unseres Lebens, unbewusst aufgenommene religiöse Tradition oder bewusst erlebte religiöse Erziehung prägen unser Gottesbild mit. Manchmal ist das Gottesbild ei-

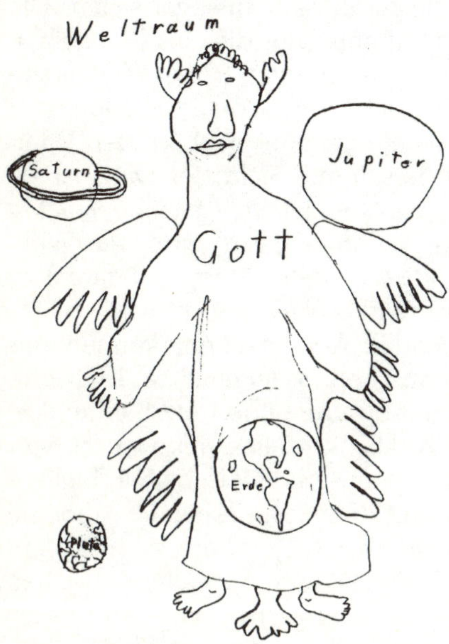

Ein Kinderbild von Gott

nes Menschen auch aus einer besonderen Gotteserfahrung gespeist. Es gibt eine innere Beziehung zwischen unserem Gottesbild und dem Bild, das wir von uns selbst haben. Wer sich selbst ablehnt, wird sich kaum vorstellen können, dass Gott ihn bedingungslos bejaht. Wer sich Gott als bedrohlich vorstellt, wird sich in seinem Selbstwertgefühl immer als mickrig und klein erleben. Wer in Gott seinen Befreier sieht, wird sein Leben als Ruf zur Freiheit verstehen. Wer sich von Gott geliebt weiß, wird selber Liebe wagen.

Unser Gottesbild kann sich auch verändern. Es kann mit der eigenen Biographie „mitwachsen". Es kann aber auch in Krisen Risse bekommen und in lebensgeschichtlichen Umbrüchen ganz zerbrechen. Das Gottesbild, das in uns lebt, kann den Glauben erleichtern oder erschweren. Es kann unser Vertrauen zu Gott wecken oder das Misstrauen Gott gegenüber fördern. Es kann Langeweile verbreiten oder Angst machen. Es gibt kranke Gottesbilder, an denen auch unser Glaube erkrankt oder sogar stirbt. Es gibt Bilder von Gott, die die Wirklichkeit Gottes verfehlen. Der Theologe Karl Rahner hat einmal gesagt: „Gott sei Dank gibt es das nicht, was 90% der Leute für Gott halten".

Darf ich Sie fragen: Wie stellen *Sie* sich eigentlich Gott vor? Den Gott, an den Sie nicht glauben wollen oder können – oder den Gott, an den Sie gern glauben möchten? Welches Bild von Gott lebt eigentlich in Ihnen?

→ *Bevor Sie weiterlesen...*

Welche Gottesvorstellung lebte in Ihnen,
als Sie Kind waren?

Erinnern Sie sich an Schlüsselerlebnisse,
durch die Ihr Gottesbild Risse bekam
oder sogar zerbrach?

Wenn Sie Gott heute mit irgendetwas
vergleichen sollten –
welches Bild würden Sie wählen?

Sehen Sie Zusammenhänge zwischen
Ihrem Bild von Gott und dem Bild,
das Sie von sich selber haben?

Ein Besuch in der „Galerie der Gottesbilder“

Ich lade Sie jetzt dazu ein, dass wir uns einige Gottesbilder etwas näher anschauen. Das kann spannend werden. Denn wir wollen bei jedem Gottesbild zugleich fragen, wie es sich zu dem Bild von Gott verhält, das uns die biblische Botschaft malt. In den biblischen Geschichten erzählen Menschen nicht nur ihre Erfahrungen mit Gott. Ich bin davon überzeugt, dass sich Gott in diesen Erzählungen selbst ins Bild setzt – trotz aller Unzulänglichkeit menschlicher Sprache und der Mehrdeutigkeit menschlicher Erfahrung. In der Bibel macht sich Gott anschaubar. Hier tritt er unseren selbst gemachten Gottesbildern immer wieder in den Weg. Er schützt sich gleichsam davor, dass wir ihn in einem Bild fixieren. Denn wenn wir Menschen Gott fixieren, endet das zum Schluss am „Kruzifix“. Doch davon später mehr.
Haben Sie Lust auf einen Besuch in der „Galerie der Gottesbilder“? Was passiert eigentlich, wenn wir unser eigenes Gottesbild an den Gottesbildern und Gotteserfahrungen der Bibel messen? Was geschieht mit unseren Gottesvorstellungen, wenn Gott sich uns selbst vorstellt? Was wird aus unseren Bildern von ihm, wenn er sich selbst ins Bild setzt?

Der abwesende Gott

Ein erstes Gottesbild, das wir uns jetzt anschauen wollen, könnte den Titel tragen: *Der abwesende Gott.* Viele Zeitgenossen beklagen die Abwesenheit Gottes. Ein klar umrissenes Bild von Gott haben sie nicht. Das einzige, was sie über Gott sagen können, ist dies: Wenn er überhaupt ist, dann ist er weit weg, nicht erfahrbar – eben abwesend. Mir hat schon mancher gesagt: „Gott kommt in meinem Leben nicht vor. Er weint meine Tränen nicht mit, freut sich nicht über das, was mir gelingt, bleibt stumm, greift in mein Leben nicht ein. Mag sein, dass er irgendwo in einer Hinterwelt auf Wolke 7 thront – aber ich lebe hier auf dieser Erde und will kein frömmelnder Hinterwäldler sein. Vielleicht genügt sich Gott selbst in irgendeinem Jenseits, aber mir genügt das nicht. Was habe ich in meinem Durst nach Leben davon, wenn Gott sich weit weg im Himmel von seinen Engeln mit ewigem Nektar verwöhnen lässt? Ein Gott, der apathisch und desinteressiert auf diese krisengeschüttelte Erde herabsieht, ohne sich einzumischen, ist entbehrlich für meinen Lebenskampf. Von einem abwesenden, weltabgewandten Gott habe ich nichts. Auf ihn kann ich gut und gern verzichten.“
Die Bibel kennt keinen abwesenden Gott. Sie erzählt von der ersten bis

zur letzten Seite von einem Gott, der da ist, für uns da ist, mit seiner lebendigen Gegenwart uns nah – näher als wir uns selber sind. Der Gott der Bibel ist dieser Welt zugewandt. Nicht Apathie, sondern Empathie, nicht Teilnahmslosigkeit, sondern Kommunikation ist sein Wesen. Dieser Gott ist leidenschaftlich an seinen Geschöpfen interessiert, hat Sehnsucht nach seinen Menschen, weint mit, wenn sie weinen, freut sich an allem gelingenden Leben. Er hält sich nicht aus allem raus, sondern mischt sich kräftig ein. Er ergreift Partei für seine Geschöpfe, befreit sein Volk Israel aus der Sklaverei, wandert mit ihm durch die Wüste, führt es ins verheißene Land. Er hüllt sich nicht in vornehmes Schweigen. Er meldet sich zu Wort, spricht uns an, redet tröstlich, kritisch, befreiend in unser Leben hinein – und wartet auf unsere Antwort. Weil er seinen Menschen nahe sein will, verzichtet er auf alle göttlichen Privilegien. Der Gott der Bibel sitzt nicht auf „Wolke 7". Er erdet sich. Er wird Mensch, einer von uns. Gott ist kein Hinterwäldler, sondern mitten in dieser Welt gegenwärtig und erfahrbar.
Aber – so werden Sie jetzt einwenden – wenn das so ist, warum erfahre ich diesen Gott dann nicht auch in meinem Leben? Ein Hinweis dazu: Der Gott der Bibel ist zwar nicht abwesend – aber *verborgen*. Wenn wir als Kinder „Verstecken" spielten und ich mit dem Suchen dran war, wusste ich natürlich, dass die anderen sich nicht in Luft aufgelöst hatten. Sie waren ganz ihn meiner Nähe. Ich musste ihr Versteck nur finden. Gott ist nicht abwesend – aber verborgen. Er ist da, aber er will entdeckt werden. Gott ist mitten in unserer Welt „jenseitig". Er ist nicht ein Stück Welt, über das wir verfügen können wie über die Dinge unseres Alltags. Er lässt sich nicht per Knopfdruck ein- und ausschalten wie das Fernsehgerät. Seine Anwesenheit in unserem Leben liegt nicht offen zutage. Sie muss sich uns immer wieder neu erschließen. Gott wird erfahrbar, indem er aus seiner Verborgenheit hervortritt und sich uns zeigt. Man nennt diesen Vorgang „Offenbarung". Sie ist und bleibt ein Akt der Freiheit Gottes, auf den wir keinen religiösen Anspruch haben.

Landeplätze Gottes

Wie geschieht das, dass wir Gottes Nähe entdecken, dass der verborgene Gott mitten in unserem Leben erfahrbar wird? Grundsätzlich gilt für alle Erfahrung: Das, was ich erfahren will, bestimmt immer auch den *Weg*, auf dem ich es erfahre. Ich kann diesen Erfahrungsweg nicht eigenmächtig festlegen. Beispiel: Wenn Sie einen Film „erfahren" wollen, müssen sie ins Kino gehen oder den entsprechenden Fernsehkanal wählen. Sie können nicht die Filmrolle mit bloßem Auge Bild für Bild durchsehen wollen. Den Duft eines Parfums erfahre ich nur im Riechen – nicht im Lesen der Verpackungsaufschrift. Wenn Sie beim

Kauf einer CD herauskriegen wollen, ob Sie eher die Musik von Johann Sebastian Bach oder von Eric Clapton mögen (ich mag übrigens beide!), müssen Sie sich die CDs von beiden anhören. Es wäre absurd, in die beiden Scheiben einmal kräftig reinzubeißen, um herauszubekommen, welche Musik einem „besser schmeckt". Sie können nicht die Strahlkraft der Sonne erfahren wollen, haben aber beschlossen, sich dabei auf jeden Fall im Schatten aufzuhalten. Also: Der Gegenstand, den ich erfahren will, gibt mir den Erfahrungsweg immer vor.
Bei Gott ist das nicht anders. Wir können ihm den Weg nicht vorschreiben, auf dem wir ihm begegnen möchten. Das ist immer wieder die Vermessenheit menschlicher Religiosität, dass sie die Spielregeln von Gotteserfahrung selbst festlegen will. Gott spielt da nicht mit. Wir müssen uns, wenn wir denn wirklich Erfahrungen mit Gott selbst machen wollen, auf die Art und Weise einlassen, in der Gott sich uns Menschen zeigen und für uns erfahrbar werden will. Im Land des Glaubens legt Gott die Wege fest, die uns zu ihm führen und auf denen er uns entgegenkommt.
Wenn Sie ein Flugzeug sehen möchten, würde ich Ihnen nicht raten, sich in den Garten zu stellen und in den Himmel zu gucken. Mag sein, dass irgendwann eine Maschine vorüberfliegt – aber Sie können auch Pech haben, vor allem dann, wenn Ihr Garten nicht im Bereich einer Einflugschneise liegt. Ich würde Ihnen raten: Fahren Sie zu einem Flughafen. An diesem Ort ist die Wahrscheinlichkeit sehr groß, dass Sie ziemlich bald startende oder landende Flugzeuge zu Gesicht bekommen.
Auch der Gott der Bibel hat Orte benannt, an denen er versprochen hat, aus seiner Verborgenheit immer wieder herauszutreten. Viele Menschen haben erfahren: Es gibt „Landeplätze" Gottes mitten in unserem Leben. Da lässt Gott sich entdecken. Wir werden uns diese „Landeplätze Gottes" noch genauer ansehen. Ich nenne die wichtigsten hier schon einmal kurz: Gott will uns nahe kommen im Hören auf seine Stimme in der Bibel, im Zusammensein mit anderen Christen, die uns auf dem Weg des Glaubens begleiten, im suchenden und erwartungsvollen Ausstrecken nach Gott, das wir Gebet nennen. Wer sich an diese „Orte" begibt (statt Gottes Abwesenheit zu beklagen), wird Gott dort immer wieder mitten im eigenen Leben entdecken.

Der Notnagel-Gott

Das zweite Gottesbild, das ich Ihnen vorstellen möchte, nenne ich: den *„Notnagel-Gott"*. Irgendwer sagte mal: „Für mich ist Gott wie die Feuerwehr: Gut, dass es ihn gibt – besser: Man braucht ihn nicht". Dieses Gottesbild lässt Gott zur „eisernen Reserve" verkümmern, auf

die man wie auf eine Notfall-Apotheke zurückgreift, wenn es ernst wird. In vielen Menschen lebt dieses Bild von Gott: Sie haben prinzipiell nichts gegen ihn. Aber solange es ihnen gut geht, ist Gott für sie entbehrlich. Da stört er vielleicht sogar. Da möchte man ihn gern raushalten. Erst wenn nichts mehr geht, greift man (eventuell) nach Gott als dem rettenden Strohhalm. Da wird er dann zum letztem Notnagel, an den man sich klammert. Darum ist die Meinung weit verbreitet, Gott sei eigentlich nur etwas für Alte, Kranke, Sterbende und für Menschen, die ihre Probleme nicht mehr allein lösen können. Gott wird aus dem gelingenden Leben, aus der Mitte und der Fülle des Lebens an den Rand des Lebens verdrängt. Sein Platz ist die Grenzerfahrung, die Erfahrung des Scheiterns, der Hilflosigkeit, des nicht mehr allein zu bewältigenden Daseins: „Wo die Not am größten, da ist Gott am nächsten", sagt der berühmte Volksmund.

Das Strickmuster dieses Gottesbildes heißt: In der Religion werden Lebensuntauglichkeit, Scheitern oder Schwäche kompensiert. Schwache Leute brauchen einen starken Gott. Wir alle möchten möglichst keine Schwächen zeigen. Wir wollen unabhängig sein und die Probleme des Lebens allein in den Griff kriegen. Darum gehört es für viele fast zum guten Ton, Gott nicht (bzw. möglichst lange nicht) zu benötigen. Wer mag sich schon freiwillig als jemand „outen", der die eigene Lebensbewältigung nur mit himmlischer Unterstützung unter die Füße kriegt? Die Leute, die „dauernd zur Kirche rennen", gelten in der öffentlichen Meinung als Menschen, die dem Leben nicht gewachsen sind, weil sie „ohne Gottes Hilfe" und nur auf sich gestellt nicht klar kommen. Wer nach dem Pastor ruft, von dem vermuten die Nachbarn, dass er nun wohl bald „den Löffel abgibt". So etwas versucht man zu vermeiden, solange es geht. „Die Sache mit dem Glauben – die hat noch Zeit", sagte mir mal ein Mann in der Blüte seines Lebens. „Noch geht es mir gut!"

Ein Gott für Starke

Die Bibel protestiert gegen dieses Bild vom „Notnagel-Gott". Zwar überwindet der Gott, von dem uns die Bibel erzählt, auch immer wieder akute Nöte seiner Menschen. Er erweist seine Menschenfreundlichkeit auch in den Grenzsituationen des Lebens: in Krankheit, Schwachheit und Tod. Gott sei Dank ist das so. Gott wendet Not. Jesus führt uns das sehr anschaulich vor Augen. Aber Jesu Gott ist mehr als notwendig. Seine Menschenfreundlichkeit geht weit über diese Nothelfer-Rolle hinaus.

Das biblische Gottesbild provoziert uns mit der Nachricht: Gott will uns nicht nur an den Grenzen und Rändern des Lebens nahe kommen. Er will uns vor allem in der Mitte, im Zentrum unseres Lebens nahe sein. Der Gott der Bibel ist weit mehr als nur ein Trostpflaster in schweren Tagen. Gerade in den guten Zeiten ist er an uns interessiert. Gerade hier will er mit uns ins Gespräch kommen, will uns Lebensperspektiven eröffnen, uns Wegbegleiter und Wegweiser sein. In unserer Stärke, nicht nur in unserer Schwachheit will er unser Gott sein. Der biblische Gott ist der Herausforderer unseres Lebens. Er fordert uns heraus, uns nicht mit weniger zufrieden zu geben, als er uns an Lebensfülle zugedacht hat. Er will die Quelle unserer Lebensvisionen sein. Er sucht Menschen, die ihn nicht nur wollen, wenn sie ihn brauchen, sondern die ihn brauchen, weil sie ihn wollen: seine Perspektive, seinen inspirierenden Geist, seine kritische Korrektur, seine Orientierung für ein Leben, das diesen Namen wirklich verdient. Gott ist nicht nur für die da, die mit dem Leben nicht allein klar kommen. Er ist gerade auch für die Starken da, für die, die mehr wollen als ein Schrebergarten-Leben, für Menschen, die ahnen, dass das kleine „Reich ihres privaten Glücks“ noch nicht alles ist, was dieses Leben zu bieten hat. Gott gönnt uns, dass unser Leben noch einmal ganz neu aufblüht, indem es sich in die große Perspektive des „Reiches Gottes“, in die Pläne und Absichten Gottes mit dieser Welt einzeichnet: „Trachtet zuerst nach dem Reich Gottes und nach seiner Gerechtigkeit, so wird euch das alles (wonach ihr euch sehnt) zufallen“ (Mt 6,33).

Das Bild vom Notnagel-Gott ist ein amputiertes Gottesbild. Es reduziert Gott auf einen Problemlöser und Lückenbüßer. Ich frage mich zudem, ob denn die Rechnung mit dem Notnagel-Gott wirklich aufgeht. Viele Erfahrungen von Menschen, die die „Sache mit dem Glauben“ auf die Zeit verschoben haben, wo sie Gott zu brauchen meinten, sprechen dagegen. Wer Gott nie auf der Höhe, im Zentrum seines Lebens erfahren hat, weiß häufig auch nicht, wo und wie er ihn suchen und finden kann, wenn er an seine Grenzen stößt. „Not lehrt beten“, sagt man. Aber Not kann auch das Fluchen lehren. Wenn Gott als „Nagel“ nicht in der Mitte meines Lebens fest eingeschlagen ist, wie soll ich mich dann in der Notsituation an diesem Nagel festhalten?

Der Bastel-Gott

Wenden wir uns einem dritten Gottesbild zu, das gerade wegen seines schillernden Facettenreichtums gegenwärtig immer mehr Menschen zu faszinieren scheint. Ich nenne es den *„Bastel-Gott“*. Die Grundstruktur dieses Gottesbildes sieht so aus: Jeder strickt sich wie bei einem

Flickenteppich „seinen Gott" selbst – passgenau zugeschnitten auf die eigenen Lebensbedürfnisse. Aus der reichhaltigen Speisekarte unterschiedlicher religiöser Traditionen und Weltanschauungen wählt man sich nach Belieben aus, was einem schmeckt und behagt. Jeder stellt sich sein persönliches „Gottes-Menü" zusammen. So ein Menü kann z.B. enthalten: eine Portion religiöse Naturverehrung als Reaktion auf die kalte Technisierung der Welt, ein wenig Esoterik als Protest gegen die Geheimnislosigkeit des modernen Lebens, eine Prise Zen-Meditation, ein paar Heilkräuter aus dem Garten der Astrologie, eine Würzmischung aus volkstümlichem Aberglauben und – sofern als Abrundung noch notwendig – etwas traditionelles Christentum zum Abschmecken. Dem „Bastel-Gott" entspricht dann auch eine bestimmte „Frömmigkeit": Das Tageshoroskop wird zur „Alltags-Bibel", Sternzeichen gewinnen den Stellenwert göttlicher Weisung, Meditationstechniken ersetzen das Gebet.

In einem Werbemagazin der Modefirma „Benetton" kann man lesen: „Wenn Götter an unserem Leben teilnehmen wollen, müssen sie sich unserem Lebensrhythmus anpassen". Der „Bastel-Gott" passt sich stromlinienförmig dem Haupttrend unserer gesellschaftlichen Entwicklung an, der zunehmenden Individualisierung und Privatisierung des gesamten Lebens. Viele Menschen sind längst ausgewandert aus Traditionen, die ihr Leben steuern. Sie sind skeptisch geworden gegenüber Autoritäten und Leitbildern. So sind sie gezwungen, zum Erfinder ihres eigenen Lebens, zum Konstrukteur ihres persönlichen Welt- und Selbstverständnisses zu werden. Das „postmoderne Ich" muss sich seinen privaten Lebensentwurf selbst zusammenwerkeln, auch wenn es dadurch überfordert wird. Dem Flickenteppich des Lebens entspricht der „Bastel-Gott". Er ziert wie ein religiöses Sahnehäubchen den selbst gebackenen Lebenskuchen.

Der Trendforscher Matthias Horx beschreibt die neureligiöse Faszination am „Bastel-Gott" so: „Der Glaube ist los. Was dabei herauskommt, ist ein Patchwork aus Religiösem und Magischem, ein Glaubenssupermarkt mit schnellen Wechseln und unzähligen Kombinationen. Statt in der Kirche vor dem Altar zu knien, bauen wir uns zu Hause eine Kultstätte. Statt des einzigartigen Gottes basteln wir uns einen Instantgott“. Dabei geht es – so Horx – „immer weniger um die Frage, was wahr ist, sondern was *hilft.* Glaubenssysteme, religiöse Mythen und Bilder, sind zu allseitiger, beliebiger Nutzung freigegeben“ (Horx, S. 102f).

„Gut ist, was mir nützt“, so lautet das Glaubensbekenntnis unserer Zeit. Dabei wird die Wahrheitsfrage total relativiert. Hier protestiert die Bibel scharf. Ihr geht es nicht um die private Nützlichkeit, sondern um die *Wahrheit* Gottes. Die Bibel bietet uns Gott nicht wie einen religiösen Bausatz an – unter Nützlichkeitskriterien, über die *wir* entscheiden. Sie mutet uns Gott als die Wahrheit unseres Lebens und dieser Welt zu – als Wahrheit, die über *uns* entscheidet. Die „Bastel-Gott-Mentalität“ macht aus dem lebendigen Gott eine Funktion individueller religiöser Bedürfnisse. Damit verfehlt sie Gott. Denn Gott lässt sich nicht zur religiösen Dekoration und Überhöhung unserer eigenen religiösen Interessen missbrauchen.

Im nächsten Leben wird alles besser

»Ach, danke, ich such mir nur eben was Nettes raus.«

Eine beliebte Variante des Modells „Bastel-Gott“, die zunehmend an Attraktivität gewinnt, ist der sogenannte *„Reinkarnationsglaube“*. Er kann – je nach persönlicher Mixtur – mit einem herkömmlichen Gottesbild Hand in Hand gehen oder es verdrängen und ersetzen. „Reinkarnation“ bedeutet: Wiederverkörperung, Wiedergeburt. Im Zentrum der Reinkarnationsidee steht die Vorstellung, dass jeder Mensch einen unvergänglichen (göttlichen oder gottähnlichen) Personkern in

sich trägt, der in einem Kreislauf ständiger Wiederkehr in immer neuen Gestalten zur Welt kommt. Für den Reinkarnationsglauben ist der Tod daher nicht das definitive Ende, sondern lediglich der Übergang in eine neue Daseinsform. Das Leben des Menschen spielt sich nicht einmalig, unwiederholbar zwischen Geburt und Tod ab. Es zieht vielmehr ständige „Wiederholungsschleifen", wobei in jeder Wiederverkörperung die Defizite des vorangegangenen Lebens aufgearbeitet werden können. Jede Wiedergeburt enthält neue Lernchancen. So bietet der Kreislauf der Wiedergeburten dem Menschen immer neue Möglichkeiten der Läuterung und Selbstvervollkommnung.
Schätzungen besagen, dass bei uns etwa ein Viertel der Bevölkerung an Reinkarnation glaubt oder sie zumindest für möglich hält. Auch viele Prominente bekennen sich zur Wiedergeburt. James-Bond-Darsteller Sean Connery sagt von sich: „Ich bin fest davon überzeugt, dass ich schon mal auf der Welt war, und zwar als Stammesfürst im afrikanischen Dschungel". Franz Beckenbauer kann sich (in einem Interview) vorstellen, dass er früher eine Frau gewesen ist. Die Schauspielerin Ruth Maria Kubitschek meint, sie habe im alten Griechenland als Geliebte eines Philosophen und im 17. Jahrhundert als Mätresse eines fran zösischen Herzogs gelebt. Shirley MacLaine (Schriftstellerin und US-Schauspielerin) glaubt von sich, schon einmal als Balletttänzerin am russischen Zarenhof, als Inka-Junge in Peru, als Voodoo-Hexe in Brasilien und als Mönch in Tibet existiert zu haben. Und der Ex-Beatle Ringo Starr kann sich zwar nicht an Einzelheiten seines früheren Daseins erinnern, meint aber: „Ich weiß, ich lebe eines meiner vielen Leben. Im nächsten werde ich auf einem anderen Planeten sein und ein besseres, friedlicheres Dasein führen".
Woher kommt diese Wiedergeburtsidee? Warum ist sie gerade für Menschen aus dem westlichen Kulturkreis so attraktiv? Der Reinkarnationsglaube ist in vielen (insbesondere asiatischen) Religionen beheimatet. Allerdings fällt ein entscheidender Unterschied zur westlichen Wiedergeburtsvorstellung auf. In der asiatischen Religiosität (beispielsweise im Hinduismus) wird der Kreislauf der Wiedergeburten als ein *Verhängnis* und nicht als Befreiung verstanden. Das Heil liegt gerade nicht in der ewigen Wiederverkörperung, sondern genau umgekehrt darin, irgendwann aus dem verhängnisvollen „Kreisverkehr" aussteigen zu dürfen. Der Ausstieg aus dem Rad der Wiedergeburt ist aber nur möglich, wenn der Mensch von der Last des „Karmas" befreit wird – vom Gesetz der Wiedervergeltung, demzufolge keine Handlung verloren geht, sondern gute Taten im kommenden Leben mit Gutem, böse mit Schlechtem vergolten werden. Das angesammelte „Karma" muss mühevoll durch Sühneleistungen oder Meditation vernichtet werden. Zur Ruhe kommt ein Mensch erst, wenn kein neues Karma mehr produziert wird. Darum zielen die Befreiungswege östlicher Religionen darauf ab, das

verhängnisvolle Karussell der sich ständig wiederholenden Reinkarnationen endlich zum Stillstand zu bringen.
In der neuen westlichen Religiosität dagegen hat sich die Reinkarnationsvorstellung offenbar mit dem *Fortschrittsglauben* vermählt. Vielleicht ist sie sogar die einzige Überlebenschance dieses Glaubens, nachdem der Fortschrittsoptimismus globaler Utopien und politischer Ideologien in den letzten Jahren wie eine Seifenblase zerplatzt ist. Der Gedanke ist für viele verlockend: Wenn es überhaupt noch Fortschrittspotentiale gibt, dann liegen sie nicht mehr im Prozess gesellschaftlicher Veränderungen, sondern nur noch in der Vervollkommnung des Individuums. Dazu aber reicht erfahrungsgemäß ein einziges Leben nicht aus. Gerade das macht die Reinkarnationsidee so populär, dass sie Wiederholungschancen über den Tod hinaus anbietet, indem sie die Einmaligkeit des menschlichen Lebens bestreitet. Der Gedanke scheint entlastend zu sein: Was mir an Selbstverwirklichung jetzt noch nicht gelingt, kann ich später nachholen! Der Druck der Verantwortung für das nicht wiederholbare „Hier und Jetzt" meines Lebens lässt nach.

Wenn Gott aus Bruchstücken etwas Rundes macht

Mit dem Gottes- und Menschenbild der Bibel ist der Reinkarnationsglaube nicht zu vereinbaren – auch wenn das in vielfältigen „Bastelgott-Mixturen" immer wieder versucht wird. Die Bibel versperrt uns die Flucht in den Unsterblichkeitswahn von Wiedergeburtsphantasien. Der biblische Realismus mutet uns zu, die Grenzen unserer Geschöpflichkeit zu akzeptieren, die Endlichkeit unseres Lebens. Als Geschöpfe Gottes haben wir nur ein Leben – und das spielt sich zwischen Geburt und Tod ab. Jetzt und hier haben wir es zu verantworten. Der Wiedergeburtsglaube ist eine gefährliche Verharmlosung der menschlichen Sterblichkeit.
Zwar gilt auch für den christlichen Gottesglauben, dass mit dem Tod nicht alles aus ist. Aber die Hoffnung der Christen auf eine Überwindung des Todes stützt sich nicht auf die Vermutung, wir trügen ein unsterbliches Potential in uns, das dem Tod gewachsen ist. Wir Menschen können dem Tod nicht die Stirn bieten. Wenn Christen auf die Entmachtung des Todes hoffen, dann deshalb, weil sie *Gott* die Kraft dazu zutrauen. Er hat von dieser Kraft schon etwas gezeigt. Er hat Jesus von den Toten auferweckt und damit dem Tod das Genick gebrochen. Wir werden darüber später noch reden. Gott ist Spender des ewigen Lebens. „Ewiges Leben" meint nun aber nicht die endlose Verlängerung oder gar Wiederholung des irdischen Lebens, sondern die Vollendung unseres Lebens durch Gottes Güte. Wir Menschen sind vergänglich. Aber wenn wir „vergehen", dann fallen wir nicht ins Leere, sondern in die Hand des Gottes, der aus dem Bruchstückhaften

unseres Menschseins etwas Rundes und Ganzes machen kann. Gott wird das Fragment unseres Lebens durch seine Barmherzigkeit abrunden. Das ist die Hoffnung der Christen. Das ist ihr Trost, wenn sie am Bruchstückhaften und Unvollkommenen ihres Lebens leiden.
In der Wiedergeburtsidee aber ist es nicht Gott, sondern der Mensch, der in einem ständigen Lernprozess an der Abrundung und Perfektionierung seines Lebens zu arbeiten hat. Armer Kerl! Ich verstehe nicht, warum dieser Gedanke für viele Menschen so attraktiv ist. Die ewige „Reinkarnations-Mühle" – das ist für mich wie Nachsitzen in der Schule, wenn man seine Hausaufgaben nicht gemacht hat. Ich persönlich hätte zu dieser Ochsentour keine Lust.

Der Power-Gott

„Power-Gott", „Gottespower", „Gott als Energie-Quelle" – diese Stichworte kennzeichnen ein weiteres Gottesbild, das viele Menschen fasziniert. Hinter diesem Gottesbild steht die alte Menschheitsfrage nach der Lebenskraft: Woher fließen mir Kräfte zur Lebensbewältigung zu? Wie bekomme ich Anschluss an neue Lebensenergien? Wie kann ich meine Vitalität steigern? Wer hilft mir, meine Selbstheilungskräfte zu aktivieren? Auf dem religiösen Markt der Möglichkeiten werden zur Zeit unzählige esoterische Rezepte, Techniken und Therapien gehandelt, die sich als Antwort auf diese Fragen anbieten. Immer mehr Zeitgenossen greifen unkritisch nach diesen Angeboten, weil sie das Gefühl haben, vom Strom des Lebens abgeschnitten zu sein. Gottespower ist gefragt. Da umarmen Menschen in Esoterik-Gärten die Bäume, um Anschluss zu bekommen an das Kraftfeld der kosmischen Energie. Naturerlebnisse werden zum „Gottesdienst", die Natur selbst gewinnt göttliche Qualität. „Mutter Erde" avanciert zum Energiespender, zur Geborgenheitsgöttin, die zur unmittelbaren Erfahrung des Heiligen einlädt. Andere praktizieren Versenkungs- und Meditationstechniken, um einzutauchen in den Ozean des universalen Lebensstroms, der alles verbindet und durchzieht. „Gotteserfahrung pur", „Verschmelzung mit dem Grund des Seins" „Auflösung des Ichs", „Eintauchen in die Weltseele"- so lauten die Hoffnungen und Versprechungen dieser schillernden Szene.
Dass der lebendige Gott die „Quelle des Lebens" ist, der Kraftstrom, an den wir angeschlossen sein müssen, wenn unser Leben aufblühen soll, dass wir vom „Odem Gottes" leben, den Gott in uns als seine Geschöpfe hineinfließen lässt, dass Gott durch die Kraft seines

„Heiligen Geistes“ unser Leben heilt und zur Entfaltung bringt – das alles ist dem *biblischen* Reden von Gott auch nicht fremd. Aber Gott ist als Lebenskraft in der Bibel kein unpersönliches „Es“, das wir als „kosmischen Vitalisierungstank“ nach Belieben anzapfen können wie eine Zapfsäule, wenn unser Auto Sprit braucht. Alle Verschmelzungserfahrungen, in denen Menschen in einen neuen Bewusstseinszustand gelangen, sind zunächst nichts anderes als Überhöhungen bzw. Vertiefungen ihrer Selbst- und Welterfahrung, keineswegs aber schon Gotteserfahrungen. Der biblische Gott ist keine apersonale Energiequelle. Er macht sich uns Menschen als persönliches Du bekannt, das zu uns in Beziehung treten möchte. Gott löst sich nicht als Energiestrom in den Kosmos hinein auf. Er bleibt unser Gegenüber. Wo er uns anspricht und in eine persönliche Beziehung zu sich bringt, da erfahren wir dann allerdings auch, dass blockierte Lebensenergien freigesetzt werden und Gottes heilende Kräfte zur Entfaltung kommen. Wir werden darüber noch reden.

Der Kuschel-Gott

Der Dauerstress unseres nervigen Alltags, die inneren und äußeren Spannungen unseres Lebens, die Sehnsucht nach Geborgenheit und innerer Harmonie wecken in vielen Menschen den religiösen Wunsch nach einem *„Kuschel-Gott“*. Das ist ein schmiegsamer Gott zum Wohlfühlen, ein Gott wie Zuckerwatte, ohne harte Ecken und Kanten, der wie „himmlische Schmusewolle“ unser spannungsgeladenes Leben abpolstert und einhüllt. In vielen Varianten begegnet mir dieses Bild vom „Kuschel-Gott“, dessen Liebe „wie Gras und Ufer“ ist, den man genießen kann wie ein Glas Rotwein bei Kerzenschein und meditativer Musik, bei Kirchenkonzerten und Klosterurlauben – nach dem Motto: „Probleme habe ich genug – bei Gott suche ich Ruhe und Entspannung“. Religion als Stressabbau, religiöse Gemeinschaft als „Sozial-Uterus“, in dessen Fruchtwasser man wie ein Embryo schwimmen und den harten Herausforderungen des Erwachsenenalltags entfliehen kann. Der „Kuschel-Gott“ macht's möglich.
Aber dieser „Kuschel-Gott“ ist ein harmloser Gott, der ständig nur tröstet, ohne zurechtzuweisen, der immer nur „lieb“ ist, ohne im Schmerz seiner Liebe auch zürnen zu können, der stets freundlich mit uns redet, sich aber nie in Schweigen hüllt, der Streicheleinheiten verteilt, uns aber nicht hart anfasst, der uns verwöhnt, aber bitte nicht

provoziert, der alles Mögliche zudeckt, ohne unsere Unmöglichkeiten aufzudecken, der unsere Wege segnet, aber nie durchkreuzt, dessen Wort wir als Schnuller wollen, aber nicht auch als bittere Medizin, der uns mit seiner nie endenden Güte einlullt, aber nicht zur Umkehr ruft.
Die westliche Kultur ist eine „Softie-Kultur". Das westliche „Wohlstandsevangelium" hat dazu das passende Gottesbild geliefert: Der „Kuschelgott" ist der viel beschworene „liebe Gott", auf dessen Schoß man sein religiöses „Hoppe-Hoppe-Reiter" spielen kann, wenn man dazu Lust hat. Dieser Gott ist so harmlos lieb, dass er schon wieder langweilig ist.
Aber es ist nicht der Gott, von dem die Bibel erzählt.

Gottes kantige Liebe

Der Gott der Bibel ist kantig, nicht kuschelig. Seine Liebe zu seinen Geschöpfen ist – wie bei jeder guten Erziehung – eine kreative Spannung aus Annahme und Herausforderung. Gerade weil Gott seine Menschen liebt wie ein „glühender Backofen" (Martin Luther), kann man sich an ihm die Finger verbrennen. Dieser Gott kann sich im Schweigen zurückziehen. Er führt sein Volk nicht nur Höhenwege, sondern mutet ihm vierzig Jahre Wüstenwanderung zu. Wo sich seine Menschen nicht ausrichten an seiner Weisung, erleben sie schmerzhaft seine Zurechtweisung. Der lebendige Gott ist kein himmlischer Garant für private Ruhe, sondern ein unbequemer Unruheherd. Wer sich auf ihn einlässt, wird nach biblischem Verständnis nicht einfach in seinen privaten Glückshoffnungen bestätigt. Er wird zu einem Aufbruch motiviert, der auch Lebenseinschränkung und Leiden einschließen kann.
Der „Kuschelgott" ist dem Leid nicht gewachsen, das zu unserem Leben gehört wie der Schatten zum Licht. Er mag wie ein Kerzenschein sein, der gerade dazu ausreicht, um sich etwas vom rauen Leben zu erholen. Aber er ist kein wirkliches Licht, das im Tunnel der Finsternis scheint. Ein Gott wie harmlose Schmusewolle wird nicht ausreichen, wenn es wirklich hart auf hart kommt in unserem Leben, wenn Krankheit, Leiden und Tod zu bewältigen sind. Da braucht es einen Gott, der mitleidet, mitweint, unseren Schrei der Gottverlassenheit mitschreit und uns aus der Tiefe reißt. Von diesem Gott redet die Bibel. Dieser Gott verteilt nicht nur Streicheleinheiten seines „Segens", sondern fordert Menschen immer wieder heraus, um diesen Segen mit ihm zu ringen. Es gibt im Alten Testament eine seltsame Geschichte (vgl. 1.Mose 32,23ff). Da kämpft ein Mensch mit Gott um den Segen seines Lebens. Jakob heißt er. In einem nächtlichen Ringkampf mit Gott will er Gott den Segen regelrecht abtrotzen. Als am Morgen die Sonne aufgeht, ist der Kampf entschieden. Jakob hat gewonnen. Aber er

verlässt den Kampfplatz als Gezeichneter. Seine Hüfte ist verrenkt, er wird zeitlebens humpeln. Diese fremdartige Geschichte zeigt, dass Menschen, die Gott segnet, häufig auch durch Gott gezeichnete Menschen sind. Sie sind verwundet durch Gottes Kantigkeit.

Auch Christen erfahren Frieden und tiefe Geborgenheit bei Gott. Auch sie dürfen ausruhen in Gottes Schoß. Aber der Gott der Bibel ist kein religiöser Tranquilizer. Wer es mit ihm zu tun bekommt, wird nicht religiös eingelullt, sondern gerät bei aller Geborgenheit und Zentrierung, die er erfährt, zugleich in eine heilsame Unruhe. Gott packt unser Leben nicht in Zuckerwatte. Er will nicht verwöhnte Schnuller-Babys seiner Liebe. Er will erwachsene Söhne und Töchter, die sich seiner liebenden Herausforderung stellen. Wer nur Entspannung sucht, sollte Urlaub machen. Beim Gott der Bibel gibt es wirklich Spannenderes zu entdecken. Abschalten können Sie woanders!

Gott als bedrohlicher Kontrolleur

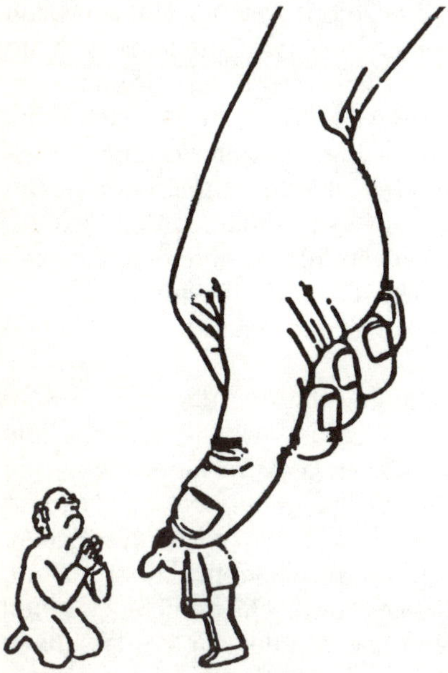

Im Herzen nicht weniger Menschen hat sich ein Gegenbild zum „Schmuse- und Kuschel-Gott" eingenistet. In ihnen wohnt eine heimliche Gottesangst. Sie wird genährt von der Vorstellung, Gott sei einem himmlischen Buchhalter vergleichbar, der akribisch unsere Verfehlungen auflistet, um diese Liste irgendwann gegen uns verwenden zu können: Gott als Angst machender, als *bedrohlicher Kontrolleur.* Vielleicht kennen Sie (als Buch oder Film) die futuristische Schreckensvision „1984" von George Orwell. Ein Diktator beherrscht die Menschen mit Hilfe eines brutalen und lückenlosen Kontrollsystems. Kameraaugen sind auf jeden Winkel gerichtet, das Privatleben der Bevölkerung wird gnadenlos ausgespäht, überall warnen Plakate: „Big brother is watching you". Die Angst geht um. Denn der große Kontrolleur ist allgegenwärtig.

Gott als großer Kontrolleur – dieses Gottesbild hat in den Seelen vieler Menschen seine Spuren hinterlassen. Manche haben eine „religiöse Erziehung" genossen, die hochgradig ungenießbar war. Da wurde Gott als Drohwort, Religion als Mittel einer „schwarzen Pädagogik" zur

Disziplinierung missbraucht: „Der liebe Gott sieht alles!“ Vielleicht kennen sie das Kinderlied: „Pass auf, kleines Auge, was du siehst! Pass auf, kleines Auge, was du siehst! Denn der Vater im Himmel schaut herab auf dich, pass auf, kleines Auge, was du siehst!“ Die folgenden Strophen schärfen dann mit derselben Begründung des ständig alles beäugenden Gottes ein, auch auf Füße, Mund und Hände aufzupassen.

Es gibt eine Erziehung, die so „christlich“ ist, dass man anschließend nicht mehr Christ sein kann. In einem autobiographischen Buch mit dem bezeichnenden Titel „Gottesvergiftung“ klagt Tilman Moser den Gott seiner Kindertage an. Hier ein paar Auszüge: „Lieber Gott, ... fast zwanzig Jahre war es mein oberstes Ziel, dir zu gefallen. Das bedeutet nicht, dass ich besonders brav gewesen wäre, sondern dass ich immer und überall Schuldgefühle hatte ... Du wohntest in mir als mein Selbsthass ... Du als Krankheit in mir bist eine Normenkrankheit, eine Krankheit der unerfüllbaren Normen. ... Du hast mir so gründlich die Gewissheit geraubt, mich jemals in Ordnung fühlen zu dürfen, mich mit mir aussöhnen, mich o.k. finden zu können ... Du hattest so viel an mir verboten, dass ich nicht mehr zu lieben war ... Du hast aus mir eine Gottesratte gemacht, ein angstgejagtes Tier“ (Moser, S. 10ff).

Gott als bedrohlicher Kontrolleur – vielleicht lebt in Ihnen auch etwas von diesem Gottesbild. Der große Kontrolleur ist ein Gott, vor dem man sich wegducken möchte, weil er ständig nur fordert und überfordert. Seiner Liebe kann man nie sicher sein. Dieses Gottesbild ist krank – und macht krank. Es übt die Angst vor Gott ein, fördert das Misstrauen Gott gegenüber, baut unser Selbstvertrauen ab – und hat damit die ganze Bibel gegen sich. Die Bibel ist ein einziges Geschrei gegen die Gottesangst. „Fürchtet euch nicht!“, heißt es in der bekannten Weihnachtsgeschichte. Gott lässt uns wissen, dass uns nichts mehr trennen kann von seiner Liebe (vgl. Röm 8,31ff). Niemand muss sich in kriecherischer Gottesangst diese Liebe erarbeiten. Im Gegenteil: Gottes Liebeskraft vertreibt die Angst. Keine Angst vor Gott! Dieser Grundton bestimmt das biblische Gottesbild. Weil wir uns auf unserer Reise noch viel Zeit nehmen werden, dieses Bild intensiver zu betrachten, belasse ich es hier zunächst bei diesem Hinweis.

Statt von der Angst vor Gott spricht die Bibel von der „Furcht Gottes“. Diese „Furcht Gottes“ ist aber etwas völlig anderes als die Angst vor einem unberechenbaren, fordernden und überfordernden himmlischen Kontrolleur, der uns fertig machen will. Martin Buber versteht sie so: „'Furcht Gottes' bedeutet nicht: sich vor Gott fürchten, sondern erschauernd seiner Unbegreiflichkeit innewerden. Furcht Gottes ist das kreatürliche Wissen um das von keiner unserer Geistesmächte zu berührende Dunkel, von dem aus Gott sich offenbart. Darum wird sie zu Recht 'der Anfang der Erkenntnis' genannt. Sie ist das dunkle Tor, durch das der Mensch gehen muss, um in die Liebe Gottes zu kommen. Wer den Gang durch dieses Tor meiden will, wer also damit beginnt, sich einen erfasslichen Gott zu besorgen, der so und nicht anders beschaffen sei, läuft Gefahr, in der Tatsächlichkeit des Geschichts- und Lebensverlaufs an ihm verzweifeln zu müssen oder der inneren Lüge zu verfallen. Nur durch die Furcht Gottes tritt der Mensch so in die Liebe Gottes, dass er aus ihr nicht mehr geworfen werden kann" (Buber, S. 199f).

Der Macho-Gott

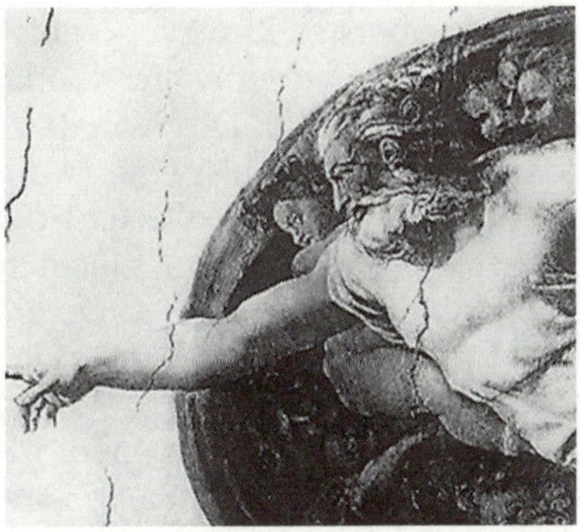

Wenden wir uns einem letzten Gottesbild zu, an dem vor allem Frauen immer wieder Anstoß nehmen: Gott als Mann, als Patriarch mit maskulinen Zügen, als eine Art *„Macho-Gott"*. Als Kind bekam ich ein Buch mit dem Titel „Gottbüchlein" geschenkt. Gleich auf der ersten Seite sah ich, von einer Wolke eingehüllt, einen weißbärtigen, großväterlich wirkenden Mann. Das war mein erstes Gottesbild. Ist Gott ein „Mann"? „Vater – Sohn – Heiliger Geist" – überwiegt nicht ganz eindeutig das Maskuline im christlichen Gottesbild? Und wenn, wäre dieser Gott, dieser himmlische Patriarch dann nicht nur Spiegelbild einer vor allem von Männern geprägten und von männlichen Idealen bestimmten Christentumsgeschichte?
Traditionelle Gottesvorstellungen haben Gott in der Tat überwiegend männlich gezeichnet. Sein Tun war an männlichen Führerrollen orientiert: herrschen, richten, regieren. Seine Eigenschaften entsprachen männlichen Wunschbildern: Absolutheit, Unabhängigkeit, Stärke, Leidensunfähigkeit. Männliche Allmachtsphantasien haben sich Gott zum Verbündeten gemacht: „Gott mit uns" – dieser Satz zierte die Koppelschlösser deutscher Soldaten im Ersten Weltkrieg. Der Feminismus, die Frauenbewegung der westlichen Welt, hat vielen Frauen Mut gemacht, das patriarchalische Gottesbild kritisch zu hinterfragen und „weibliche" Gottesbilder zu entwickeln, um ihre eigenen Gotteserfahrungen zum Ausdruck bringen.

Gottes mütterliche Seite

Im biblischen Reden von Gott überwiegen zwar die männlichen Attribute, denn auch die biblischen Gotteserfahrungen wurden in einer patriarchalischen Kultur gemacht. Aber die Bibel lässt Gott keineswegs als „Macho" erscheinen. Ein Sexismus, der Gott geschlechtlich definiert und auf das Männliche festlegt, ist dem Gottesbild der Bibel völlig fremd. Zum „Ebenbild Gottes" werden Mann und Frau gemeinsam geschaffen (vgl. 1. Mose 1,27). Nur in wechselseitiger Ergänzung werden sie dieser Ebenbildlichkeit gerecht. Die Bibel zeigt sehr deutlich auch die „weibliche" und „mütterliche" Seite Gottes. Der Gott der Bibel zeichnet sich nicht durch maskuline Distanz aus, sondern durch Erdnähe und Beziehungssehnsucht. Er verbreitet keine Macho-Kühle. Er hat Empfindungen, lässt bei sich Gefühle zu, kann eigene Entscheidungen bereuen und zurücknehmen, segnet, heilt und tröstet. „Ich will euch trösten wie einen seine Mutter tröstet", lässt Gott sein Volk wissen (Jes 66,13).

Jesus, in dem sich Gott nach biblischem Verständnis letztgültig gezeigt hat, nimmt Kinder in den Arm, beugt sich zu Aussätzigen herab, wäscht seinen Freunden auf Knien die Füße, kann weinen und Angst empfinden, ist leidensfähig, bleibt verletzlich, macht sich verwundbar. Jesus redet seinen Gott mit dem zärtlichen Intimwort „Abba" an. Dieses Kosewort der Kleinkinder (unserem deutschen Papa vergleichbar) strahlt Nähe, Wärme und Vertrautheit aus. Gott wirkt auf „mütterliche Weise" durch die Kraft seines Geistes, den das Neue Testament „den Tröster" nennt. Durch diesen Geist werden Menschen im Glauben wie durch eine Mutter „neu geboren" (Joh 3,5f). Die „Herrschaft Gottes" hat nichts Herrschaftliches. Der Gott, von dem die Bibel erzählt, ist kein Macho.

Damit ist unser Gang durch die „Galerie der Gottesbilder" zu Ende. Haben Sie sich mit Ihrer eigenen Gottesvorstellung irgendwo wiederentdeckt? Vielleicht haben Sie zumindest gespürt, dass die Bibel unsere Gottesbilder teilweise äußerst kritisch hinterfragt. Gott ist immer noch einmal anders als unsere Vorstellung von ihm.

Gott – nur ein Spiegelbild unserer Sehnsucht?

Irgendwann tauchte er plötzlich in mir auf, der Gedanke: Sind die Bilder, die wir Menschen uns von Gott machen, vielleicht nichts anderes als Spiegelbilder unserer eigenen Träume, Sehnsüchte und Ängste? Religionskritiker (wie z.B. der Philosoph Ludwig Feuerbach) behaupten das. Sie stellen das Reden von Gott grundsätzlich unter den Verdacht, dass „Gott" nur ein Phantasiegebilde, ein Wunschtraum der Menschen sei. Die vorgetragenen Argumente für diese These sehen so

aus: Weil der Mensch nicht gut sein kann, sehnt er sich nach der Güte Gottes. Weil hier auf Erden Ungerechtigkeit herrscht, entsteht der Wunsch nach einer ausgleichenden himmlischen Gerechtigkeit. Weil die Erde oft eine Hölle ist, sehnt man sich den Himmel herbei. Weil uns Menschen Geborgenheit fehlt, träumen wir von einem uns bergenden „Vater überm Sternenzelt". Auf den Punkt gebracht: Nicht Gott schafft den Menschen nach seinem Bilde (wie es in der biblischen Schöpfungserzählung heißt), sondern es ist genau umgekehrt – der Mensch schafft sich einen Gott nach seinem Bild. Er projiziert sozusagen seine Sehnsucht an den Himmel – so wie ein Projektor ein Bild auf die Leinwand wirft. Dann betet er die Projektion an und nennt sie „Gott". Unbestreitbar enthalten alle unsere Gottesbilder auch Projektionen. Aber ist deshalb Gott selbst bereits eine Illusion? Wenn Sie Hunger haben, meldet Ihr Körper eine Sehnsucht nach Nahrung an. Bilder von leckeren Speisen schießen Ihnen durch den Kopf. Sie träumen vom Essen. Ihre Traumbilder sind nicht real. Aber ist denn damit das Essen, die Nahrung an sich schon als Illusion erwiesen? Ihr Hunger ist doch gerade der deutliche Hinweis darauf, dass es irgendwo Nahrung geben muss. Aus dem Hunger kann man sicher noch nicht die Art der Nahrung ableiten, die gesund ist und wirklich satt macht. Aber der Hunger lässt zumindest auf die Existenz von Nahrung schließen.
Es gibt weltweit einen „Hunger nach Gott". Anders ist das Phänomen Religion nicht zu erklären. Woher kommt dieser „Gotteshunger" der Menschen in seinen tausendfachen Spielarten? Warum haben Men-

schen aller Epochen, aller Kulturen, in allen Völkern und Religionen bis zum heutigen Tag in unzähligen Bildern immer wieder diesen Traum „Gott“ geträumt? Vielleicht haben Sie als Kind einmal den Satz gelernt: „Träume sind Schäume“. Ein dummer Satz – Sie sollten ihn schnell wieder vergessen. Wir wissen heute aus der Psychoanalyse, dass der Traum die Sprache unserer Seele ist. Unsere Träume bringen in der Regel eine Wirklichkeit zur Sprache, die wir im Wachzustand verdrängen oder nicht zulassen. Oft enthalten sie Botschaften an uns, auf die wir hören sollten.

Ich habe von einer Frau gelesen, die sich als erklärte Atheistin mit folgender Frage an einen Psychotherapeuten wandte: „Können Sie mir bitte helfen? Ich bin seit Jahren überzeugte Atheistin. Ich glaube nicht an Gott. Mein Problem ist nur, dass ich jede Nacht von ihm träume. Bitte erklären Sie mir das!“ Mir ist die Antwort des Therapeuten nicht bekannt. Aber könnte es nicht sein, dass der immer wiederkehrende Traum dieser Frau etwas damit zu tun hat, dass sie Gott aus ihrem Leben verdrängt hat? Könnte es nicht sein, dass es Gott selber ist, der sich in unserer Sehnsucht nach ihm zu Wort meldet, um sich wieder bei uns in Erinnerung zu rufen? Könnte nicht die Sehnsucht nach Gott gerade ein Hinweis darauf sein, dass Gott da ist – als abgedrängte Realität unseres Lebens? Ob vielleicht der Hunger nach Gott, der uns Menschen immer wieder überfällt, so etwas wie eine Erinnerung Gottes an das wahre Lebensbrot ist, das uns wirklich satt macht? Dass wir uns möglicherweise falsche Vorstellungen von diesem Lebensbrot machen, weil wir gar nicht wissen, was unseren Hunger wirklich stillt, das ist noch kein Grund, das Lebensbrot überhaupt als Illusion zu verdächtigen.

Ich möchte Sie bitten, Gott nicht voreilig unter Illusionsverdacht zu stellen. Sonst kann es Ihnen so ergehen wie jenem „modernen Menschen“, der sich in der Wüste verirrt. Völlig erschöpft sieht er plötzlich eine Oase vor sich. „Aha, eine Fata Morgana“, denkt er, „eine Luftspiegelung, die mich narrt“. Er nähert sich der Oase. Aber sie verschwindet nicht. Immer deutlicher sieht er die Dattelpalmen und die Quelle. „Natürlich eine Hungerphantasie“, sagt er, „die mir mein halb wahnsinniges Gehirn vorgaukelt. Jetzt höre ich sogar das Wasser sprudeln. Eine Gehörhalluzination!“. Kurze Zeit später finden ihn zwei Beduinen – tot. „Kannst du das verstehen?“, fragt der eine, „die Datteln wachsen ihm fast in den Mund. Und er ist verhungert. Dicht neben der Quelle liegt er – verdurstet. Wie ist das möglich?“ Da antwortet der andere: „Er war ein moderner Mensch“.

Eine verhüllende Enthüllung

Wieder geht eine Etappe unserer Reise ins Land des Glaubens zu Ende. Was hat sie gebracht? Vielleicht lässt sich diese Frage am besten mit einer biblischen Erzählung aus dem Alten Testament beantworten. Sie schildert eine seltsame Erfahrung, die Mose mit Gott am Berg Horeb macht (2. Mose 3,1ff). Marc Chagall hat die Szene in der oben abgebildeten Lithographie ins Bild gesetzt. Ich erzähle sie Ihnen kurz.

Als Viehhirt, der seine Herde tief in die Wüste treibt, kommt Mose eines Tages an den Gottesberg Horeb. Ein Bote Gottes erscheint ihm in einer lodernden Flamme, die aus einem Dornbusch schlägt. Der Busch brennt lichterloh – und trotzdem verzehrt die Flamme ihn nicht. Als Mose sich nähert, spricht ihn aus dem Busch eine Stimme an: „Mose, komm nicht näher! Zieh deine Schuhe aus, denn du stehst auf heiligem Boden. Ich bin der Gott, den deine Väter verehrt haben, der Gott Abrahams, Isaaks und Jakobs". Dann heißt es in der Erzählung: „Da verhüllte Mose sein Gesicht, denn er fürchtete sich, Gott anzusehen". Mose erhält von Gott den Auftrag, das Volk Israel aus dem Sklavendienst bei den Ägyptern zu befreien. Um sich vor dem Volk ausweisen zu können, möchte Mose Gottes Namen erfahren. Und Gott antwortet ihm: „Ich bin der 'Ich-bin-da'. Sage zu den Israeliten: Der 'Ich-bin-da' hat mich zu euch geschickt".

„Ich-bin-da" (man könnte auch übersetzen: „Ich-werde-mit-euch-sein") – das ist nun wirklich ein merkwürdiger Name, finden Sie nicht auch? Im biblischen Urtext steht hier der hebräische Gottesname „*Jahwe*". Mit diesem Namen stellt Gott sich dem Mose vor. Gott gibt sich zu erkennen, aber er gibt sich doch nicht preis. Er offenbart und verhüllt sich zugleich. Keine Definition soll ihn festlegen und kein Bild ihn fixieren. Gott lässt Mose, lässt uns wissen: „Ich bin da, bin für euch da, bin mit euch und begleite euch. Ihr sollt mich in eurem Leben erfahren. Ihr könnt mit mir rechnen und mir vertrauen. Aber ihr bekommt mich nicht in die Hand!"

Wo wir in Bildern oder Definitionen nach Gott greifen, wo wir uns ihn verfügbar machen wollen, da verweigert sich Gott, da entzieht er sich uns. Da beginnt bereits das, was die Bibel in der Geschichte vom „Tanz um das goldene Kalb" als Götzendienst brandmarkt (vgl. 2. Mose 32). Im Gottesnamen „*Jahwe*" ist bereits das zweite der zehn Gebote begründet: „Fertige dir kein Gottesbild an!" (2. Mose 20,4).

Du sollst dir kein Bildnis machen ...

Der Schriftsteller Max Frisch hat zum Thema „Du sollst dir kein Bildnis machen" Gedanken zu Papier gebracht, die – obwohl sie sich auf unser zwischenmenschliches Verhältnis beziehen – auch auf das Thema „Gottesbilder" übertragen werden können. Frisch schreibt:

„Es ist bemerkenswert, dass wir gerade von dem Menschen, den wir lieben, am mindesten aussagen können, wie er sei. Wir lieben ihn einfach. Eben darin besteht ja die Liebe, das Wunderbare der Liebe, dass sie uns in der Schwebe des Lebendigen hält, in der Bereitschaft, einem Menschen zu folgen in allen seinen möglichen Entfaltungen ... Die Liebe befreit aus jedem Bildnis. Das ist das Erregende, das Abenteuerliche, das eigentlich Spannende, dass wir mit den Menschen, die wir lieben, nicht fertig werden, weil wir sie lieben, solange wir sie lieben. Unsere Meinung, dass wir das andere kennen, ist das Ende der Liebe, jedes Mal, aber Ursache und Wirkung liegen vielleicht anders, als wir anzunehmen versucht sind – nicht weil wir das andere kennen, geht unsere Liebe zu Ende, sondern umgekehrt: Weil unsere Liebe zu Ende geht, weil ihre Kraft sich erschöpft hat, darum ist der Mensch fertig für uns. Er muss es sein. Wir können nicht mehr! Wir kündigen ihm die Bereitschaft, auf weitere Verwandlungen einzugehen. Wir verweigern ihm den Anspruch alles Lebendigen, das unfassbar bleibt, und zugleich sind wir verwundert und enttäuscht, dass unser Verhältnis nicht mehr lebendig sei. 'Du bist nicht', sagt der Enttäuschte oder die Enttäuschte, 'wofür ich dich gehalten habe'. Und wofür hat man sich denn gehalten? Für ein Geheimnis, das der Mensch ja immerhin ist, ein erregendes Rätsel, das auszuhalten wir müde geworden sind. Man macht sich ein Bildnis. Das ist das Lieblose, der Verrat." (Frisch, Prosa, S. 63f)

Haben Sie die Bereitschaft, Ihr Bild von Gott immer wieder loszulassen? Das wäre gut – gerade auch im Blick auf die Stationen unserer Reise, die noch vor uns liegen. Aber vielleicht sagen Sie am Ende dieses Kapitels: „Dass unsere Gottesbilder mit Vorsicht zu genießen sind, das habe ich wohl verstanden. Aber wohin soll ich denn nun eigentlich sehen, wenn ich etwas Verlässliches von Gott sehen will?"
Christen lassen sich einladen, auf Jesus zu sehen, wenn sie Gott zu Gesicht bekommen wollen. Denn Jesus hat von sich gesagt: „Wer mich gesehen hat, hat den Vater gesehen. Der Vater und ich sind untrennbar eins" (Joh 10,30; 14,9). In Jesus, dem „Bild des unsichtbaren Gottes" (Kol 1,15), hat sich nach biblischem Verständnis Gott selbst ins Bild gesetzt. Jesus gibt dem „Ich-bin-da" Gottes ein Gesicht. Er ist die Korrektur und Heilung unserer Gottesbilder.
Christen sind Menschen, die beschlossen haben, nicht mehr ihren Gottesvermutungen und Gottesillusionen zu trauen, sondern dem Bild, das Gott in Jesus Christus von sich selbst gezeichnet hat. Ich möchte das gern tun. Darum darf es Sie, liebe Leserin, lieber Leser, nicht verwundern, wenn auf den folgenden Stationen unserer Reise ins Land des Glaubens immer mehr von diesem Jesus die Rede sein wird. Man entdeckt die Sehenswürdigkeiten dieses Landes nur, wenn man sich auf ihn einlässt. Er, Jesus, wird das eigentlich Sehenswerte sein, das uns im Land des Glaubens begegnet.

→ *Bevor Sie weiterlesen...*

Wo ist durch dieses Kapitel
Ihr bisheriges Bild von Gott
angefragt,
verunsichert
oder korrigiert worden?

IV. Von der Verwundbarkeit unserer Seele – und wie unsere Verletzungen heilen

Die nun folgende Etappe unserer Reise ins Land des Glaubens wird uns durch ein etwas unwegsames Gelände führen. Das bleibt bei Abenteuer- und Erlebnisreisen nicht aus, dass der Pfad plötzlich enger wird, ein Dickicht zu durchkämmen ist oder Steine im Weg liegen. Auch auf dem Weg des Glaubens gibt es Stolpersteine, Hindernisse, die den Glauben erschweren oder in Krisen führen. Nun versuchen wir, Krisen in unserem Leben ja möglichst zu vermeiden – obwohl ich im Rückblick sagen muss, dass es oft gerade die durchstandenen Krisen meines Lebens waren, die mich vorangebracht haben.

危機

Krise

機會 危險

Chance *Gefahr*

Schauen Sie sich diese Zeichen einmal genau an. Die chinesische Sprache verwendet für das Wort „Krise" Schriftzeichen, die aus zwei anderen Worten stammen: den Worten „Gefahr" und „Chance". Vielleicht hat jede Krise wirklich dieses Doppelgesicht, ist beides zugleich: Gefährdung, Infragestellung des Bisherigen – aber eben auch Chance, Eröffnung neuer Möglichkeiten. In der Krise, durch die Krise klären sich manchmal die Dinge, wird Wesentliches von Unwesentlichem geschieden, reift Neues heran. Darum kann es sich lohnen, wenn wir unseren Lebens- und Glaubenskrisen nicht ausweichen, sie nicht um jeden Preis zu vermeiden suchen.

Leid: das große Fragezeichen

Oft ist es *erfahrenes Leid*, das unser Leben und unseren Glauben in eine tiefe Krise stürzt. Ich weiß nicht, welche Erinnerungen jetzt in Ihnen wach werden, welche Bilder in Ihnen aufsteigen, welche Wunden wieder zu schmerzen beginnen. Sie erinnern sich noch an das schwere ICE-Unglück in Eschede Anfang Juni 1998? Ich war selbst als Seelsorger zwei Tage an der Unfallstelle. Mir haben sich Bilder und Begegnungen eingeprägt, die ich nie vergessen werde: das Ausmaß an Verwüstung und Todesschrecken, die Hilf- und Sprachlosigkeit, wenn ich Angehörigen die Todesnachricht übermitteln musste und sie in

ihrem Schmerz und Entsetzen zu begleiten versuchte. Und in all dem Grauen die gemeinsame Frage von Christen und Nichtchristen: Warum um Himmels willen? Ich weiß noch, wie ich mir beim Laufen durch die Zugtrümmer so gottverlassen wie selten vorkam.
Wie kann Gott das alles zulassen? Unzählige Menschen fragen so, und ich bin sicher, Sie kennen diese Fragen aus Ihrem Leben auch. Leiden ist ja kein Randphänomen unserer Welt. Leiden – hier hat der Buddhismus sicher Recht – ist eher die Regel als die Ausnahme. Wir sind von Leid und Tod umstellt, auch wenn wir das Leid nicht immer hautnah selbst erfahren. Kriege, Katastrophen, Ungerechtigkeit, Krankheit, eine ächzende Schöpfung – spricht nicht das Elend dieser Welt gegen Gott? Müsste die Welt nicht anders aussehen, um an einen Gott glauben zu können, der dieser Welt in Güte zugewandt ist und seine Menschen wirklich liebt?
Ich will Ihnen zunächst etwas eingestehen, was Ihnen vielleicht nicht jeder Christ so ehrlich sagt: Mich treiben diese Fragen auch um. Sie sitzen wie ein Stachel in meinem Glauben. Auch ich bin angesichts des Leidens in dieser Welt verwundet durch den verborgenen Gott, bin immer wieder irritiert durch Gottes Fremdheit und sein (scheinbares?) Schweigen. Ich habe bis heute keine Antwort auf die Frage „Wie kann Gott das zulassen?“, die meinen Kopf zufrieden stellt und mein Denken wirklich zur Ruhe kommen lässt. Die Frage ist für mich wie eine offene Wunde, die sich nicht schließen will. Diese Wunde zeigt, dass wir es im Christsein nicht mit einer wasserdichten Ideologie zu tun bekommen, die für alles eine Erklärung hat. Gott beantwortet uns zwar wichtige Lebensfragen, mutet uns aber zugleich zu, auch mit noch nicht beantworteten Fragen zu leben. Die Erfahrung der Verborgenheit und Fremdheit Gottes bleibt auch Christen nicht erspart. Als Jesus sich

damals kurz vor seinem eigenen Leidensweg von seinen Freunden verabschiedete, hat er ihnen versprochen: „Ich will euch wiedersehen. An dem Tag werdet ihr mich nichts fragen" (Joh 16,22f). Dieser Tag ist noch nicht da. Noch warten bohrende Fragen auf eine endgültige Antwort.
Ich bezweifele allerdings, ob uns eine *theoretische* Antwort auf die Leidfrage, eine einsichtige Erklärung des tausendfachen Elends dieser Welt, wirklich weiterhelfen würde. Von belehrenden Erklärungsversuchen wird unser verwundetes, trostbedürftiges Herz nicht satt. Sie reichen an unsere Tränen nicht heran und wirken oft hilflos oder sogar zynisch. Wer drin steckt im Elend, braucht keine Erklärungen, die aus distanzierter Beobachtung deuten, warum das oder jenes so passieren musste. Wer vom Leiden geschüttelt wird, braucht zuerst jemanden, der sich an seine Seite stellt, den Schmerz mit aushält, sein Leiden teilt, die Antwortlosigkeit mit ihm durchsteht.
Die folgenden Überlegungen sind deshalb kein Antwortversuch auf die Frage: „Warum um Himmels willen so viel Leid?", aber es sind Hinweise, wie man mit dieser Frage umgehen kann.

Risiko der Freiheit

Zunächst eine Bitte: Wenn Sie die Frage „Wie kann Gott das alles zulassen?" quält, machen Sie es sich bitte mit dieser Frage nicht zu einfach. Wer das Leiden dieser Welt gegen Gott ins Feld führt, sollte zumindest nicht vergessen, dass uns sehr viele Übel auf diesem Globus nicht einfach schicksalhaft vom Himmel in den Schoß fallen. Viel Elend, das wir erleiden (gewiss nicht alles!), ist „hausgemacht", es ist von uns Menschen selbst produziert. Ich finde es unfair, Gott etwas in die Schuhe zu schieben, was nicht von ihm kommt, ihn zum „Sündenbock" für Dinge zu machen, die wir selbst „verbockt" haben, für deren Folgen wir aber nur ungern die Verantwortung übernehmen wollen.
Dass atomares Vernichtungspotential unsere Erde bedroht, war in Gottes Schöpfungsplan nicht vorgesehen. Das haben wir Menschen entwickelt, und wir müssen es auch wieder beseitigen. Kriege, die Millionen ins Unglück stürzen, sind keine von Gott zugelassenen Schicksalsschläge, sondern Ausdruck unserer menschlichen Unfähigkeit und Phantasielosigkeit, Konflikte ohne militärische Gewalt zu lösen. Wenn Menschen andere ausbeuten und demütigen – ist das eigentlich Gottes Problem? Wenn jemand psychosomatisch erkrankt, weil er über Jahre hinweg seine Seele vernachlässigt hat – kann man das Gott anlasten? Wir wissen längst, dass viele Zivilisationskrankheiten etwas mit der Art und Weise zu tun haben, wie wir leben. Hat Gott uns diesen ungesunden Lebensstil verordnet? Wenn jemand nach Dauerstress, Überarbeitung und 70 Zigaretten am Tag einen Herzinfarkt

bekommt und sagt: „Gott, wie konntest du das zulassen?“ – dann ist das, gelinde gesagt, eine Unverschämtheit. Da gießt sich ein junger Mann eine Flasche Korn rein und fährt mit dem Auto gegen einen Baum. In der Todesanzeige steht: „Es hat dem Herrn über Leben und Tod gefallen, N.N. aus dieser Welt abzuberufen“. Ich halte das für eine Gotteslästerung. Was da geschehen ist, hat dem „Herrn über Leben und Tod“ überhaupt nicht gefallen. Da weint Gott sich (mit den Trauernden) die Augen aus. Wir wissen, dass Armut und Hunger auf dieser Welt die Folgen ungerechter Verteilung der Güter dieser Erde sind – und die wiederum Folge ungerechter Wirtschaftsstrukturen. Hat Gott diese Strukturen denn geschaffen? Hat er denn das Ozonloch gemacht?

Ich will die Leidfrage damit nicht abwürgen. Ich weiß auch, dass es viel Elend gibt, das wir Menschen nicht verschulden. Aber wir sollten die Leidfrage nicht missbrauchen, um Gott auf eine Anklagebank zu setzen, auf die wir vielleicht selber gehören. Ein Großteil des Elends dieser Welt zumindest spricht nicht gegen Gott – sondern kräftig gegen uns. Dieses Elend ist der Preis, den wir für das zahlen, was wir „unsere Freiheit“ nennen. Gott gab uns wirkliche Freiheit, die Freiheit nämlich, auf dieser Erde seinem guten Willen zu entsprechen. Wo wir diese Freiheit missachten oder missbrauchen, da ist das Leid, das daraus resultiert, nicht Gott anzulasten.

Aber – so könnte man nun weiterfragen – warum lässt uns Gott denn die Freiheit zur Unmenschlichkeit, zu einem Leben gegen seine guten Weisungen, zur Entscheidung für das Böse statt das Gute? Ich denke, weil er keine Roboter und Marionetten will, die willenlos an seinen Fäden zappeln, sondern freie Partner seiner Liebe und Ebenbilder seiner selbst.

Natürlich können Sie als Eltern Ihr Kind vor viel Leid bewahren. Sie müssen es nur zeitlebens im Laufstall halten – und den Laufstall selbst mit möglichst vielen weichen Kissen gut abpolstern. Am besten: Sie legen Ihr Kind zusätzlich noch an die Leine! Wächst es, so erhöhen Sie einfach die schützenden Gitterstäbe des Laufstalls! Will es „ausbrechen", so halten Sie es eben an der kurzen Leine! Fraglich ist nur, ob Ihr Spössling Ihnen diese „Bewahrungsanstalt" je danken würde. Denn mit solchen Schutzmaßnahmen gegen das Leiden haben Sie Ihrem Kind die Möglichkeit zur Selbstwerdung, die Grundvoraussetzung zur Entwicklung einer eigenständigen Persönlichkeit, genommen.

Wer die Freiheit des anderen will, geht das Risiko des Missbrauchs dieser Freiheit zwangsläufig mit ein. Insofern ist der Mensch das große Risiko Gottes. Wer Gott das Leid vorwirft, muss ihm letztlich die Erschaffung des Menschen selbst vorwerfen. Eine Liebe, die Freiheit gewähren möchte, kann (will sie sich nicht selbst aufgeben) nichts erzwingen, auch nicht das Gute. Gott ist diese Freiheit gewährende Liebe. Darum steckt er uns nicht in den Laufstall der Entmündigung, legt uns nicht an die Kette seines aufgezwungenen Willens. Damit geht er das Wagnis ein, dass wir uns und anderen im Missbrauch unserer Freiheit Leid zufügen. Gott wird entsetzlich mitleiden, wenn wir uns selbst und andere verletzen – so wie Eltern mitleiden, wenn ihre dem Laufstall-Alter entwachsenen Kinder bei ihren Gehversuchen hinfallen oder Wege gehen, auf denen sie sich und anderen Schaden zufügen.

Leid: das Donnergrollen Gottes?

Die Graphik auf Seite 77 trägt den Titel: „Spaziergang im Tiefdruckgebiet". Wenn Sie genau hinsehen, entdecken Sie, dass die bedrohliche Wolke über der schwarzen Figur wie ein großer Fuß aussieht, der den kleinen Menschen ohne Mühe zertreten könnte. Ein Fuß wie aus „unheiterem" Himmel – zu wem gehört er? Soll das der „Fuß Gottes" sein, der den Menschen wie ein dunkles, leidbringendes Gewitter bedroht?

In der Geschichte des Christentums ist menschliches Leiden immer wieder vom Himmel, von Gott her gedeutet worden – so als habe Gott im Leiden der Menschen (wenn nicht den Fuß, dann) seine Hand im Spiel, als sei er es, der uns das Leiden schickt und letztlich verursacht. Vielleicht kennen Sie den Satz: „Alles Leiden kommt aus Gottes Hand". Dieser Satz klingt fromm und christlich – ist es aber nicht. Ich halte ihn für eine äußerst verhängnisvolle und gefährliche Versöhnung Gottes mit dem Elend dieser Welt. „Alles Leiden kommt aus Gottes Hand" – das heißt im Klartext, dass unser Leiden eine pädagogische Maßnahme des Himmels ist, eine Heimsuchung Gottes, die mit Sicherheit ihren verborgenen Grund hat, ein Schicksalsschlag, mit dem Gott uns vielleicht für unser Fehlverhalten bestraft.

„Gott wird sich schon etwas dabei gedacht haben, dass es dir im Moment nicht gut geht!" „Ja, siehst du, kleine Sünden straft der Herr sofort!" Vielleicht sind Ihnen zynische Äußerungen wie diese auch schon begegnet. Auch wo sie dezenter daherkommen, sind solche Sätze nichts anderes als religiöse Unverschämtheiten, aus frommer Deutesucht geborene Anmaßungen. Sie erziehen zu einer fatalistischen Ergebenheit ins Leiden nach dem Motto: „Die Wege Gottes sind unerforschlich. Dagegen kann man ohnehin nichts machen". „Alles Leiden kommt aus Gottes Hand" – dieser Satz potenziert die Not eines Menschen, indem er das Leiden zusätzlich unter das „Nein Gottes" stellt, das der Leidende nun in seinem Schmerz auch noch zu tragen hat.

„Alles Leiden kommt aus Gottes Hand" – wer so redet, macht aus Gott einen unberechenbaren Sadisten, der dadurch groß wird, dass er uns klein macht. Aber der Satz hat keine Rückendeckung durch das Evangelium. Er entspringt einem Gottesbild, das mit dem Gott, der sich in Jesus Christus gezeigt hat, nichts zu tun hat. Leiden als pädagogische Maßnahme Gottes? Bei Jesus lernt man so etwas nicht. Als seine Freunde einen Blindgeborenen zu ihm bringen und ihn fragen: „Meister, wer hat gesündigt, dieser oder seine Eltern, dass er blind geboren ist?", antwortet Jesus ihnen: „Es hat weder dieser gesündigt noch seine Eltern, sondern es sollen die Werke Gottes offenbar werden an ihm" (Joh 9,2ff; vgl. bes. V. 41). Dann gibt er ihm sein Augenlicht zurück. Hier erteilt Jesus jedem Verrechnungsdenken, das zwischen (bösem) Tun und (leidvollem) Ergehen einen gottgewollten Zusammenhang konstruiert, eine deutliche Absage. Im übrigen zeigt ja auch die Erfahrung, dass dieses Verrechnungsdenken nicht aufgeht. Es gibt viele „kranke Heilige“ und mindestens ebenso viele „kerngesunde Schurken“. Dass es den Bösen immer dreckig und den Guten immer rosig geht – das stimmt eben einfach nicht. Wir müssen nicht in jedem Magengeschwür, jedem Autounfall, jeder Depression ein Donnergrollen des Himmels wittern.

Jesus präsentiert uns Gott nicht als himmlischen Leidmacher. Er verteilt auch keine „Traktate vom Segen des Leidens“. Im Gegenteil, im Namen seines Vaters im Himmel und als Zeichen der durch ihn anbrechenden „Gottesherrschaft“ macht er Aussätzige rein, hilft Lahmen auf die Beine, verschafft Blinden neuen Durchblick, öffnet Sprachlosen den Mund, gewährt Ausgestoßenen und Verachteten heilende Gemeinschaft, befreit psychisch Belastete aus ihrem Gefängnis. Er kann sein ganzes Handeln mit dem Tun eines Arztes vergleichen (Mk 2,17). Wo er auftritt, müssen Leid und Tod weichen. Wo er Beerdigungen besucht, ergrimmt er über den Tod (vgl. Joh 11, bes. V. 33ff) und weckt Verstorbene wieder auf (Lk 8,49ff).

Bis auf den heutigen Tag machen Christen in aller Welt die Erfahrung, dass Gott heilt und befreit, geknicktes Leben wieder aufrichtet und lebenszerstörenden Mächten seine lebensfördernde Macht entgegensetzt. Käme alles Leiden aus Gottes Hand, dann wäre Jesus diesem Leidmacher-Gott in den Arm gefallen, um ihn an seinem Tun zu hindern. Denn Jesus stellt sich eindeutig auf die Seite der Leidenden – nicht auf die Seite der Leidmacher. „Wer mich sieht, sieht den Vater“ (vgl. Joh 14,9). Nehmen wir diesen Satz ernst, dann wird an Jesus ablesbar: Gott will das Leiden nicht. Gott will unser Leben. Wo sich Gottes Einfluss durchsetzt, da haben Tod, Leid, Geschrei und Schmerz nichts mehr zu suchen (vgl. Offb 21,3-5).

Nun wenden Sie vielleicht ein: Wenn Gott das Leiden nicht will (und es trotzdem da ist), dann ist er doch offenbar machtlos dagegen – also nicht „allmächtig“. Man hat sich Gottes „Allmacht“ oft im Sinn einer Allwirksamkeit Gottes vorgestellt. Aber wenn Gott „alles machen und bewirken“ würde, dann wären auch Auschwitz, Bombenterror, Hungertod und Krebs auf sein „allmächtiges Handeln“ zurückzuführen. Die Verehrung eines solchen „Allmächtigen“ käme der „Anbetung des Henkers“ (Dorothee Sölle) gleich.

Nein, Gottes „Allmacht“ ist von einer anderen Art: Es ist die Macht seiner schöpferischen und heilenden Liebe. Diese „Macht“ macht nicht alles und kann nicht alles, sondern nur das, was ihr entspricht. Sie ist nicht leere Potenz, sondern Liebesmacht. Christen trauen Gott zu, dass er sich mit der Allmacht seiner Liebe durchsetzen wird. Sie glauben gegen das Elend an, gegen all das, was Gottes Allmacht immer noch im Wege steht. Wer das wagt, bleibt in seinem Glauben schmerzhaft angefochten, bis Gott alle Tränen abgewischt haben wird. Aber er glaubt nicht ohne Grund. Denn Ostern, die Auferweckung Jesu von den Toten, lässt erahnen, was Gott möglich ist.

Als Christ kann ich in einer leidenden Welt mein Vertrauen auf Gottes Allmacht nur hoffend und kämpfend durchhalten; hoffend, indem ich Gott mit der Bitte bestürme: „Dein Reich komme, dein Wille geschehe, wie im Himmel so auf Erden"; kämpfend, indem ich im Namen Gottes dem Elend widerspreche, das unser Leben in vielfältigen Spielarten bedroht. Im „Beten und Tun des Gerechten" (Dietrich Bonhoeffer) zeigt sich, ob jemand der guten Macht Gottes etwas zutraut.

Der Gekreuzigte: die Solidarität des Himmels mit den Leidenden

Noch ein letzter Hinweis zum Umgang mit der Frage: „Wie kann Gott das alles zulassen?" – vielleicht der wichtigste. Der Gott, an den ich als Christ glaube, lässt das Leiden nicht einfach *zu* (achselzuckend oder apathisch) – Gott lässt sich auf unser Leiden *ein*. Nicht in Beileidsbekundungen, die uns aus sicherer himmlischer Distanz erreichen, sondern indem er sich selbst ins Leiden begibt. Wer sich die Geschichte Jesu ansieht, in der Gott uns gezeigt hat, wer er wirklich ist, der entdeckt, dass der Weg Jesu eine einzige, große Leidensgeschichte ist.
Sehen Sie sich diesen Mann an: In einem Arme-Leute-Stall wird er geboren. Kaum auf der Welt, wird er durch den Tyrannen Herodes zum Flüchtling gemacht. Er hat keinen Ort, wo er sein Haupt hinlegen kann. Angriffe, Anfeindungen, Morddrohungen begleiten seine kurze Wirksamkeit. Dann das Ende: Verhaftung, Auspeitschung, Demütigung, Kreuzigung, qualvoller Tod unter Schwerverbrechern. Und über allem steht der Satz: „Wer mich sieht, sieht Gott, meinen Vater im Himmel". Wenn an diesem Satz etwas dran ist, dann wird im gekreuzigten Jesus Gott selber in eine Leidensgeschichte unvorstellbaren Ausmaßes verwickelt. Gott bleibt nicht distanzierter himmlischer Zuschauer des menschlichen Elends. Er lässt das Leiden nicht zu – er lässt sich selbst bis zur letzten Konsequenz auf unser Leiden ein.
Das Gesicht des Gekreuzigten. Ein Leidensgesicht unter vielen. Und doch ein besonderes Gesicht. Denn in diesem Gesicht sieht Gott selbst uns an. Gott gibt uns keine theoretische Antwort auf die Leidfrage, die uns so hart bedrängt. Aber er stellt sich an unsere Seite. Er teilt das Elend seiner Menschen. Er hängt sich daneben, wo gelitten wird. Keine Qual dieser Welt, die er nicht kennt. Keine Träne, die er nicht auch weint. Keine Not, die ihm fremd wäre. Keine Todesangst, die er nicht mit uns durchmacht. Kein Schmerz, von dem er unberührt bleibt. Das ist die Solidarität des Himmels mit den Leidenden.
Vielleicht denken Sie: „Das kann ich nicht glauben". Aber stellen Sie sich einen Moment vor, es wäre wahr, dass Gott unser Leiden teilt, Ihr Leiden. Dann wären Sie gerade dort nicht von Gott verlassen, wo Sie sich ganz einsam und verlassen vorkommen. Wenn Sie sagen: „Ich

habe zu viel Leidvolles erlebt, um noch an Gott glauben zu können“, dann stellt sich Gott jetzt neben Sie und sagt: „Ich weiß, was Leiden heißt. Ich bin dir ganz nahe“. Und wenn Sie sagen: „Ich habe ein Kind verloren, darum kann ich Gott nicht mehr vertrauen“, dann sagt Gott Ihnen jetzt: „Ich stehe direkt neben dir. Ich weiß, wovon du redest. Auch ich habe einen Sohn verloren“. Und wenn Sie im Schmerz aufschreien, dann schreit Gott mit Ihnen.

Eine Szene der Kreuzigungs-Geschichte berührt mich besonders. Da verfinstert sich der Himmel über dem sterbenden Jesus, und er, der Gott so nahe war wie keiner von uns, schreit in die Dunkelheit: „Mein Gott, mein Gott, warum hast du mich verlassen?“ Lassen Sie diesen Schrei einmal in sich nachklingen ...

Das ist unser Schrei – Ihrer und meiner! „Gott, wo bist du?“, so schreien wir – laut oder leise –, wenn wir nicht weiter wissen, wenn die Nacht uns überfällt. Das ist wirklich erstaunlich, dass sich Gott so sehr auf unsere Leidenswirklichkeit einlässt, dass er diesen Schrei seiner Menschen in sich selbst vernimmt, dass er ihn sogar zu seinem Schrei macht. Gott wagt sich in unsere Hölle hinein. Hölle – das ist ja kein „feuriger Pfuhl“, wo Hörner-Teufel mit Gabeln herumspringen. Hölle ist überall da, wo Gott nicht ist. Wo uns die Gottesfinsternis von Leiden, Schmerz und Tod schreckt, wo wir uns ganz und gar gottverlassen vorkommen, genau da hängt Jesus und schreit mit uns: „Mein Gott, warum hast du mich verlassen?“

Und indem er so schreit, wird selbst die Hölle zu einem Ort, an dem wir Gott näher sind, als wir ahnen. Weil Gott in Jesus unser Leiden teilt, sind wir als Leidende nicht mehr gottverlassen. Nie mehr, nirgendwo mehr! Wir stecken zwar noch drin im Leid, aber Gott steckt mit drin. Ein schwacher Trost? Vielleicht empfinden Sie das so. Aber wenn etwas dran ist an dem, was ich eben gesagt habe, dann kann Gott sogar unser Leiden zu einem Ort machen, an dem er auf uns wartet, uns begegnet, seine Hand nach uns ausstreckt. Das haben Menschen immer wieder erfahren.

Das Leiden kommt nicht einfach aus Gottes Hand – aber Gott kann es in seine Hand nehmen. Mir hilft dieser Satz, meine Fragen im Leiden besser aushalten zu können. Mit den ungelösten Leidfragen lebt es sich für mich leichter, seit ich glauben kann: Auch wenn ich in ganz tiefes Leid falle, falle ich nicht tiefer als in Gottes Hand. Verstehen Sie das bitte nicht als Rechtfertigung des Elends oder als schnelle, fromme Versöhnung mit dem Leid. Aber der Schmerz des Gekreuzigten, das Mitleiden Gottes, ist für mich ein deutliches Zeichen der Solidarität des Himmels mit uns, die wir am Leiden nicht vorbeikommen. Angesichts der erbärmlichen Leidensflut dieser Welt brauche ich dieses Zeichen, brauche ich den Blick auf das Mitleiden Gottes. Ich hätte wirklich Schwierigkeiten, an Gott zu glauben, wenn es den gekreuzigten Jesus nicht gäbe.

Ich erinnere mich an ein Mädchen, das immer ein Kreuz an einer Kette um den Hals trug. Ich konnte beobachten, wie sie in einer sehr schwierigen Situation nach dem Kreuz griff, als wollte sie sich daran festhalten. Das Bild hat sich mir eingeprägt: Mich am Kreuz, am Mitleiden Gottes festhalten, wenn mich das Leid runterziehen will – das möchte ich gern lernen.

Ganz tief durchs Leiden musste ich noch nicht. Ob mein Glaube noch bleibt, wenn schweres Leid kommt? Ich weiß es nicht. Ich merke beim Schreiben dieses Buches, gerade auch dieses Kapitels, wie wenig ich für mich, für meinen Glauben garantieren kann. Vielleicht haben Sie bereits erheblich Schlimmeres durchmachen müssen als ich. Vielleicht hilft Ihnen mein Hinweis auf den gekreuzigten Jesus im Moment nicht weiter. Aber mehr weiß ich als Christ nicht zu sagen – und verschweigen wollte ich es nicht.

Ich hoffe für mich und für Sie, dass wir, wenn das Leiden kommt, nicht nur in ein tiefes schwarzes Loch starren müssen. Ich hoffe, dass Gott uns dann Augen dafür gibt, dass er ganz bei uns ist, und uns so, vielleicht mitten im Zweifel, vor einer letzten Verzweiflung bewahrt.

Bevor Sie weiterlesen...

Wie geht es Ihnen mit folgendem Text?

Keins seiner Worte glaubte ich,
hätte er nicht geschrien:
Gott, warum hast du mich verlassen?
Das ist mein Wort,
das Wort des untersten Menschen.
Und weil er selbst so weit unten war,
ein Mensch, der „Warum" schreit,
und schreit „Verlassen",
deshalb könnte man
auch die andern Worte,
die von weiter oben,
vielleicht ihm glauben.

(Rudolf Otto Wiemer)

Die verschlossene Tür

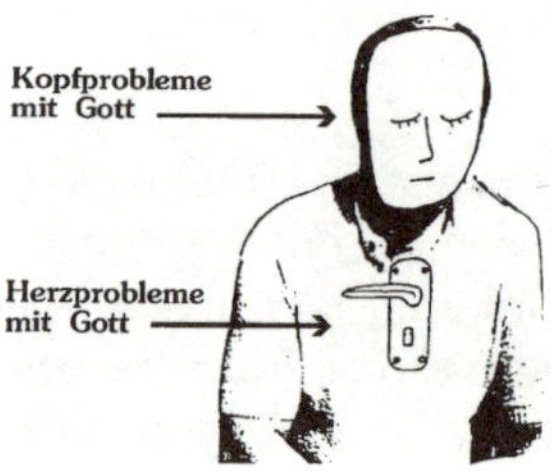

Bisher haben wir uns in der Beschäftigung mit unseren Leiderfahrungen vor allem auf der Ebene der Argumente, auf der „Kopfebene" bewegt. Aber vielleicht spüren Sie im Blick auf Ihr eigenes Leid, dass unsere verwundete Seele dadurch noch nicht heil wird. Ist unser Glaube durch Leiderfahrungen erst einmal in die Krise geraten, kommt er allein durch Einsichten nicht wieder auf die Beine. Vertrauen ist nie einfach die Folge von guten Einsichten.
Ich erinnere mich daran, als meine Tochter im Schwimmbad das erste Mal auf dem 3-Meter-Brett stand und ängstlich in die Tiefe schaute. Um sie herum standen ihre beiden Brüder und erklärten ihr mit guten Argumenten, dass der Sprung nicht gefährlich sei, weil das Wasser sie trägt. Sie hatten wirklich eine bestechende Argumentation drauf! Plötzlich sagte meine Tochter: „Hört auf! Ich weiß, dass das Wasser trägt – ich glaub's bloß nicht!" So ist das eben: Einsichtige Gedanken bewegen uns in der Regel noch nicht zum Vertrauen.
Viele Menschen meinen, dass ihre Hauptschwierigkeiten mit dem Glauben an Gott intellektuelle Schwierigkeiten sind – „Kopfschmerzen" sozusagen. Ich glaube das nicht. Die meisten Probleme, die ein

Mensch mit Gott hat, liegen in der Regel eine ganze Etage tiefer. Es sind „Herzprobleme“. Das „Herz“ ist ein Sinnbild für den Ort in uns, an dem unsere ganze Sehnsucht nach Leben entspringt. Es ist aber auch der Ort, an dem unsere gesamte Lebensenttäuschung aufbewahrt wird. Unser Herz ist das Zentrum unserer Hingabefähigkeit. Erinnern Sie sich noch? Glauben, Vertrauen meint letztlich Hingabe. Wenn ein Mensch an Gott glaubt, dann verliert er sein Herz an ihn. Niemals fällt uns solches Vertrauen schwerer als in einer Krise, in die uns erfahrenes Leid stürzt. Ein verwundetes Herz kann sich nicht mehr verlieren.

Das Bild auf Seite 83 zeigt einen Menschen mit einem verschlossenen Gesicht. Auch sein Inneres, sein Herz, ist wie eine verriegelte Tür. Viele Menschen erleben in sich eine tiefe, innere Verschlossenheit für Gott. Keine noch so überzeugende Argumentation kann diese Verschlossenheit aufbrechen. Da sagt mir jemand: „Ich möchte so gern wieder glauben können. Aber ich kann nicht! Ich weiß nicht warum – aber ich bin innerlich völlig zu! Wie verriegelt! Ich habe das Gefühl: Da ist eine Tür zugeschlagen. Ich weiß noch nicht einmal, wo der Schlüssel ist, um sie wieder zu öffnen“. Kennen Sie das auch aus Ihrem Leben? Manchmal tauchen dann so ein paar Super-Fromme auf, die mit schnellen Sprüchen zur Hand sind: „Wenn du nur richtig willst, kannst du auch glauben!“ Das ist dummes Zeug. Viele Menschen wollen gern glauben – und können es wirklich nicht mehr. Ihr Herz ist verschlossen. Ihre Vertrauensbereitschaft und Hingabefähigkeit sind blockiert. Die Tür ist zu.

Wenn die Seele weint

Nicht selten ist ein Mensch für den Glauben verschlossen, weil er *„innere Verletzungen“* mit sich herumträgt – manchmal ohne zu wissen, dass seine eigentlichen Glaubensprobleme hier begründet liegen. Innere Verletzungen sind die seelische Folge von Leiderfahrungen. Sie bilden sozusagen die Innenseite dieser Erfahrungen. Innere Verletzungen bewirken eine Art „Herzverengung“. Sie können uns, wie eine „Angina pectoris“, die Luft des Glaubensatems regelrecht abschnüren. Bisher sind wir an die Leidfrage vor allem von außen herangegangen. Im folgenden möchte ich mit Ihnen zusammen die Innenseite unserer Leiderfahrungen anschauen.

Das Thema „Innere Verletzungen“ ist kein schönes Thema. Aber es gibt nun einmal Dinge in unserem Leben, die sind wichtig, auch wenn sie nicht schön sind. Ein Arztbesuch kann sehr unangenehm sein, und ist doch eventuell lebensentscheidend. Wenn ich jetzt mit Ihnen über das Stichwort „Innere Verletzungen“ nachdenke, dann nicht deshalb, weil ich Sie aufwühlen will, sondern weil ich tief davon überzeugt bin, dass innere Verletzungen wie Glaubensblockaden wirken. Sie zehren unsere Vertrauensbereitschaft auf. Sie machen unser Herz eng und

lähmen unsere Hingabefähigkeit. Sie können einen Menschen – manchmal jahrelang – für Gott verschließen. Darum ist es sinnvoll, auf einer Reise durchs Land des Glaubens auch das Dickicht unserer inneren Verletzungen zu durchkämmen.

Worum geht es bei diesem Stichwort „Innere Verletzungen"? Nicht um den berühmten Milzriss, den man sich bei einem Autounfall zuzieht, und der dann fachärztlich behandelt werden muss.

Ich möchte Sie daran erinnern, dass jeder Mensch nicht nur in einer Außenwelt lebt, die ihn umgibt, sondern dass er auch eine ganze Welt in sich trägt: eine riesige Welt von Gefühlen, Stimmungen, Einstellungen – und vor allem eine fast unerschöpfliche Welt von Erinnerungen. Unsere Seele ist wie eine große Scheune, in die wir täglich neue Erinnerungen einfahren und dort speichern. Diese Innenwelt bestimmt unser Leben häufig sehr viel intensiver mit, als es uns lieb ist. Sie haben das alle schon erlebt: Da stehen Sie morgens auf, die Sonne scheint, ein herrlicher Tag ohne Verpflichtungen liegt vor Ihnen – und doch liegt über Ihrer Seele so eine Art Grauschleier. Alles ist in ein dumpfes Licht getaucht, Melancholie und depressive Stimmungen durchziehen das Innenleben.

Es gibt Räume in uns, in denen „es weint". – Übrigens auch in uns Männern gibt es diese Räume, obwohl wir sie oft nicht wahrhaben wollen. Vielleicht hat man Ihnen das schon als Kind ausgetrieben mit dem Spruch: „Ein Junge weint nicht!" Keine kluge Pädagogik! Es ist nicht gut, wenn wir unser Weinen verleugnen oder verdrängen. Manchmal sind ganze Zimmer unseres inneren Lebenshauses angefüllt mit schmerzhaften Erinnerungen an Ereignisse oder an Personen, die uns Leid zugefügt haben. Bitterkeit und Groll haben sich dort angesammelt. Da sind Erfahrungen abgespeichert, die wehtun, sobald wir daran denken. Unser innerer Mensch ist mindestens genauso verwundbar wie unser äußerer. Sie kennen diese wunden Punkte, an die man möglichst nicht mehr rühren möchte. Man hofft, dass die Wunden langsam vernarben. Aber dann stößt doch wieder jemand daran – und die Narbe bricht erneut auf.

Jeder Mensch trägt seine individuelle Verletzungsgeschichte mit sich herum – eingegraben in seine Seele wie der Stempel eines Fingerabdrucks. Schauen wir uns diesen Stempel näher an. Ich möchte das Stichwort „Innere Verletzungen“ nun illustrieren und konkretisieren. Dabei wird sicher manches in Ihnen aufsteigen, was Sie an eigenen Verletzungen mit sich herumtragen. Lassen Sie das bitte zu – auch wenn es nicht angenehm ist.

Verletzungen aus der Kindheit

Die ersten und meist sehr nachhaltigen Verletzungen bekommt ein Mensch oft schon sehr früh, nämlich in seiner Kindheit. Psychologen nehmen sogar an, dass bereits ein Embryo innerlich verletzt werden kann, z.B. wenn die Mutter das Kind ablehnt. Kinder sind formbar wie heißes Wachs. Sie haben noch nicht gelernt, sich vor Verletzungen zu schützen. Was eine Kinderseele an Verletzungen speichert, kann das ganze weitere Leben beeinflussen. Der Titel eines Buches heißt: „In dir lebt noch das Kind, das du einmal warst“. Das stimmt. Wir haben unsere Kindheit nie einfach hinter uns, sondern tragen sie ständig auch in uns – und damit unsere Kindheitsverletzungen.

Da schnappt ein Mädchen den unachtsam hingeworfenen Satz des Vaters auf: „Eigentlich hatten wir uns ja einen Jungen gewünscht“. Der Satz ist gar nicht böse gemeint – aber er sitzt wie ein Stachel. Das erste Mal steigt in dem Mädchen die Ahnung auf: „Vielleicht bin ich gar nicht gewollt“. Und so läuft dieses Mädchen – verletzt in seinem Selbstwertgefühl – das ganze Leben mit der heimlichen Frage herum: „Wer will mich eigentlich wirklich?“ Ich denke an ein Kind, dessen Mutter keine Wärme und Geborgenheit ausstrahlt. Kälte zieht in das Kind ein und verletzt es, schleichend, aber nachhaltig. Oder ein Kind erfährt, dass die Mutter in ihrer Liebe „klammert“ und nicht freigibt, und muss daher später ständig die Nähe anderer Menschen abwehren. Da wird ein Kind in seinem Gerechtigkeitsempfinden verletzt, weil es spürt, wie die Eltern den Bruder oder die Schwester vorziehen und in der Erziehung mit zweierlei Maß messen. Mir stehen Kinder vor Augen, deren Kindheit durch Ehekonflikte und Scheidung der Eltern extrem belastet wird. Ich denke an Kinder aus Alkoholiker-Familien, denen

tiefe Wunden geschlagen wurden – nicht nur innerlich. Ich brauche Ihnen nicht zu sagen, welche Verwundungen ein Kind davonträgt, das sexuell missbraucht wurde. Wie viele Kinder sind von Lehrern oder Mitschülern verletzt worden durch lieblose Ironie, durch Nichtanerkennung von Leistungen, durch Bloßstellen der Schwächen, durch Hänseln auf dem Schulhof.
Da ist ein Junge, der seinen Vater immer nur distanziert erlebt, hart in den Anforderungen, überzogen in den Strafen. Jemand sagte mal: „Seltsam, immer wenn ich als Kind in die Nähe meines Vaters kam, hatte ich Schuldgefühle – auch dann, wenn ich nichts ausgefressen hatte. Ich habe mich als kleines Kind tief danach gesehnt, dass mich mein Vater einfach mal auf den Schoß nimmt und mir einen Kuss gibt. Ich habe das nie erlebt". Da werden Kinder verletzt, weil zu hohe Erwartungen der Eltern sie ständig überfordern. In einem Gespräch sagte mir eine Frau: „Die Botschaft meiner Eltern an mich als Kind hieß: Du musst immer tadellos sein, immer tadellos". Ich denke an Sätze, die sich in Kinderseelen eingraben, Sätze wie: „Aus dir wird sowieso nichts!" Oder: „Du machst immer alles falsch!" Wie auf einem inneren Tonband werden solche Sätze gespeichert. Wenn der 30-Jährige dann einen Nagel krumm schlägt, setzt sich das Tonband wieder in Bewegung: „Du machst immer alles falsch!"
Eine Grunderfahrung haben wir fast alle in unserer Kindheit gemacht: Wir sind oft nicht wirklich bedingungslos geliebt worden. Kaum jemand vermochte uns uneingeschränkt zu lieben. Und weil wir danach eine nahezu unstillbare Sehnsucht haben, hat uns das tief verletzt.

Verletzungen in Partnerschaft und Familie

Partnerschaft und Familie sind häufig Brutstätten sehr tiefgehender Verletzungen. Manche Ehe gleicht einem Kampffeld mit täglichen Blessuren auf beiden Seiten. Dabei muss es nicht immer laut zugehen. Gerade in Partnerschaften gibt es viele „schleichende" Verletzungen, deren Schmerz erst nach und nach aufbricht: Verletzungen durch Unachtsamkeit, Gleichgültigkeit, Desinteresse oder langsames Absterben der Liebe. Nach der Melodie: „Erst lag sie ihm am Herzen, dann ständig in den Ohren und schließlich nur noch auf der Tasche". Da ist die enttäuschte Sehnsucht nach Treue, die verletzende Erfahrung eines Menschen: „Ich bin es offenbar nicht wert, dass der andere auf Dauer zu mir hält". Ich denke an Frauen, die tief verletzt sind, weil ihre Männer ihnen die Last der Kindererziehung allein überlassen. Aber auch Kinder können ihre Eltern verletzen, indem sie ihr Vertrauen missbrauchen, ihre Zuwendung wie eine selbstverständliche Dienstleistung in Anspruch nehmen, auf ihre Rechte pochen – ohne sich auch nur im geringsten in familiäre Pflichten einbinden zu lassen.

Und da ist schließlich die Verletzung, die im familiären Bereich wohl die tiefsten Wunden schlägt: wenn ein Kind stirbt, der Partner verunglückt, ein Angehöriger durch frühen Tod eine schmerzhafte Lücke hinterlässt. In der Regel fühlen wir uns dann auch von Gott verletzt, sind ihm gram und grollen ihm, dass er uns einen lieben Menschen genommen hat. Nicht selten führen gerade diese Verletzungen dazu, dass ein Mensch sich ganz vom Glauben abwendet, weil er sich von Gott verraten vorkommt.

Verletzungen im gesellschaftlichen Leben

Verletzungen gibt es auch im gesellschaftlichen Leben. Manche Freundschaft ist daran zerbrochen. Da vertraut sich z.B. jemand seinem Freund in einer sehr persönlichen Angelegenheit an – und am nächsten Tag erfährt er die Geschichte im Bäckerladen von einem Dritten. Manchmal denke ich, wenn man will, dass etwas schnell bekannt wird, muss man nur vorher sagen: „Ganz im Vertrauen gesagt ..." Das ist fast die sicherste Methode, um etwas unter die Leute zu bringen. Oder nehmen Sie Arbeitskollegen, die sich plötzlich als Konkurrenten erfahren, weil nur einer die begehrte Stelle im Betrieb haben kann. Auf einmal zerbrechen Beziehungen, weil mit unfairen Mitteln, mit übler Nachrede, mit Mobbing, Vitamin B und Ellenbogen gekämpft wird. Wir Männer können sehr tief verletzt werden, wenn man unsere Leistung nicht anerkennt, unserer Arbeit nicht würdigt, uns übersieht oder aufs Abstellgleis schiebt. „Und wer dankt es einem?!" – so fragt mancher verbittert, der sich beruflich übergangen fühlt.
Ich denke aber auch an die Verletzungen von Frauen in unserer immer noch von Männern maßgeblich geprägten Gesellschaft. Irgendwo fand ich diesen Text einer Frau: „Heute Frau zu sein ist schwer. Man muss denken wie ein Mann, sich geben wie eine Dame, aussehen wie ein junges Mädchen und arbeiten wie ein Pferd". Was immer Sie über die Emanzipationsbewegung der Frauen denken – diese Bewegung zeigt auch eine Verletzungsgeschichte der Frauen an.

„Fromme" Verletzungen

Nicht verschwiegen werden soll, dass es auch Verletzungen durch Christen und Kirche gibt – gerade diese Verletzungen können Menschen oft lange Zeit für den Glauben verschließen. Mancher hat eine sogenannte „christliche Erziehung" genossen, die hochgradig ungenießbar war. Da wurde Gott als Drohwort missbraucht, das Kinderseelen verbiegt. Mir erzählte jemand, dass er bis heute innerlich zusammenzuckt, wenn er eine Bibel sieht. Sein Pastor hatte ihm im

Konfirmandenunterricht immer die Bibel um die Ohren geschlagen, wenn er die aufgegebenen Bibelsprüche nicht konnte. Da gibt es Menschen, die sich als religiöse Vorbilder anbieten. Aber plötzlich erweisen sie sich als fragwürdig doppelbödige Existenzen. Das kann die tief verletzen, die sich ihnen anvertraut haben. Ich habe Gemeinden vor Augen, in denen ständig zwischen unterschiedlichen Frömmigkeitsstilen ein kalter Krieg stattfindet, der tiefe Wunden schlägt. Nicht zuletzt denke ich daran, wie oft die Kirche das Evangelium verraten hat – nicht nur in Kreuzzügen, Inquisition und Hexenverbrennungen –, wie oft sie geschwiegen hat, wo man im Namen Jesu Christi hätte reden müssen, wie oft sie den Kreuzweg hinter Jesus her verlassen hat, um zu Macht und Reichtum zu kommen. Mich selbst als Mitarbeiter meiner Kirche verletzt das sehr.

Von der „Lust", sich selber weh zu tun

Noch ein Letztes: Ob Sie es glauben oder nicht, wir verletzen uns auch ständig selbst! Wir tun uns auch noch selber weh, so als hätten wir nicht schon genug zu tun mit Verletzungen, die wir von anderen bekommen. Ist Ihnen schon aufgefallen, dass wir dauernd Selbstgespräche führen? Jeder Mensch befindet sich in einem permanenten Dialog mit sich selbst. Fragen Sie sich doch bitte einmal: Über welche Themen rede ich eigentlich mit mir selbst? Welche Inhalte haben meine Selbstgespräche? Sind das überwiegend positive oder negative Inhalte? Es gibt die merkwürdige Beobachtung, dass viele Gespräche, die Menschen mit sich selber führen, einen negativen Inhalt haben.
Wollen Sie Beispiele? „Ich tauge aber auch zu gar nichts!", sagt jemand nach einer Pleite. Reden Sie sich das mal ein paar Wochen lang ein – dann ist ihr Selbstwertgefühl am Boden, dann ist Ihr „Ich" verwundet! „Ich bin überhaupt nicht mehr attraktiv!", sagt sich eine Frau, die ihre ersten Falten im Gesicht entdeckt. „Ich habe aber auch nur noch Pech!", klagt sich jemand an, nur weil ihm ein paar Dinge misslungen sind. „Ich bin total uninteressant!", beschimpft sich einer innerlich nach einer Party, auf der er nicht so richtig zum Zug kam.
Sie müssen wissen, dass solche Sätze eine ungeheure Macht über uns gewinnen. Wo wir sie uns einreden, beleidigen wir uns selbst. Manche Menschen beherrschen es bis zur Perfektion, sich selbst fertig und runter zu machen. Es gibt Leute, die nörgeln, quengeln und mäkeln den ganzen Tag an sich herum und fragen abends überrascht, warum sie eigentlich so kaputt sind, obwohl sie gar nicht viel getan haben.
Darf ich Sie etwas fragen? (Sie müssen nicht gleich darauf antworten): Mögen Sie sich eigentlich? Haben Sie sich lieb? Was sehen Sie, wenn Sie morgens in den Spiegel gucken? Nach biblischem Verständnis sehen Sie in ein von Gott geliebtes Gesicht! Aber genau das glauben wir

nicht! Wie wollen Sie eigentlich glauben können, dass Gott Sie liebenswert findet, wenn Sie selbst längst beschlossen haben, dass Sie nicht liebenswert sind? Wie wollen Sie Gottes bedingungsloses Ja zu Ihnen begreifen, wenn Sie selbst dauernd Nein zu sich sagen? Es ist merkwürdig, aber wahr: Wir verletzen uns auch immer wieder selbst, wenn wir uns nicht mögen und nicht selber lieb haben.

Ich habe Ihnen diese Beispielpalette innerer Verletzungen deshalb vorgeführt, weil ich tief davon überzeugt bin, dass viele Probleme, die ein Mensch mit dem Glauben, mit der Hingabe an Gott hat, mit solchen Verletzungsgeschichten zusammenhängen. Oft sind unsere Verwundungen ja wie auf einer Perlenschnur aufgereiht – eine lange Kette kann sich da in vielen Jahren bilden. Und solche Verletzungen bestimmen unsere Gegenwart sehr unangenehm mit. Sie können unser ganzes Innenleben mit Bitterkeit und viel Groll vergiften.

Dornenhecke des Misstrauens

Was ereignet sich eigentlich in uns Menschen, wenn wir verletzt werden? Die Reaktion ist bei uns allen dieselbe: Wir bauen Misstrauen auf. Misstrauen ist wie ein Schutzwall gegen neue Verletzungen. Misstrauisch sein heißt, dass ich auf der Hut bin vor Negativem, überall mit neuen Verwundungen rechne – im Extremfall heißt das sogar, dass ich überhaupt nichts Gutes mehr erwarte. Es gibt Menschen, deren Verletzungsgeschichte hat langsam, aber stetig eine dicke Dornenhecke des Misstrauens in ihnen wachsen lassen. Oft wissen sie das noch nicht einmal. Sie haben sich an die Dornenhecke bereits gewöhnt. Hinter dieser Hecke igeln sie sich ein, gehen auf Abwehr, ziehen sich verbittert zurück, lassen nichts zu dicht an sich heran.

Misstrauen ist wie eine Trennwand – nicht nur Menschen, sondern auch Gott gegenüber. Wenn das Misstrauen wie ein schleichendes Gift mein Innenleben durchzieht, frisst es die Kraft zum Glauben, zum Vertrauen auf. Mein Misstrauen redet mir ein: „Wag dich nur nicht zu weit raus im Vertrauen zu einem Gegenüber! Du ziehst nur den Kürzeren!" Misstrauen wirkt wie eine Glaubensblockade. Es lähmt mein Herz, lässt meine Hingabefähigkeit absterben, schließt mich in mich selbst ein. Das ist der Grund, warum viele verletzte Menschen so schwer glauben können, obwohl sie sich vielleicht sogar sehr danach sehnen. Vielleicht ahnen auch Sie jetzt, warum Sie eventuell so viele Schwierigkeiten haben, sich vertrauensvoll auf Gott einzulassen.

Sie mögen bezweifeln, ob innere Verletzungen und Nicht-Glauben-Können wirklich so eng zusammenhängen. Vielleicht denken Sie: „Meine Verletzungen sitzen im Bauch, die drücke ich runter, schließe sie wie unter einer Käseglocke hermetisch ab. Mein Glaube aber ereignet sich in einem frommen Oberstübchen, isoliert von dem, was da unten im Bauch grummelt". Das wäre schön, es stimmt nur leider nicht. Unser Innenleben gleicht einem System von „kommunizierenden Röhren" – da ist alles miteinander verbunden: Leib, Seele, Geist, Kopf, Herz und Bauch. Wenn Sie Zahnschmerzen haben, tut Ihnen ja auch nicht nur der Zahn weh. Sie leiden als ganzer Mensch. Man kann die inneren Verletzungen nicht von den anderen Bereichen des Lebens trennen. Wenn Sie glauben wollen, müssen Sie das mit demselben Herzen tun, das durch das Gift der inneren Verletzungen wie gelähmt ist – und deshalb nicht glauben kann. Innere Verletzungen können auf den Glauben wie ein Zangengriff wirken: Sie nehmen ihn in die Klemme – und nicht selten zerbrechen sie ihn auch.

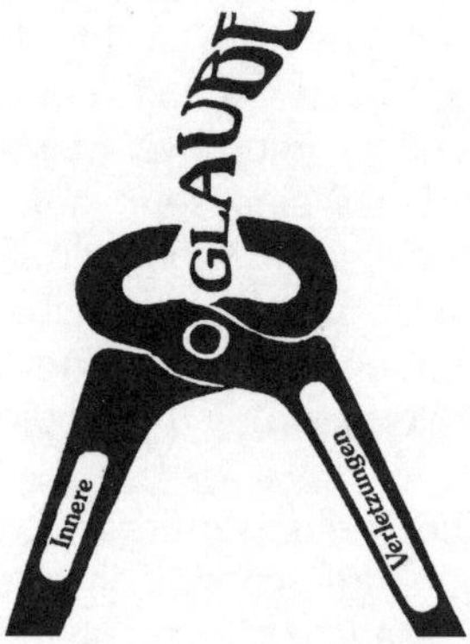

Ich wüsste gern, wie Sie sich jetzt nach dem Lesen der letzten Seiten fühlen. Eine Reaktion könnte sein: „Mich betrifft das alles nicht sonderlich. Innere Verletzungen – das ist nicht mein Thema". Wenn es Ihnen so geht, möchte ich Ihnen zunächst sagen: Ich freue mich von Herzen mit Ihnen, dass Ihnen offenbar viel im Leben erspart geblieben ist. Dieses Buch will Ihnen auch nichts einreden, was Sie nicht haben.

Allerdings ist ein Leben ohne Verletzungen höchst selten. Oft spüren wir unsere Verwundungen nur deshalb nicht, weil wir sie in uns eingefroren haben. Wir haben sie sozusagen auf Eis gelegt. Solange sie nicht auftauen, merken wir gar nicht, dass sie da sind. Wer sich nicht bewegt, spürt die Ketten nicht, an denen er liegt.

Eventuell sind Sie aber auch beim Lesen an eigene wunde Punkte gestoßen. Das hat vielleicht sehr weh getan. Erinnern Sie sich noch? Jede Krise ist Gefahr und Chance zugleich. Um die Chance soll es jetzt gehen. Ich möchte mit Ihnen nämlich darüber nachdenken, wie man mit seinen inneren Verletzungen umgehen kann. Es soll um erste Schritte zur Ausheilung gehen.

Unterwegs zur inneren Heilung

Zunächst zwei Vorbemerkungen:

Die erste: Die Zeit heilt nicht automatisch alle Wunden. Sie kennen das Sprichwort: „Zeit heilt Wunden"? Daran ist sicher richtig, dass eine Verletzung, die schon Jahre zurück liegt, meist weniger weh tut als eine, die ich erst gestern erlitten habe. Die Erfahrung zeigt aber, dass Verletzungen nicht einfach verschwinden, wenn man nur genügend Zeit verstreichen lässt. Gut gemeinte Sprüche wie: „Lass mal Gras drüber wachsen!" oder das Gerede von den berühmten Zähnen, die man „einfach zusammenbeißen" muss, erweisen sich letztlich nicht als hilfreich. Mit unbearbeiteten inneren Verletzungen ist es wie mit Atommüll, den man – wie wir verharmlosend sagen – irgendwo „zwischenlagert". Das Zeug strahlt gefährlich – und das eine sehr lange Zeit! Wer Verletzungen unbearbeitet lässt, sie einfach nur irgendwie in seinem Inneren zwischenlagert und abwartet, der schafft sich selbst eine „strahlende Zukunft", er verseucht sein Innenleben mit einem gefährlichen Gemisch aus Misstrauen, Groll und Verbitterung. Nein, die Zeit heilt nicht alle Wunden.

Zweite Vorbemerkung: Die Heilung muss innen beginnen. Denn innen, tief in uns sitzt ja der Stachel der Verwundung. Mancher versucht mit seinen Verletzungen fertig zu werden, indem er die äußeren Umstände verändert, die zu den Verletzungen geführt haben, indem er z.B. Menschen aus dem Weg geht, die ihn verletzt haben. Das mag hier und da hilfreich sein, Heilung aber bewirkt es nicht. Ich kenne Leute, die haben ihre Wohnung neu eingeräumt mit der Begründung: „Die alte Einrichtung hat mich an so vieles erinnert, was ich gerne vergessen möchte." Manchmal versucht ein Mensch, seinen Verletzungen zu entfliehen, indem er den Wohnort wechselt oder sogar auswandert. Aber der erste, dem er am neuen Ort begegnet, ist er selbst – und zwar mit seinen Verletzungen. Die hat er ja mitgenommen. Man kann ein schlechtes Bild nicht dadurch verändern, dass man den Rahmen wechselt, in dem es hängt. Weil die Verwundung in uns steckt, muss auch die Heilung in uns beginnen.

Die innere Heilung von Verletzungen ist wie ein Weg mit mehreren Stationen. Wege wollen gegangen werden – und zwar Schritt für Schritt. Wenn ich Ihnen im folgenden einige Schritte zur Heilung innerer Verletzungen zeige, dann mit der Bitte: Gehen Sie sie auch – jedenfalls soweit Sie das können und sich davon Hilfe versprechen. Der Prozess der inneren Heilung ereignet sich in der Regel nicht von heute auf morgen. Für einige Schritte werden Sie Zeit brauchen, für andere vielleicht sogar Begleitung. Und die Reihenfolge der Schritte auf dem Weg zur inneren Heilung kann auch anders aussehen, als in diesem Buch beschrieben.

Heilsame Schritte, die man gehen kann ...

Der erste Schritt heißt: *Abschied vom Selbstmitleid nehmen.* Wenn Sie wollen, dass Ihre Verletzungen wirklich heilen, dann dürfen Sie sie nicht hegen und pflegen wie Ihren Garten. Das tun wir aber häufig, indem wir uns selbst bemitleiden und von anderen bemitleiden lassen. Im Klima ständigen Selbstmitleids allerdings gedeihen innere Verletzungen erfahrungsgemäß besonders gut. Da schleppt einer einen ganzen Rucksack voller verletzender Erfahrungen mit sich herum. Alle paar Wochen sucht er sich ein Opfer: „Ich muss unbedingt mal mit Ihnen über meine Probleme reden", sagt er zu jemandem. Dann packt er mit Leidensmine alles aus, blättert dem anderen seine Verletzungen vor, lässt sich ordentlich bedauern, packt wieder ein, setzt den Rucksack auf und zieht weiter. Wenige Wochen später beginnt dasselbe Spiel von vorn. So erfährt er aber nie wirkliche Heilung.

Jesus kommt an einen großen Teich, der umringt ist von vielen Kranken, die sehnsüchtig auf Heilung warten (vgl. Joh 5,1-18). Ein großes Freiluft-Spital! Dort liegt auch ein Mann seit 38 Jahren gelähmt auf seiner Matte. Es gibt Menschen, die über mehrere Jahrzehnte auf ihren Verletzungen festliegen – wie gelähmt, unfähig, Schritte ins Leben zu tun. Wer die Geschichten um Jesus im Neuen Testament kennt, wird vermuten, dass Jesus nun schnurstracks auf diesen Mann zusteuert und ihn sofort heilt. Aber das tut er nicht.

Stattdessen stellt er ihm zunächst eine – wie ich denke – sehr wichtige Frage. Sie heißt: „Willst du gesund werden?". Alberne Frage – denken Sie vielleicht. Was wünscht sich einer in dieser Situation mehr, als endlich wieder auf die Beine zu kommen! So dumm, wie die Frage zunächst klingt, ist sie gar nicht. Es gibt nämlich tatsächlich Menschen, die möchten ihre Verletzungen gar nicht los werden. Warum? Weil man selbst aus seinen Verletzungen noch Kapital schlagen kann, z.B. durch

Selbstmitleid. Mancher zieht heimlichen Lustgewinn daraus, sich ständig selbst bedauern zu können. Ja, man kann mit seinen Verletzungen richtig kokettieren.
Ich möchte Sie das jetzt auch fragen: Wollen Sie gesund werden? Wollen Sie Ihrem Selbstmitleid den Abschied geben? Das Weiterlesen macht für Sie nämlich erst dann Sinn, wenn Sie diese Frage zumindest mit einem (vorsichtigen) Ja beantworten können.

Ein zweiter Schritt lautet: *die Wunden im eigenen Lebensfilm ansehen.* Ihr Leben gleicht einem Film, den Ihre Seele wie auf einem Videoband gespeichert hat – auch die Szenen mit schmerzhaften Erfahrungen. Ein wichtiger Schritt zur inneren Heilung besteht darin, sich die eigenen Verletzungen zu vergegenwärtigen, sich die Wunden im eigenen Lebensfilm anzuschauen. Dazu braucht es Mut. Denn instinktiv fliehen wir vor schmerzhaften Erinnerungen – so wie das Kind die Herdplatte meidet, an der es sich verbrannt hat. Ich schlage ich Ihnen vor: Nehmen Sie sich in den nächsten Tagen doch einmal die Zeit, Ihre Verletzungserinnerungen aufzuschreiben. Drehen Sie den Film Ihres Lebens innerlich noch einmal zurück, gehen Sie Ihren Lebensweg in Gedanken noch einmal nach und notieren Sie alles, was Ihnen an Verletzungen einfällt. Sie werden erstaunt sein, was sich da alles angesammelt hat.
Eine Jugendliche aus meiner früheren Gemeinde kam in den Fragen des Glaubens nicht voran. Gespräche und theoretische Klärungen halfen nichts. Ich sagte ihr: „Setz dich hin, nimm dir ein Blatt Papier und schreib alle Erinnerungen an Menschen oder Ereignisse auf, die dir weh getan haben!“ Am nächsten Tag kam sie mit vielen vollgeschriebenen Seiten zu mir – zwei Seiten davon enthielten nur Sätze, die ihr Vater zu ihr gesagt hatte.

→ *Bevor Sie weiterlesen...*

Vielleicht helfen Ihnen beim Durchsehen Ihres Lebensfilms nach inneren Verletzungen die folgenden Stichworte:

Kindheit (Eltern, Geschwister, Schule)

Jugendzeit (Pubertät, Freundschaften, Misserfolge)

Familie (Partnerschaft, Kinder, Krisen, Scheidung, Tod)

Beruf (Rollenzwänge, Identität, Erfolg, Vertrauensbruch)

Kirche (kranke Gottesbilder, unglaubwürdiges Christsein, Verrat am Evangelium)

Selbstbild (Selbstüberforderung, Minderwertigkeitsgefühle, Selbstverneinung)

In einem dritten Schritt müssen wir *nach Begleitung suchen*. Wir Menschen sind oft sehr stolz. Wir möchten mit allem allein fertig werden. Darum haben wir uns im Umgang mit unseren Verletzungen einen falschen Heroismus angewöhnt und eine falsche Scham. Wir verstecken schnell das „weinende Kind" in uns vor anderen. Aber solange wir im

Blick auf unsere inneren Verletzungen sagen: „Das krieg ich allein unter die Füße, da steh ich drüber!“, solange kann keine Heilung beginnen. Aus der Therapie von alkoholkranken Menschen ist bekannt, dass einem Alkoholiker erst dann geholfen werden kann, wenn er vor der Macht des Alkohols völlig kapituliert. Auch unseren Verletzungen gegenüber sind wir oft macht- und hilfloser, als es uns lieb ist und wir es wahrhaben wollen.
Wenn sich jemand ein Bein bricht und hilflos am Boden liegt, kommt kein vernünftiger Mensch auf die Idee, dem Verletzten beschwichtigend auf die Schulter zu klopfen und zu sagen: „Da musst du eben durch!“ Jeder weiß, dass jetzt Hilfe nötig ist, die sich der Verletzte nicht selbst geben kann. Aber wo es um innere Verletzungen geht, fällt dieser dumme Satz häufig: „Da musst du eben durch!“ Manchmal aber kommen wir einfach allein nicht durch, können die Dornenhecke von Schmerz, Verbitterung und Groll nicht aus eigener Kraft zerreißen. Es gelingt uns nicht, unsere eigenen Wunden zu verbinden.
Darum ist es gut, wenn wir uns mit unseren Verletzungen einem Menschen anvertrauen, der zuhören kann und – wenn möglich – etwas vom Weg der inneren Heilung versteht. Es ist ein Unterschied, ob ich nach Mitleid heischend vor verschiedenen Menschen wahllos den Rucksack meiner Verletzungen aus- und wieder einpacke, oder ob ich einem Menschen das Recht gebe, den Inhalt meines Rucksacks mit mir zusammen zu bearbeiten. Bitte bleiben Sie nicht allein, wenn Sie spüren, dass Sie mit Ihren Verletzungen aus eigener Kraft nicht fertig werden! Suchen Sie nach einem Menschen Ihres Vertrauens, der Sie für eine gewisse Zeit begleitet – z.B. nach einem Seelsorger/einer Seelsorgerin in Ihrer Nähe.
Eine erste Möglichkeit, Hilfe zu finden, könnte auch die *Telefonseelsorge* sein (bundesweite freecall-Nr. 0800 – 1110111 bzw. 1110222). Besprechen Sie mit Ihrem Begleiter/Ihrer Begleiterin am Telefon die für Sie nötigen Schritte zur inneren Heilung und auch die Erfahrungen, die Sie auf Ihrem Heilungsweg machen. Lassen Sie sich im Umgang mit diesen Schritten beraten.
Noch etwas: Manche Menschen haben nicht nur innere Verwundungen – sie *sind* eine einzige Wunde, die sich nicht schließen will. Die Vielzahl und Schwere ihrer Verletzungen hat sie krank gemacht. Dann ist ärztlich-therapeutische Hilfe angesagt.

In einem vierten Schritt können wir *Gott klagend Verwundungen hinhalten.* Wo Tränen sind, sollen sie fließen und nicht runtergeschluckt werden. Zorn, Wut, Schmerz und Verbitterung müssen heraus. Wir dürfen nichts in uns hineinfressen, weil es uns sonst von innen zerfrisst. Gott weiß das auch. Darum lädt er uns ein, ihm unsere Verwundungen klagend hinzuhalten. Ich weiß nicht, wann Sie zum letzten Mal gebetet haben. Alle Menschen beten irgendwann. Dennoch wissen viele nicht,

dass es auch die Möglichkeit des Klagegebetes gibt. Man kann seine Verletzungen Gott entgegen schreien, ihm die eigenen Verwundungen vor die Füße werfen.
Viele Psalmbeter des Alten Testaments haben das getan. Vielleicht blättern Sie mal in den Psalmen der Bibel, um zu entdecken, mit welcher Kühnheit hier Menschen vor Gott „ausspucken", was ihnen (auch von Gott selbst) zugefügt worden ist, wie sie Gott bestürmen mit ihrer Klage und ihm ihr Elend entgegen schreien. „Ich bin so müde vom Seufzen; ich schwemme mein Bett die ganze Nacht und netze mit meinen Tränen mein Lager" (Ps 6,7). „Mein Gott, mein Gott, warum hast du mich verlassen? Ich schreie, aber meine Hilfe ist ferne. Ich bin ausgeschüttet wie Wasser, alle meine Knochen haben sich voneinander gelöst; mein Herz ist in meinem Leibe wie zerschmolzenes Wachs. Meine Kräfte sind vertrocknet wie eine Scherbe, meine Zunge klebt mir am Gaumen, und du legst mich in des Todes Staub" (Ps 22,1.15f). „Meine Tränen sind meine Speise Tag und Nacht, weil man täglich zu mir sagt: Wo ist nun dein Gott?" (Ps 42,4). „Gott, hilf mir! Denn das Wasser geht mir bis an die Kehle. Ich versinke in tiefem Schlamm, wo kein Grund ist; ich bin in tiefe Wasser geraten, und die Flut will mich ersäufen. Ich habe mich müde geschrien, mein Hals ist heiser. Meine Augen sind trübe geworden, weil ich so lange harren muss auf meinen Gott" (Ps 69,2-4). Vielleicht kann die alte Sprache dieser Psalmtexte Ihnen in Ihrer Klage Gott gegenüber Worte leihen.
Das Klagegebet ist eine legitime Gebetsform. Gott erlaubt uns, ihn anzuschreien. Er hält unsere Aggressionen aus. Man darf mit ihm hadern. Seit er in Jesus Christus selbst zum Leidenden wurde, stellt er sich den Pfeilen unserer Klage, macht sich „angriffig". Der gekreuzigte

Jesus erlaubt und eröffnet uns einen neuen Umgang mit Gott in unserem Leiden. Es ist wirklich ein gewaltiger Unterschied, ob jemand *gegen* Gott streitet, der das Leiden zulässt – oder ob er *mit* Gott streitet, der sich auf unser Leiden einlässt. Es ist nicht dasselbe, ob ein Mensch im Leiden ein blindes Schicksal anklagt, oder ob er dem Gott sein Leiden klagt, der im leidenden Jesus mit uns solidarisch wurde.
Klagen ist etwas anderes als „An-Klagen". Die *Anklage* zieht Gott vor das Gericht unserer Vernunft – und bleibt in der Regel ohne eine befriedigende Antwort. Im Schrei der *Klage* aber ziehen wir Gott in die Tiefe, in die Tiefe unserer Verletzungen hinein. Wir verwickeln ihn in die eigene Not, bringen die Differenz zwischen Gottes (geglaubter?) Güte und unserer Leidenssituation vor ihm selbst zur Sprache. In der Klage entlassen wir Gott nicht aus der Mitgestaltung und Bewältigung des eigenen Leidens. Die Klage erklärt das Leiden nicht. Aber sie kann im Leiden zur Klärung unserer verunsicherten Gottesbeziehung helfen.

Der fünfte Schritt heißt: *sich nach Gottes heilender Liebe ausstrecken.* Im Kern ist jede innere Verwundung eine Verletzung unserer tiefen Sehnsucht nach Liebe. Wir sehnen uns danach, bedingungslos geliebt, voraussetzungslos angenommen zu werden. Immer wieder wird diese Sehnsucht enttäuscht. Und umgekehrt, wo wir Liebe erfahren, wirkliche Liebe, da schließen sich innere Wunden. Liebe ist die größte heilende Kraft in dieser Welt. Etwas davon haben wir alle schon erlebt.
Ich erinnere mich daran, wie ich als kleiner Junge mit meinem Roller gestürzt war und mir das Knie aufgeschlagen hatte. Schreiend lief ich zu meiner Mutter. Ich habe das Bild noch vor Augen, wie sie mich auf

ihren Schoß nahm, mir übers Haar strich und eines dieser Kinderlieder sang: „Heile, heile Gänschen – es wird schon wieder gut! Die Katze hat ein Schwänzchen – es wird schon wieder gut! Heile, heile Mäusespeck – in hundert Jahr'n ist alles weg". Und während meine Mutter sang, flossen meine Tränen rückwärts, mein Schluchzen verebbte, der Schmerz ließ nach – obwohl das Knie immer noch blutete. Ich war eingehüllt in einen Strom heilender Liebe. Liebe ist eine unglaubliche Heilkraft. Leider tragen wir Menschen diese Kraft der heilenden Liebe nur sehr gebrochen und unzureichend in uns.

Aber nun bitte ich Sie, sich einmal vorzustellen, es gäbe eine unerschöpfliche Quelle heilender Liebe – im Bild gesprochen: einen Bergquell, der ohne Unterbrechung Tag und Nacht sprudelt. Haben Sie das Bild vor Augen? Bitte stellen Sie sich vor, Sie könnten sich mit Ihren Verwundungen in dieses heilsam sprudelnde Wasser hineinstellen. Ein Strom heilender Liebe würde durch Sie hindurchfließen, würde den Schmerz und die Verbitterung und den Groll herausspülen. Nur ein schönes Bild?

Die Bibel behauptet, dass es diese Kraftquelle heilender Liebe tatsächlich gibt – und nennt sie „Gott". Gott will mit der Kraft seiner Liebe unsere Verletzungen heilen, will verwundete Herzen gesunden lassen, will Groll, Verbitterung und Schmerz aus unseren Erinnerungen herausziehen. Gott möchte, dass Sie und ich heil werden: „Der Herr ist nahe denen, die zerbrochenen Herzens sind, und hilft denen, die ein zerschlagenes Gemüt haben" (Ps 34,19).

Jesus verströmt diese heilende Liebe Gottes. Lesen Sie die Geschichten des Neuen Testaments einmal unter diesem Aspekt, wie von Jesus ständig Heilungsprozesse ausgehen. In seiner Gegenwart gesundet das Leben von Menschen – innerlich und äußerlich. Das ist auch der Grund, warum man ihn „Heiland", den „Heilmacher" genannt hat. Jesus hat sein Wirken selbst einmal mit der Arbeit eines Arztes verglichen. Darum haben sich vor allem die Kranken und Belasteten von ihm angezogen gefühlt, die äußerlich und innerlich Verletzten. Sie hat Jesus besonders zu sich eingeladen: „Kommt her zu mir alle, die ihr mühselig und beladen seid; ich will euch erquicken" (Mt 11,28).

Ein Mensch kann mit Jesus Christus, er kann mit der Kraft der heilenden Liebe Gottes auch dann schon gute Erfahrungen machen, wenn er noch skeptisch ist, noch ganz am Anfang seiner eigenen Geschichte mit Gott steht.

Schauen Sie sich das Bild an. Eine Geschichte aus dem Neuen Testament. Da ist eine Frau. Sie ist krank. Sie gehört keiner Kirche an, kann kein Glaubensbekenntnis aufsagen, ist noch nicht mal besonders religiös. Sie glaubt nicht an Jesus. Aber sie hat Gerüchte gehört, dass von diesem Jesus Heilsames ausgeht. Sie wagt sich in seine Nähe, pirscht sich von hinten an ihn heran – in einer Mischung aus vager Hoffnung und Angst. Plötzlich greift sie nach seinem Gewand – sie weiß selbst nicht genau, warum. Ein erster, zaghafter Versuch, auszuprobieren, was an der Quelle heilender Liebe wirklich dran ist, von der die Leute in Israel erzählen. Glaube, ein wirklich fester Glaube ist es bestimmt nicht, was die Frau nach Jesu Gewand greifen lässt.

Dann passiert es: Jesus bleibt stehen, dreht sich um. Er sieht die Frau an, schiebt sie nicht weg, fragt nicht nach ihren Motiven, unterzieht sie keiner Glaubensprüfung. Er sagt zu ihr: „Dein Glaube hat dir geholfen". Dann macht er sie gesund.

Tatsächlich, man kann mit Jesus, mit der Kraft der heilenden Liebe Gottes auch dann schon Erfahrungen machen, wenn man noch nicht „richtig" glaubt. Wer sich – wie zaghaft und unsicher auch immer – nach Gott und seinen heilenden Möglichkeiten ausstreckt, der erfährt die „Erquickung der Mühseligen und Beladenen", zu der Jesus einlädt. Das gilt auch für Sie, liebe Leserin, lieber Leser: Sie dürfen von Gott Heilung Ihrer verwundeten Seele erwarten. Eventuell wird das die erste intensive Glaubenserfahrung für Sie werden.

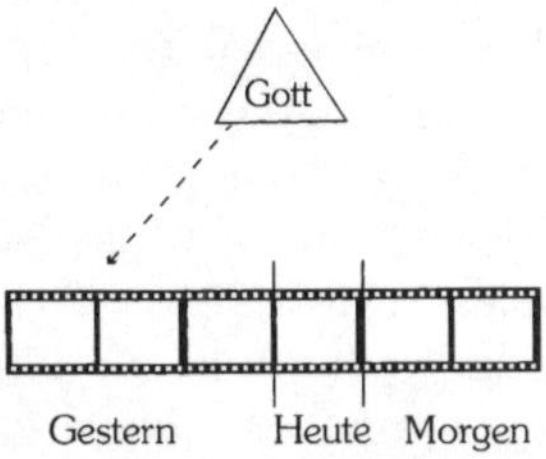

Ich höre Ihre Frage: „Wie soll ich mir das denn konkret vorstellen, dass Gott Wunden heilt?" Vielleicht kann diese Graphik den Prozess der inneren Heilung ein wenig veranschaulichen. Ich erinnere Sie noch einmal an das Bild vom Lebensfilm. Ein erheblicher Teil Ihres Lebensfilms ist bereits abgelaufen. Er enthält auch viele Szenen mit schmerzhaften Erinnerungen. Am liebsten würden Sie diese Szenen vermutlich herausschneiden. Aber das geht nicht. Wir kommen an unsere Vergangenheit nicht mehr heran.

Gott aber kann das. Weil er unsere Zeit in seiner Hand hält, ist ihm auch das zugänglich, was uns nur noch in der Erinnerung verfügbar ist. Gott kommt an Szenen unseres Lebensfilms heran, die bereits abgelaufen sind. Er kann die Bilder, die sich in unsere Seele eingeprägt haben, noch einmal verändern. Er kann mit der Kraft seiner heilenden Liebe in unsere Erinnerungen einziehen, kann die Bitterkeit und Wut,

den immer wieder neu aufbrechenden Schmerz aus diesen Erinnerungen herausziehen. Innere Heilung bedeutet nicht, dass wir unsere Verletzungen einfach vergessen. Wir erinnern uns auch nach der Heilung noch daran – aber ohne dabei den einmal erfahrenen Schmerz immer wieder neu erleben zu müssen. Wir können durch die Heilung wieder in Gelassenheit an das Vergangene zurückdenken.
Sich nach Gottes heilender Liebe ausstrecken – wie sieht so etwas praktisch aus? Jesus hat einmal gesagt: „Lasst die Kinder zu mir kommen!" (Mk 10,14). Lassen Sie doch das verletzte Kind in Ihnen mal zu ihm kommen! Wie man das macht? Das kann z.B. in einem Gebet um innere Heilung geschehen. Viele Menschen haben dadurch Hilfe erfahren, wobei wir Gott nie vorschreiben können, wie und wann sein heilendes Eingreifen geschieht. Darum kann und darf ich Ihnen auch nichts Konkretes versprechen. Aber ich bin davon überzeugt: Wer sich nach Gottes heilender Liebe ausstreckt, wird sie erfahren. Sie können ein solches Gebet um innere Heilung für sich allein sprechen. Aber es kann auch hilfreich sein, wenn Sie es nicht allein, sondern mit einem Christen / einer Christin zusammen tun, der/die mit dem Beten schon etwas vertrauter ist.
Vielleicht haben Sie lange nicht mehr gebetet und fühlen sich überfordert, wenn jemand Sie einlädt, sich nach Gottes heilender Liebe auszustrecken. Ich habe mir auch von anderen zeigen lassen, wie das geht. Vielleicht sind Ihnen die folgenden Worte eine Hilfe, das auszusprechen, was in Ihnen „weint".

Ein Gebet um innere Heilung

Gott,
ich weiß nicht, wie ich dich anreden soll,
noch nicht einmal, ob du mich überhaupt hörst.
Zweifel leben in mir,
ob du da bist, ob du für mich da bist.
Aber ich habe gehört von dir
als der Quelle heilender Liebe.

Jesus,
der du Heiland
der Mühseligen und Beladenen genannt wirst,
ich kenne dich noch nicht.
Aber ich will mich trotzdem wie jene Frau damals
nach deiner heilenden Liebe ausstrecken.
Ich will vor dir aussprechen,
was in mir weint, weh getan hat und noch weh tut.

Ich denke an meine Kindheit zurück, bringe dir den Mangel an bedingungsloser Liebe, Zuwendung und Anerkennung. Manches Wort meiner Eltern sitzt in mir wie ein Stachel. Ihr Versuch, mich an sie zu binden, ihr Überfordern und Korrigieren haben mich verletzt. Durch Vernachlässigung oder Überbehütung haben sie meine Entwicklung gehemmt. Vielleicht liegt es an meinen eigenen Eltern, dass ich dich, Gott, bisher nicht Vater nennen, dir deine mütterliche Fürsorge für mich nicht glauben kann.

Ich denke an meine Jugendzeit, an Demütigungen durch Lehrer, die mich ungerecht behandelt haben, oder durch Schüler, die sich über mich lustig machten. Ich bringe dir den Schmerz missbrauchter Freundschaft und enttäuschter erster Liebe, der tiefe Wunden in mir hinterließ. Ich spüre Verbitterung und Groll im Gedanken an die, die mich ausgenutzt und im Stich gelassen haben.

Ich denke an meine Familie oder mein Alleinsein, an den Partner, den ich habe (oder: vermisse). Da ist so viel stumme Bitterkeit in mir über versäumte Möglichkeiten und unerfüllte Sehnsüchte. Da sind Worte in mir eingegraben, die mich verletzten, Wunden der Beziehungsstörung, die nicht heilen wollen. Ich bringe dir den Schmerz über den Weg, den meine Kinder gehen, die Enttäuschung darüber, dass ihr Dank an mich so oft ausbleibt.

Ich denke an meinen Beruf. Mancher Weg ist mir verbaut, manche Chance mir gestohlen worden. Mir hat weh getan, wenn Konkurrenten mir vorgezogen, meine Leistungen übersehen, meine Gaben unterschätzt wurden. Die häufige Erfahrung, letztlich nicht gebraucht zu werden, hat mein Selbstwertgefühl verletzt.

Mein Gott, ich denke an Verletzungen durch andere Christen: so viele hohle Worte, so wenig glaubwürdiges Leben. Einengende Frömmigkeit und krankmachende Gottesbilder haben mich dir gegenüber misstrauisch gemacht. Ich bringe dir auch die Verletzungen, die ich mir ständig selbst zufüge durch Eigenkritik, Selbstverneinung und Selbstüberforderung, durch die Ablehnung meiner eigenen Grenzen und Schwächen. Mir fällt es oft schwer, mich selber anzunehmen – vielleicht auch deshalb, weil ich noch nicht wirklich glauben kann, dass du, Gott, mich bedingungslos annimmst und ganz Ja zu mir sagst.

Gott,
da ist so viel, was in mir weint.
Manches kann ich noch nicht aussprechen.
Noch immer weiß ich nicht,
ob du da bist,
für mich da bist.
Aber wenn,

dann bitte ich dich jetzt:
Komm du mit der Kraft deiner heilenden Liebe
in mein Leben.
Zieh du die Verbitterung und den Groll
aus meinen schmerzhaften Erinnerungen.
Dir vertraue ich mich mit meinen Verletzungen an.
Fang an, meine Wunden zu heilen.
Amen.

Wie geht es Ihnen mit diesem Gebet? Es kann sein, dass Sie noch Zeit brauchen, bis Ihnen solche oder ähnliche Worte über die Lippen kommen. Aber vielleicht spüren Sie auch, dass Sie sich mit Ihrer verwundeten Seele gern an dieses Gebet anhängen möchten. Das Gebet kann Ihnen helfen, Ihre eigene Sprache zu finden und Ihre eigenen Anliegen vor Gott zu bringen. Wo Sie so ein Gebet um innere Heilung wagen, dürfen Sie wissen: Gott hört Sie! „Er heilt, die zerbrochenen Herzens sind, und verbindet ihre Wunden" (Ps 147,3).

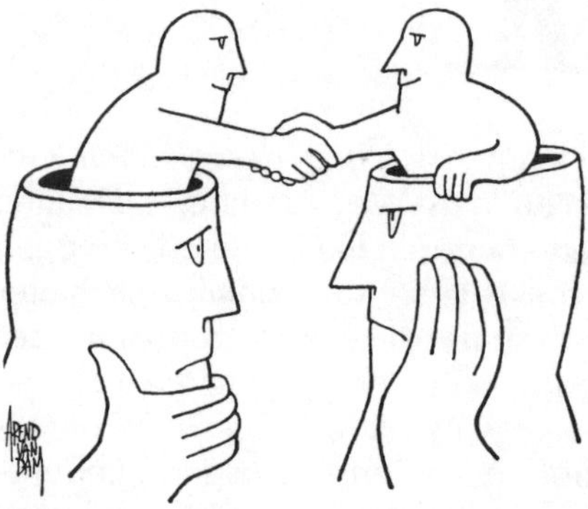

Der nächste Heilungsschritt heißt: *die Verletzungen anderen nicht nachtragen.* Wo jemand verletzt wird, sind in der Regel andere an ihm schuldig geworden. Fast instinktiv reagiert ein verletzter Mensch darauf so, dass er dem, der sich an ihm schuldig gemacht hat, diese Schuld vorhält und sie innerlich ständig neu aufrechnet. Dabei merkt er häufig gar nicht, dass ihm das selbst nicht besonders gut tut und seinen inneren Heilungsprozess blockiert. Wir meinen ja irrtümlicherweise: Wenn wir dem anderen nicht vergeben, schädigen und strafen wir ihn – nach dem Motto: „Selbst schuld! Warum war er/sie so gemein zu mir?!" Dabei schädigen und strafen wir uns letztlich nur selbst, wenn wir nicht vergeben. Der andere hat vielleicht schon längst vergessen, dass er uns verletzt hat. Er lebt herrlich und in Freuden, während wir uns mit unserer Vergebungsunwilligkeit abschleppen. Wir halten am Groll und Zorn ihm gegenüber fest – und genau das erfüllt unsere eigene Seele mit Negativem und verhindert ihre Gesundung.
Man muss diesen Mechanismus einmal durchschaut haben. Wenn Sie einem anderen „etwas nachtragen" – stellen Sie sich das doch bitte einmal bildlich vor! –, dann tragen *Sie*. Sie selbst sind der oder die Leidtragende – nicht der andere. Da sagt jemand: „Ich ziehe mich auf meine Verletzungen zurück!" Tun Sie's ruhig! Das ist auf Dauer ungefähr so angenehm wie das Ausruhen auf einem Nagelbrett. Wenn Sie

dem anderen vergeben, dann nicht, um selbstquälerisch und widerwillig eine christliche Tugend abzuleisten. Nein, Ihr eigenes Gesundwerden steht auf dem Spiel! Wenn Sie einem Menschen nicht vergeben wollen, der Sie verletzt hat, dann schaden Sie sich selbst. Fast könnte man sagen: Tun Sie sich doch mal was Gutes an – und vergeben Sie denen, die Sie verletzt haben! Dabei ist nicht an einen theatralischen Akt gedacht. Der Mensch, dem Sie vergeben, muss davon nicht einmal unbedingt etwas wissen. Es geht vor allem darum, dass Sie den Groll und die Wut, die Sie gegen den anderen hegen, aus Ihrem Herzen ausräumen. Ich weiß, dass das nicht leicht ist. Häufig gelingt es uns erst dann, wenn wir selber die Kraft der Vergebung Gottes in unserem Leben erfahren haben.

In einem siebten Schritt geht es darum, *sich mit der eigenen Geschichte auszusöhnen*. Dieser Schritt auf dem Weg zur inneren Heilung bedeutet oft zähe Arbeit. Viele Menschen rebellieren innerlich gegen Teile ihrer Biographie, gegen leiderfüllte Lebensabschnitte, die hinter ihnen liegen: z.B. gegen die Kriegsjahre, die die Familie zerrissen oder den beruflichen Lebensweg umgebogen haben, gegen die Lebensphase einer gescheiterten Ehe, oder gegen Jahre der Krankheit, die ihnen Chancen nahmen. Wenn wir aber gegen zurückliegende Lebensstationen innerlich Krieg führen und damit Teile unserer Lebensgeschichte ablehnen, dann kostet diese Ablehnung eine enorme innere Kraft. Das ist wie der Versuch, einen Luftballon unter Wasser zu drücken. Sie brauchen beide Arme, damit er unten bleibt – und so haben Sie Ihre Hände nicht mehr frei, um etwas anderes zu tun. Wer nach hinten kämpft, hat keine Kraft, nach vorn zu leben. Die innere Heilung kommt nur voran, wenn wir auch die Schattenseiten und Täler unseres Lebens annehmen, Ja sagen auch zu den Schmerzzeiten, die hinter uns liegen, uns aussöhnen mit unserer Biographie und ihren Brüchen, Ecken und Kanten. Irgendwann muss ich Frieden schließen mit meiner Lebensgeschichte.
Dazu kann auch gehören, dass ich Frieden schließe mit Menschen, die mich gar nicht willentlich und bewusst verletzt haben. Manche Verletzung rührt ja auch daher, dass ich Erwartungen an Menschen hatte, die sie enttäuschen *mussten*, weil ich sie mit meinen Erwartungen überfordert habe. Es gibt gute Ehen, in denen die Partner sich gerade damit verletzen,

dass sie sich gegenseitig zu viel Gutes abverlangen – manchmal sogar das „höchste“ Gut, das nur Gott allein für uns sein kann. Wir neigen dazu, gerade von Menschen, die uns viel bedeuten, zu viel zu erhoffen. Wir sehen in ihnen unseren Glücksspender und sind bitter enttäuscht, wenn ihre Möglichkeiten weit dahinter zurückbleiben. „Kein Mensch kann maßloses Glück bieten. Gemessen an unserem Glückshunger ist die Welt und ist jeder endliche Mensch in ihr immer eine Nummer zu klein“ (Zulehner, S. 79f). In der Versöhnung mit der eigenen Lebensgeschichte geht es deshalb auch um einen Akt des Erbarmens: Ich vergebe dem anderen, „dass er mein Gott nicht sein kann“ (ebd.).

Noch etwas gehört zum Friedensschluss mit der eigenen Biographie. Ich muss irgendwann auch Frieden schließen mit Gott selbst, muss meinen unterschwelligen Groll gegen ihn aufgeben, weil er mir Schmerzliches in meinem Leben zugemutet hat. Es gibt viel versteckte Vorwürfe gegen Gott, manchmal sogar durch ein frommes Gewand getarnt. „Man muss dankbar sein“, sagte mir ein engagierter Christ und sah traurig aus dabei. Muss man – oder ist man es? Oft wollen gerade fromme Menschen nicht wahrhaben, dass sie unterschwellig aggressiv Gott gegenüber sind. Sie trauen sich nicht zuzugeben, dass sie sich wegen bestimmter Lebensumstände gerade auch durch Gott selbst verletzt fühlen. Sie meinen, das dürfe eigentlich nicht sein. Sie werden vor Gott nicht ehrlich und verhindern damit ihre innere Heilung. Vielleicht ist das überhaupt am schwersten, Gott selbst zu vergeben, dass er meine Verletzungen nicht verhindert hat. Die Erfahrung zeigt nur, dass ein Mensch, der Gott gram ist, ihm innere Vorwürfe macht für leidvolle Phasen seiner Biographie, Gott nicht wirklich vertrauen kann. Solange Sie Gott gram sind, ihm die Zumutung Ihres Lebens, wie es nun einmal war, nicht verzeihen, sich mit Gott nicht über Ihrer Lebensgeschichte versöhnen, solange wird Ihr Glaube nicht wirklich auf die Beine kommen.

Wieder Gutes erwarten – ein letzter Schritt auf dem Weg zur Ausheilung innerer Verletzungen. An einem strahlenden Sommertag betrat ich das neue Haus eines Bekannten. Voller Stolz zeigte er mir sein gerade errichtetes Domizil. „Gefällt es dir?“, fragte er mich. „Ein schönes Haus!“, sagte ich, „ich finde es nur ein bisschen dunkel! Ihr hättet beim Bau für mehr Lichteinfall sorgen sollen!“ Mein Bekannter sah mich verdutzt an: „Du hast ja noch die Sonnenbrille auf!“, antwortete er lachend. „Wenn du sie abnimmst, wird es heller!“ Tatsächlich, ich trug noch von der Fahrt meine Sonnenbrille auf der Nase – und hatte es noch nicht einmal gemerkt.

Wer viele Verletzungen erfahren hat, trägt danach meist eine Brille. Sie verdunkelt die Wirklichkeit und trübt den Blick. Starke Verletzungen tauchen alles, was vor uns liegt, in dunkles Licht. Sie bringen auch positive Erwartungen ans Leben zum Absterben, machen uns misstrauisch gegenüber unserer eigenen Zukunft. „Alles hat sich gegen mich verschworen", meinen wir dann. „Gutes ist sicher nicht mehr zu erwarten." Ich weiß nicht, was in Ihrem Leben noch alles auf Sie zukommt. Aber ich bin sehr gewiss, dass in allem einer auf Sie zukommt, der es gut mit Ihnen meint. Ihre Verletzungen mögen Ihnen einreden: „Alles ist gegen mich." Gott aber ist für Sie! Das hat er sich und Ihnen geschworen: „Ich bin für dich, in allem, was dir widerfährt, auch in dem, was dein Leben dunkel zu machen scheint".

Wenn aber Gott *für* Sie ist, was kann dann letztlich *gegen* Sie sein? Gott kann selbst Ihre Verletzungen in Segen verwandeln. Er ist wie das Licht am Ende des langen Verletzungstunnels, den Sie durchlaufen. Auf dieses Licht gehen Sie zu. Weil Gott Sie am Ende des Tunnels erwartet, dürfen Sie wieder Gutes erwarten. Sie dürfen – wie sehr man Ihnen auch weh getan hat – mit Gottes heilsamer Güte in Ihrem Leben rechnen.

→ *Bevor Sie weiterlesen...*

Wie sind Sie bisher mit Ihren
inneren Verletzungen umgegangen?

Welche der angezeigten Schritte
zur inneren Heilung möchten Sie gern gehen?

Was hindert Sie daran?

Wer oder was könnte Ihnen helfen,
diese Hindernisse zu überwinden?

V. Von der Falle des Misstrauens – und wie wir aus ihr befreit werden

Es gibt Bilder, die lösen bei uns positive und negative Reaktionen aus. Mit einem solchen Bild möchte ich Sie zu einer weiteren Station unserer Reise ins Land des Glaubens einladen:

Sie sehen das Bild einer Mauer. Auch Mauern sind ja von zwei Seiten zu sehen: Einerseits sind sie Schutzwälle. Denken Sie etwa an einen Deich, der Schutz vor einer Sturmflut bietet, oder an die Mauern Ihres Hauses, die Sie vor unliebsamen fremden Blicken von außen schützen oder davor, dass Ihnen der Wind in die Wohnung bläst. Aber Mauern haben nicht nur etwas Schützendes. Sie sind auch trennend. Das ist besonders dann ärgerlich, wenn eine Mauer zwei Teile voneinander trennt, die eigentlich zusammengehören und eine Einheit bilden.
Wir Deutschen haben ja mit dem Thema „Mauer" unsere ganz besondere Geschichte. Denken Sie an den Mauerbau in Berlin am 13. August 1961. Da hat man eine Trennwand errichtet, die für viele Jahre auch die innere Spaltung unseres Volkes besiegelte. Die äußerlich sichtbare Mauer aus Beton wurde zum Symbol für unsichtbare Mauern, die sich immer mehr zwischen den Menschen aufbauten. Darum war es auch ein hochsymbolischer Akt, als die Berliner Mauer am 9. November 1989 plötzlich unerwartet aufbrach. Ströme von Tränen und Sekt sind an jenem Tag geflossen, Menschen lagen sich in den Armen, Hoffnung keimte auf, dass nun wieder zusammenwachsen würde, was zusammengehört.

Inzwischen sind wir ernüchtert. Wir spüren, wie viele unsichtbare Mauern „Wessis“ und „Ossis“ immer noch voneinander trennen.
Oft sind es ja gerade die unsichtbaren Mauern, die sich so unendlich schwer niederreißen lassen. Jeder hat das schon erlebt, wenn sich plötzlich etwas zwischen mir und einem anderen Menschen aufbaut. „Es steht etwas zwischen uns“, sagen wir dann, oder: „Der mauert!“ Manchmal sind wir es auch selbst, die „mauern“.
Zwischen uns und der Wirklichkeit, die die Bibel „Gott“ nennt, baut sich auch immer wieder neu eine Mauer, eine unsichtbare Trennwand auf. Wir haben uns im vorangegangenen Kapitel bereits einige Steine in dieser Mauer etwas genauer angesehen. Sie tragen die Aufschrift „Innere Verletzungen“.

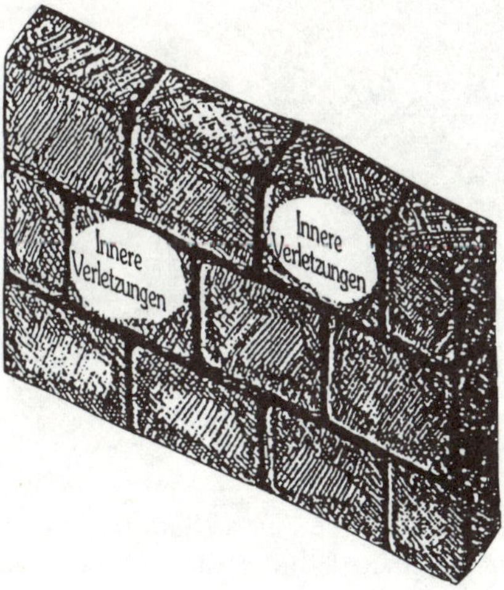

Äußerst dicke Brocken können das sein, diese „Steine“ der inneren Verletzungen. Meist werden sie durch einen betonharten Mörtel zusammengehalten: eine Mischung aus schmerzhaften Erinnerungen, Verbitterung und Groll. Diese Steine haben wir in der Regel nicht zu verantworten. Andere haben sie in die Mauer zwischen Gott und uns eingemauert. Mancher denkt, er trägt die alleinige Schuld, wenn ihm der Glaube, das Vertrauen zu Gott, nicht gelingt. Aber wir alle sind da, wo unsere Geschichte mit Gott verunglückt, auch Opfer. Wir sind Opfer dessen, was uns andere angetan haben, Opfer von Verletzungen, die unsere Vertrauenskraft und Risikobereitschaft zum Glauben gelähmt oder sogar zerstört haben.
Allerdings gibt es nun auch Steine, die wir selbst eingefügt haben in die Mauer, die zwischen Gott und uns immer wieder neu wächst. Wir sind im Blick auf das, was uns von Gott trennt, nicht *nur* Opfer. Wir sind *auch* Täter. Wir selbst „mauern“ auch Gott gegenüber. Wir verbauen uns den Zugang zu ihm – manchmal, ohne es im Tiefsten zu wollen.

Wir legen uns selbst Steine in den Weg zu Gott. Die Bibel benutzt für diese Steine ein Wort, das Sie vermutlich kennen. Ich scheue mich etwas, es Ihnen vorzustellen. Denn dieses Wort ist so belastet, durch Missverständnisse so entstellt, so sehr verschlissen und kaputt geredet, dass man es eigentlich nicht mehr unbefangen verwenden kann.

Ein verschlissener Begriff

Das biblische Wort für die Steine, mit denen wir uns Gott gegenüber einmauern, heißt „Sünde". Ich würde gerne wissen, was in Ihnen vorgeht, wenn Sie dieses Wort hören. Eventuell haben Sie gerade überlegt, ob Sie das Buch jetzt nicht doch besser zur Seite legen. Vielleicht ist Ihnen der Gedanke durch den Kopf geschossen: „Na, endlich! Die Kirche ist wieder mal bei ihrem Lieblingsthema!" In der Tat hat die christliche Kirche bei vielen Menschen das Negativimage, dieses Thema mit besonders penetranter Hartnäckigkeit zu traktieren. Als ob es nichts Wichtigeres gäbe, als den Leuten ständig ihre Versäumnisse, Fehler und Macken vorzuhalten – und das im Namen eines Gottes, der offenbar erst dann groß rauskommt, wenn er uns klein gekriegt hat. „Ich bin doch kein Masochist", sagte mal jemand, um zu begründen, warum er sonntags nicht mehr zum Gottesdienst geht. „Ich habe einfach keine Lust, mich am einzigen freien Tag der Woche in eine unbequeme, knarrende Kirchenbank zu quetschen – nur um mich runterputzen zu lassen".

Ich kann gut verstehen, dass Menschen auf Abwehr gehen oder auf Durchzug schalten, wenn das Stichwort „Sünde" fällt, vor allem dann, wenn sie erlebt haben, wie dieses Thema für leicht durchschaubare

kirchliche Domestizierungs- und Disziplinierungsversuche missbraucht worden ist. Ich vermute allerdings, dass jene Zeit, in der das geschah, auch schon wieder der Vergangenheit angehört. Wer traut sich denn heute noch, von „Sünde" zu reden?
In vielen Menschen lebt die Vorstellung, beim Stichwort „Sünde" ginge es um das Thema „Nobody is perfect" (Keiner ist vollkommen). Darum denken sie, dass man diesem Problem am besten mit ein paar Anstandsregeln zur moralischen Aufrüstung beikommt – nach dem Pfadfinder-Motto: „Jeden Tag eine gute Tat". Aber so einfach liegen die Dinge leider nicht.
Sie müssen nämlich wissen, dass der Stein mit der Aufschrift „Sünde" übermalt worden ist. Man hat ihn mit einer Farbe überpinselt, die das Urgestein völlig verdeckt hat. Erst wenn man die Übermalung wieder abkratzt, entdeckt man, aus welchem Material der Stein wirklich besteht. Das ist wie bei einer Kirchenrestaurierung, wenn die Restaurateure vorsichtig die übermalten Farbschichten von der Kirchenmauer lösen und plötzlich ein Wandgemälde aus alter Zeit erscheint, das Jahrhunderte lang verborgen war.
Übrigens, die Farbe, mit der man den Stein „Sünde" übermalt hat, können Sie in keiner Fachhandlung kaufen. Aber sie ist ein hartnäckiges Zeug. Man kriegt sie mit kaum einem Lösungsmittel wieder runter. Hier der Name dieser Farbe: „Moralin".

Verfehlte Pointe – total daneben!

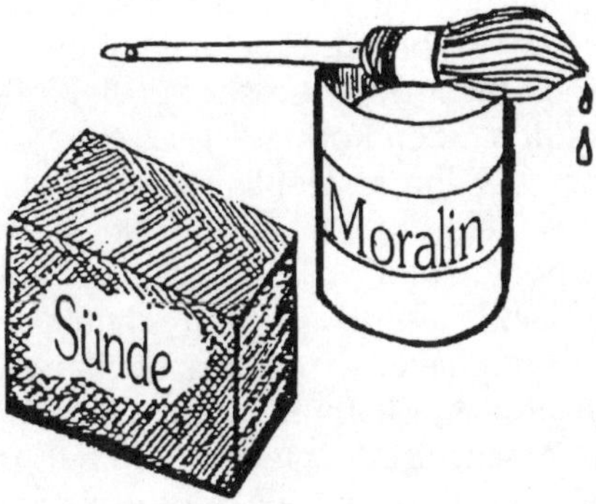

Ich vermute, Sie ahnen bereits, worauf ich hinaus will. Wir haben aus dem Wort „Sünde" einen Moralbegriff gemacht. Das ist wirklich eine tragische Entwicklung, denn damit ist die Pointe dieses Wortes verfehlt und sein ursprünglicher Sinn völlig entstellt worden. Aber bevor wir versuchen, die Farbe „Moralin" vom Stein mit der Aufschrift „Sünde"

wieder herunterzukratzen, müssen wir zunächst fragen: Wie wirkt sich diese Farbe auf dem Stein konkret aus?
Nach landläufigem Verständnis ist „Sünde" das, was sich nicht gehört – obwohl es eigentlich Spaß macht. Sünde verspricht Lustgewinn und weckt daher prickelnden Reiz. Das Dumme ist nur, dass die Kirche leider immer dagegen ist! Immer, wenn es anfängt, Spaß zu machen, steht sie mit erhobenem moralischem Zeigefinger da und sagt: Nein! Übertüncht man den Stein „Sünde" mit „Moralin", dann wird Sünde zur „verbotenen Lust". Sie wissen ja noch aus Ihren Kindertagen: Was die Eltern verboten hatten, das war immer besonders verlockend. Der Liedermacher Wolf Biermann singt in einem seiner Lieder: „Was verboten ist, das macht uns gerade scharf".
„Sünde" – die verbotene Lust? Diese Fehldeutung des Wortes „Sünde" hat sich tief bei uns eingenistet. Hier ein paar Beispiele: Wer lustvoll aufs Gas steigt, obwohl mehr als 50 Stundenkilometer verboten sind, wird als Verkehrs-„Sünder" bezeichnet. Da sitzt eine vollschlanke Dame mit ihrer Freundin im Cafe. Genüsslich lässt sie sich das dritte Stück Sahnetorte schmecken: „Heute sündige ich mal wieder gegen die schlanke Linie!". Oder schauen Sie sich diese Zeichnung aus einer bekannten Comic-Serie an:

Weil nun aber Lust und Sexualität eng zusammengehören, wurde tragischerweise der Begriff „Sünde" mit dem Themenbereich „Sexualität" aufs Engste verkoppelt. Die Straße der Lust in großen Städten wird „sündige Meile" genannt. Wer in einen Film geht, der den Titel „Süße Sünde" trägt, weiß in aller Regel, was ihn da erwartet. Die Senioren erinnern sich noch an alte Schlager wie „Kann denn Liebe Sünde sein?" Ein Erotik-Magazin im Fernsehen heißt „Liebe Sünde".
Es ist wirklich verhängnisvoll, dass „Sünde" und Sexualität im Bewusstsein vieler Menschen so dicht zusammengerückt sind, als ob das Christentum von Natur aus lust- und leibfeindlich sei. Die Bibel redet von der guten Gabe der Sexualität ganz anders als mancher, der zu „Gottes Bodenpersonal" gehört. Lesen Sie mal das sogenannte „Hohelied der Liebe" im Alten Testament – das ersetzt manchen erotischen Roman.

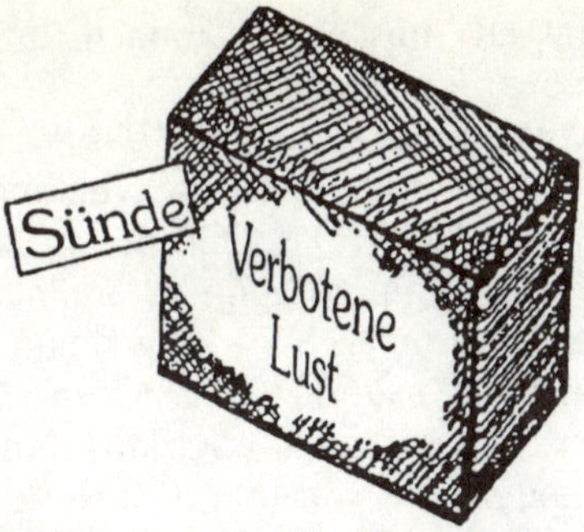

GOTT = der Spaßverderber
PASTOR = der Moralapostel
KIRCHE = die Erziehungsanstalt

Hinter dem moralinsauren Verständnis von Sünde als verbotener Lust steht häufig auch ein verzerrtes Bild von Gott. Wer in der Sünde eine verbotene Lust sieht, der betrachtet meistens Gott als eine Art Spaßverderber. Gott wird zum Lebensneider, der uns die lustvolle Seite unseres Daseins missgönnt und ständig aufpasst, dass ja keine Freude aufkommt. Als der Pastor während seiner Predigt einen Witz erzählt, beschwert sich nach dem Gottesdienst ein Kirchenvorsteher und sagt mit todernster Mine: „Herr Pastor, bei Gott hört der Spaß auf!“ Mit einem entsprechenden Gesicht läuft dieser Mann auch den ganzen Tag durch die Gegend. Wer hat uns das bloß eingeredet, dass Gott und Lebenslust nichts miteinander zu tun haben? Bei Jesus lernt man das nicht. Er hat einmal gesagt: „Ich bin gekommen, um ihnen das Leben zu geben, Leben im Überfluss“ (Joh 10,10b GN).
Ist Gott aber zum Spaßverderber des Lebens geworden, dann erscheint der Pastor als Moralapostel, der uns mit erhobenem Zeigefinger „abkanzelt“, um uns auch noch den letzten Rest an Lust auszutreiben. Und aus der Kirche wird eine Art Erziehungsanstalt – mit (im wörtlichen Sinn) „fortlaufendem Erfolg“. Wer bleibt schließlich schon gern freiwillig in einer Erziehungsanstalt?
Beim Thema „Sünde“ geht es nun aber nicht um die paar Unanständigkeiten oder Entgleisungen unseres Lebens. So harmlos ist das Thema „Sünde“ nicht. Es geht im Kern um etwas viel Dramatischeres.

Eine folgenschwere Beziehungsstörung

Im biblischen Denken ist Sünde kein Moralbegriff, sondern ein Beziehungswort. Genauer gesagt beschreibt das Wort „Sünde“ eine Beziehungsstörung zwischen Gott und Mensch. Es macht auf eine wachsende Entfremdung zwischen unserem Leben und dem Ursprung unseres Lebens aufmerksam. „Sünde“ heißt, dass es einen Riss gibt, durch den etwas auseinanderbricht, was ursprünglich als Einheit zusammengehört hat.

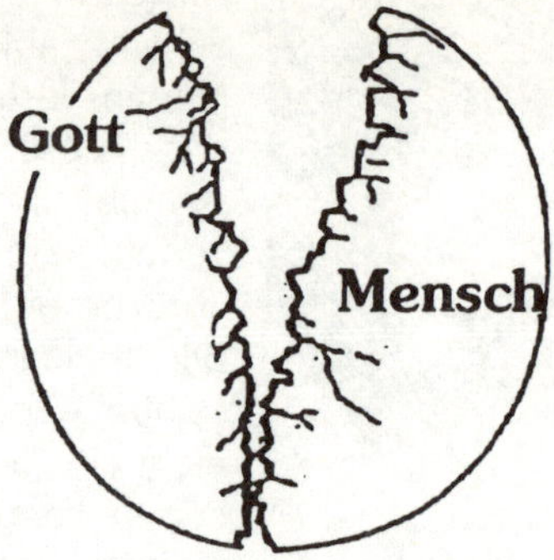

Sünde=
wachsende Entfremdung
zwischen Gott und Mensch

Gott wollte kein menschenloser Gott sein – und wir sollten keine gottlosen Menschen werden. Harmonie zwischen Schöpfer und Geschöpf – das war Gottes Traum, und unserer hätte es auch sein können. Denn gerade das ist unsere Würde als Menschen, dass wir auf eine intakte und vitale Beziehung zu Gott hin angelegt sind. „Sünde" aber signalisiert, dass diese Beziehung gestört, unterbrochen, abgerissen ist. Ein „Sünder" ist also kein unmoralischer Mensch, kein ethisch Entgleister. Ein Sünder ist einer, der in einer schweren Kontaktstörung zu Gott lebt. Da funkt nichts mehr, da springt nichts mehr über. Da ist man auf einmal wie abgeschnitten von der Lebensenergie, die Gott für unser Leben darstellt.
Vermutlich lässt sich das Wort „Sünde" sprachlich von dem alten deutschen Begriff „Sund" ableiten. Ein Sund ist ein Wasser, das zwei Landstriche voneinander „absondert" und trennt. Der Öre-Sund beispielsweise trennt Dänemark und Schweden voneinander.
Beziehungs- und Kontaktstörungen kennen wir ja auch im zwischenmenschlichen Bereich. Wenn Sie eine „Kontaktstörung" zu einem Menschen haben, bricht zuerst das Gespräch ab. Die Kommunikation wird eingestellt, Funkstille. – Man redet nicht mehr miteinander, man geht sich aus dem Weg. Man verliert sich aus den Augen und will nichts mehr miteinander zu tun haben. Bei der Kontakt- und Beziehungsstörung mit Gott ist das nicht anders: Wir meiden Gottes Nähe, entziehen uns seinem heilsamen Einfluss, brechen das Gespräch mit ihm ab. Vielleicht ahnen Sie jetzt, warum Sie eventuell schon seit langem nicht mehr beten konnten oder wollten.
Nun muss man wissen, dass es weitreichende Auswirkungen auf unser Leben hat, wenn die Einheit zwischen Gott und uns zerreißt, wenn

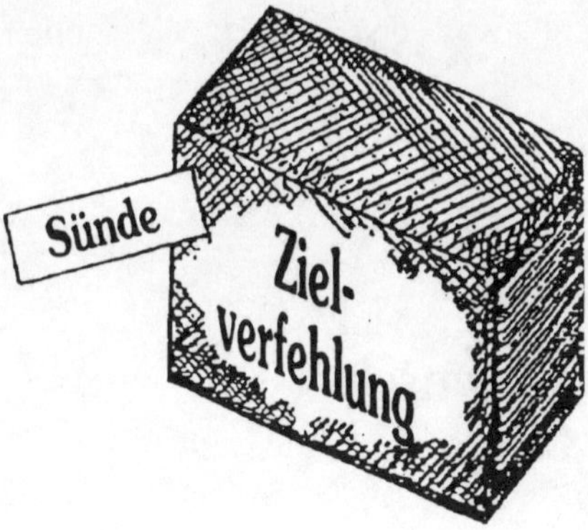

unsere Beziehung zu Gott gestört ist. Wer vom Stein mit der Aufschrift „Sünde“ die Moralin-Schicht abkratzt, der stößt im Neuen Testament auf ein Wort, das diese Auswirkungen beschreibt. Das Wort heißt „Zielverfehlung“ und stammt aus der Sprache der Bogenschützen. Das Bild ist klar: Ein Schütze schießt seinen Pfeil daneben. Er trifft nicht „ins Schwarze“. Auch unser Leben kann sein Ziel verfehlen. Sünde als Zielverfehlung setzt voraus, dass Gott von unserem Leben eine bestimmte Zielvorstellung hat, hinter der wir zurückbleiben oder an der wir vorbeileben. Diese Zielvorstellung Gottes von unserem Menschsein ist nun aber – anders als viele meinen – keine eng geführte Perspektive, die die Fülle unserer Entfaltungsmöglichkeiten durch Verbote einschränkt. Im Gegenteil: Gott hat unserem Leben ein atemberaubendes Ziel gesteckt. Er hat eine Vision von unserem Leben, die uns in die Weite führt. Jesus hat diese Vision eines Lebens, das sich nach Gottes Zielvorstellung entfaltet, einmal in drei Stichworte gefasst: Gott lieben – unseren Nächsten lieben – uns selbst lieben (vgl. Mt 22,37f).

Aufrechter Gang – krummes Holz

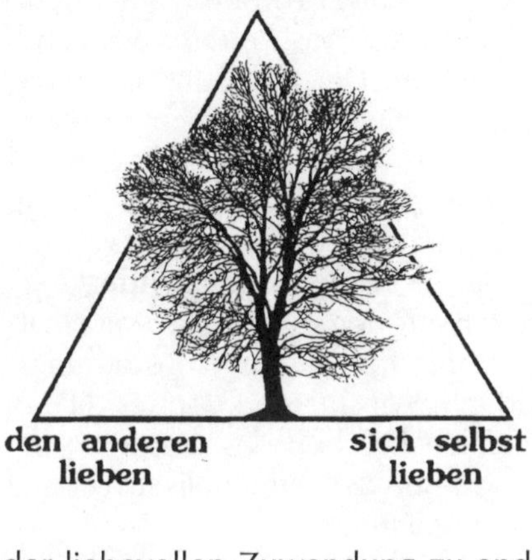

Ich weiß nicht, ob Sie schon spüren, dass diese Zielvorstellung Gottes von unserem Leben Weite atmet. Sie ist kein Korsett, sondern eine Einladung zur Freiheit. Gott möchte uns Menschen nicht als verkrüppelte Existenzen. Er möchte gern, dass wir aufrechten Ganges durch diese Welt gehen. Er will, dass unser Leben sich entfaltet, dass es aufblüht wie ein starker Baum, der nach drei Richtungen hin ungehindert wächst: in einer vertrauensvollen Zuneigung zu ihm, unserem Gott, in der liebevollen Zuwendung zu anderen Menschen und in einer tiefen Bejahung der eigenen Person.

Eine faszinierende Zielvorstellung für unser Leben – finden Sie nicht auch? Gott wünscht sich, dass wir ihn lieb haben, so richtig gern wie einen Freund und Partner, dem wir uns öffnen, den wir einbeziehen in unser Leben, wie einen Menschen, der uns viel bedeutet. Gott möchte gern, dass wir unsere Mitmenschen nicht ständig als Bedrohung, Last oder Konkurrenz empfinden, sondern ihnen liebevoll zugewandt bleiben, aus freien Stücken für sie da sind, einfach gut mit ihnen umgehen. Gott wünscht sich auch, dass wir uns selber mögen, ein sattes, tiefes Ja zu uns sagen und in einem ungebrochenen Verhältnis zur eigenen Person und Biographie stehen.
Das ist Gottes Vision von unserem Menschsein, seine Zielvorstellung von unserem Leben. Der Gott der Bibel denkt groß von uns Menschen. Er nennt uns seine „Ebenbilder", sieht unsere Würde darin, etwas von dem widerzuspiegeln, was an Weite und Freiheit in ihm selbst wohnt. „Gott lieben, den Nächsten lieben, mich selbst lieben" – je länger ich mich in diese Vision vertiefe, desto mehr merke ich, dass ich auch so sein möchte. Diese Zielvorstellung entspricht dem, wonach ich mich sehne. Jetzt erst wird deutlich, welches Drama sich beim Thema „Sünde" abspielt.

Sünde (Zielverfehlung) bedeutet für uns, dass sich unsere Sehnsucht nach Leben nicht mehr erfüllt. Unser Lebensbaum mit seinen ausladenden Ästen (Gottesliebe, Nächstenliebe, Selbstliebe) ist verkrüppelt. Die Entfaltung unseres Lebens verkümmert oder bricht ab. Liebe und Vertrauen zu Gott schwinden, in den Umgang mit den anderen ziehen Kälte und Härte ein, zu uns selbst haben wir nur noch ein mehrfach gebrochenes Verhältnis. Aus dem Menschen mit dem aufrechten Gang ist ein „krummes Holz" geworden, einer der zunehmend mehr in sich selbst verkrümmt ist, der nicht mehr aufblüht zur Lebensfülle.
Das ist das Drama der Sünde: dass wir gern leben möchten und es nicht mehr können! Ein Sünder ist ein „Schwerbehinderter" – jemand, der am Leben behindert ist, sich selbst am Leben hindert. Unser Leben ist auf Liebe angelegt, auf liebenden Austausch mit Gott, anderen Menschen und uns selbst. Nur wer in der Liebe bleibt, der „bleibt in Gott und Gott in ihm" (1. Joh 4,16). Nur wer in der Liebe bleibt, bleibt am Leben. Wo die Liebe erstirbt, sterben wir, selbst wenn wir anschließend noch Jahrzehnte leben.
Sünde ist die Unfähigkeit, in vertrauensvollen Beziehungen, in lieben-

der Kommunikation zu existieren. Als Sünder erleben wir uns wie in einem Gefängnis. Wir sind in uns selbst verdreht, ständig auf uns selbst zurückgeworfen, wir begegnen immer nur uns selbst – und geraten dadurch in eine tiefe Isolation. Gott wird uns zum Fremden, der Nächste zur Bedrohung, und wir selbst werden uns zum Rätsel. Ahnen Sie jetzt, dass es beim Thema „Sünde" um etwas anderes geht als um ein paar Anstandsfragen und eine Portion „moralische Aufrüstung"? Woher kommt diese Gebrochenheit unseres Lebens? Worin wurzelt die verhängnisvolle Beziehungsstörung zwischen uns und Gott? Was ist die letzte Ursache für die Zielverfehlung, die die Bibel „Sünde" nennt?

Eine uralte Story – aber hochaktuell

Ich möchte auf diese Fragen eine Antwort versuchen, und zwar dadurch, dass ich Ihnen eine Geschichte erzähle, die Sie vermutlich kennen. Sie lässt sich auf den ersten Seiten der Bibel nachlesen und ist als Geschichte von „Adam und Eva" fast zu einer Art deutschem Volksmärchen geworden.

Zwei Vorbemerkungen: Die Geschichte von „Adam und Eva" ist keine historische Geschichte. Alle historischen Geschichten haben wir hinter uns. Diese Geschichte aber haben wir leider nicht hinter uns. In symbolischer Verdichtung erzählt sie etwas, was sich so ähnlich immer wieder in unserem Leben abspielt. Darum ist die alte Story von Adam und Eva hochaktuell.

Noch etwas ist mir wichtig: Die Erzählung von Adam und Eva ist keine Geschichte gegen die Frau – obwohl man sie immer wieder frauenfeindlich ausgelegt hat. Man hat gesagt, Eva sei es ja schließlich gewesen, die nach dem Apfel gegriffen und Adam verführt habe. Da fängt schon das Märchen an, denn dass das ein *Apfel* war, steht gar nicht in der biblischen Erzählung. Aber lassen wir es ruhig dabei. Nur gegen Eva, gegen die Frau richtet sich diese Geschichte wirklich nicht. Darum mag ich das Bild so gern, das Sie oben sehen. Es zeigt eine enge Zusammenarbeit zwischen Adam und Eva. Die beiden brauchen sich und arbeiten Hand in Hand beim Griff nach dem „Apfel".

Lassen Sie mich jetzt die Geschichte wieder in Erinnerung rufen. Ich erlaube mir dabei, sie etwas freier zu erzählen als der biblische Schriftsteller. Vielleicht entdecken wir so deutlicher, worin die Sünde, die Beziehungsstörung zwischen uns Menschen und Gott, ihre letzte und tiefste Ursache hat.

Ein spendabler Gott

Die Geschichte beginnt damit, dass sich Gott als ungeheuer spendabel erweist. Er ist kein knausriger Gott, der seinen Menschen die Lebensfülle missgönnt. Er setzt Adam und Eva nicht nackt in eine kalte, dunkle Kirche und sagt zu ihnen: „Nun betet mal schön den ganzen Tag! Ich komme abends und hole die Kollekte ab“. Nein, Gott spendiert seinem Ebenbild einen Paradiesgarten. Ich bitte Sie, sich das einmal in Ihrer Phantasie auszumalen: Paradiesgarten, die Fülle der Lebensfreude, Weite, Sonne, Meer und Strand, faszinierende Fauna und Flora, Vogelgezwitscher, köstliche Früchte, für die man im Spezialgeschäft viel Geld zahlen würde. Lebensfülle, wohin das Auge blickt. Wenn Ihnen jetzt Ihre schönsten Urlaubsbilder einfallen, liegen Sie ganz richtig.

Ich sehe, wie Adam und Eva vor Staunen den Mund nicht wieder zukriegen. „Ist das alles für uns?“, fragt Adam. „Ja“, sagt Gott und lacht seine beiden Ebenbilder an, „alles für euch. Bedient euch! Schöpft das Leben aus!“ „Schön ist es hier“, sagt Eva, „so müsste es immer sein.“ „So kann es immer sein,“ sagt Gott, „ich euer Gott und ihr meine Menschen.“ Und Eva zwinkert ihm zu wie einem guten Freund. „Du meinst es wirklich gut mit uns“, sagt sie. Gott spürt, dass sie ihm vertraut. „Wie gut, dass es dich gibt“, sagt Adam. Seine Stimme zeigt, wie sehr er Gott mag.

Eine dringliche Bitte

Dann sehe ich, wie Gott die beiden freundlich zu sich winkt: „Seht ihr den Baum da drüben?“, fragt er sie. Die beiden hatten ihn bei all den Herrlichkeiten des Paradiesgartens noch gar nicht entdeckt. „Eine herzliche Bitte habe ich an euch“, sagt Gott und zeigt dabei auf den Baum mitten im Garten, den die Bibel den „Baum der Erkenntnis des Guten und des Bösen“ nennt. Gott legt seine Arme auf die Schultern von Adam und Eva und sagt: „Bitte geht nicht an die Früchte dieses Baumes. Ich bitte euch herzlich darum. Lasst die Entscheidung darüber, was euch gut tut und was euch schadet, meine Sache sein. Ihr übernehmt euch, wenn ihr das zu eurer Sache macht. Ihr könnt mit dem Wissen, das dieser Baum vermittelt, nicht so umgehen, dass dabei euer Leben aufblüht. Schaut, Adam und Eva: Ihr seid Menschen – geschaffen zur Gemeinschaft mit mir. Das ist eure Würde und zugleich eure Grenze. Achtet diese Grenze! Ich meine es wirklich gut mit euch. Ich will, dass euer Leben gelingt. Darum möchte ich gern, dass ihr aus meiner Güte lebt. Vertraut mir!“

Wir wissen inzwischen, wie die Geschichte ausgegangen ist – wie sie in unserem Leben immer wieder ausgeht. Adam und Eva greifen nach der

Frucht. Sie reißen die Entscheidung über „Gut und Böse“ an sich. Sie achten die gute Grenze nicht, die sie als Geschöpfe vom Schöpfer unterscheidet. Sie wollen Götter spielen, selbst entscheiden, was dem Leben gut tut und was nicht. Aber überall, wo wir Menschen Gott spielen wollen, da vertreiben wir uns selbst aus dem Paradies. Da machen wir aus dem Paradies dieser Erde eine Hölle: Wir beuten unseren Globus aus, statt ihn liebevoll wie einen Garten zu pflegen, wir beten die Güter an statt Gottes Güte, wir inszenieren selbst „Jüngstes Gericht“ durch Kriege, Gaskammern und Ozonlöcher. Warum? Warum der Griff nach der Frucht, der Übergriff auf das, was Gottes Sache ist?
In Auslegungen dieser Geschichte hört man immer wieder als Antwort: „Eva hatte Lust auf den Apfel. Als sie ihn sah, lief ihr das Wasser im Mund zusammen.“ Also doch: Sünde – verbotene Lust? Meinen Sie wirklich, dass die fehlende Lebenslust das Problem war? Ich glaube das nicht. Nicht der Apfel selbst hat Eva verlockt. Der Paradiesgarten war voller exotischer Früchte – die beiden hatten schon Durchfall vom vielen Durcheinander-Futtern. Nein, wer die Geschichte genau durchliest, entdeckt, dass es um etwas anderes geht als um verbotene Lust.

Ein teuflischer Gedanke

In Adam und Eva „schlängelt“ sich plötzlich ein Gedanke hoch – darum das Bild von der Schlange. Es ist ein teuflischer Gedanke. Beide wissen im Grunde nicht, woher er kommt. Dennoch halten sie sich an ihm fest, „ziehen sich an ihm hoch“ – wie auf der tiefsinnigen Graphik oben. Wer von beiden den Gedanken zuerst ausspricht – ich weiß es nicht. „Du“, sagt (vielleicht) Adam, „ich denke die ganze Zeit über etwas nach: Warum verbietet uns Gott eigentlich diese Frucht?“ Eva erschrickt, denn Adams Stimme wirkt plötzlich ungewöhnlich kühl. „Ob Gott es wirklich gut mit uns meint?“ „Ich habe dasselbe auch gerade gedacht“, sagt Eva, „vielleicht will Gott uns etwas Entscheidendes vorenthalten, wenn er von der ‘guten Grenze’ spricht! Vielleicht blüht unser Leben erst auf, wenn wir sie übertreten?!“ „Ja, vielleicht gönnt uns Gott das volle Leben nicht, will uns klein halten und von sich abhängig machen“, erwidert Adam. Und plötzlich hat der teuflische Gedanke sie in seiner Gewalt. Die paradiesische Freude an Gott weicht einer tiefen Skepsis. In wilden Phantasien unterstellen die beiden Gott böse Absichten. Auf einmal vermuten sie hinter seiner Weisung etwas, was ihr Leben eng macht und ihnen schadet.
Wie würden Sie das nennen, was sich da in Adam und Eva plötzlich ansammelt? Ich würde es Misstrauen nennen.

Misstrauen – das Urgestein der Sünde

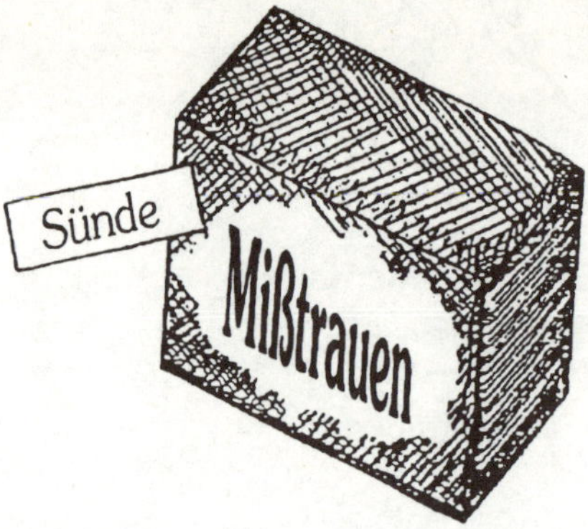

Damit haben wir den letzten Rest „Moralin" abgekratzt. Das Urgestein des Begriffs „Sünde" ist freigelegt. Sünde bedeutet im Kern *Misstrauen* Gott gegenüber. Sie können auch sagen: Sünde meint *Vertrauensverweigerung.* Wer Gott das Vertrauen verweigert, erwartet das Gute seines Lebens nicht mehr von ihm. Misstrauen, Vertrauensverweigerung ist ein Attentat auf die Güte Gottes. Wenn Gott etwas gebietet, wittert das Misstrauen Enge und reagiert mit Abwehr. Wo wir Gott misstrauen, ihm das Vertrauen entziehen, da unterstellen wir ihm offen oder heimlich, dass er uns die Lebensfülle vorenthalten will. Wo kindliches Grundvertrauen zu Gott einem skeptischen Vertrauensschwund weicht, da sind wir auf der Hut vor Gottes Zuspruch und Anspruch. Da können und wollen wir nicht mehr glauben, dass in der Nähe Gottes und im Befolgen seiner Weisung das wirkliche, satte Leben zu haben ist.

Sünde ist Misstrauen, Vertrauensentzug, Vertrauensverweigerung. Sünde ist letztlich *Unglaube*: die absurde Rücknahme des Vertrauens zu Gott – absurd, weil Gott uns doch als Menschen des Gottvertrauens geschaffen hat. Aber als Sünder, als notorisch Vertrauensgestörte, kündigen wir Gott das auf, was uns als Geschöpfe auszeichnet: das vertrauensvolle Leben aus Gottes Willen. Als Sünder glauben wir einfach nicht, dass Gottes Wille gut, ja mehr noch, dass er das Beste für uns ist. Ein Sünder ist ein Mensch, der nicht mehr einwilligt in Gottes Willen, weil er misstrauisch argwöhnt, dass er dabei vermutlich den Kürzeren zieht.

Genau das ist unsere Sünde: nicht ein paar unmoralische Ausrutscher, nicht, dass wir Fehler machen, sondern dass wir Gott zunehmend das Vertrauen entziehen. Tief wurzelt sie in uns, die schleichende Vertrauensverweigerung Gott gegenüber. Unser Misstrauen ist unsere Wurzelsünde. Aus der Giftwurzel des Misstrauens entwickelt sich unsere Beziehungsstörung zu Gott. Weil wir ihm das Vertrauen entzogen haben, „mauern" wir Gott gegenüber, gehen ihm aus dem Weg, meiden seine Nähe, lassen uns auf sein Wort nicht ein, missachten seinen Willen. Das Misstrauen, der Vertrauensschwund der Sünde, verstopft mehr und mehr unsere Ohren für Gottes Stimme. Die Sünde macht taub für Gott. Weil wir ihn nicht mehr hören, wollen wir ihm nicht mehr „gehören", ihm deshalb auch nicht mehr „gehorchen".

Die Giftwurzel des Misstrauens in unserem Lebensboden entfremdet uns von Gott, von den anderen und von uns selbst. Und sie treibt Blüten. Diese „Blüten der Sünde" nennen wir „Schuld". Ich möchte gern unterscheiden zwischen „Sünde" und „Schuld". Sünde ist der Zustand der Vertrauensverweigerung, die Grundhaltung des Misstrauens Gott gegenüber. Schuld ist konkretes Tun oder Unterlassen, das sich aus dieser Grundhaltung ableitet. So wie Husten die Folge einer Erkältung ist, so ist das Schuldigwerden an Gott, anderen und uns selbst die Folge davon, dass unsere Gottesbeziehung „erkältet", erkaltet, im Misstrauen erstarrt ist.

Dieser innere Zusammenhang zwischen unserer Wurzelsünde (dem Misstrauen Gott gegenüber) und unserem Schuldigwerden lässt sich sehr anschaulich bebildern. Wenn wir Gott misstrauen, dass er wie ein guter Vater oder wie eine liebevolle Mutter für uns sorgt, dann werden wir selbst um unser Leben besorgt sein. Die Lebenssorge aber zerfrisst uns und macht uns egozentrisch. Verkrümmt in uns selbst werden wir unfrei, für andere zu sorgen. Wenn wir uns im Misstrauen Gott gegenüber verschließen, wächst in uns die Angst vor Gott und damit auch die Angst vor dem Leben und dem Sterben. Wer aber Angst hat, verbreitet Enge um sich und macht dadurch das Leben anderer eng. Wenn wir nicht glauben, dass Gott uns bedingungslos annimmt, werden wir uns selbst und andere auch nicht annehmen. Die Liebe wird erkalten. Wer Gott misstraut, dass er mit uns Menschen zusammen seine Ewigkeit verbringen will, der muss jetzt schon alles herauspressen aus seinem kleinen Leben, muss von seinen paar Jahren Lebenszeit den Himmel auf Erden erwarten – und wird sich und andere damit überfordern und schädigen.

Zehn Spielregeln der Freiheit

Vermutlich kennen Sie die „10 Gebote“, jene zehn Spielregeln der Freiheit, die Gott seinem Volk Israel als Lebensweisung mit auf den Weg gab. Auch an ihnen lässt sich der innere Zusammenhang zwischen unserem Misstrauen gegen Gott und unserem konkreten Schuldigwerden illustrieren.

„Ich bin der Herr, dein Gott. Du sollst nicht andere Götter haben neben mir.“ Das ist das erste Gebot. Es ist Gottes Einladung an seine Menschen, ihm konkurrenzlos zu vertrauen und von ihm allein alles Gute für das eigene Leben zu erwarten. Verweigern wir dieses Vertrauen, dann entwickelt sich fast automatisch eine Schuldgeschichte ungeheuren Ausmaßes. Die folgenden Beispiele können das demonstrieren.

„Du sollst den Feiertag heiligen.“ So heißt das dritte Gebot. Wo wir Gott misstrauen, dass wir in seinen Augen mehr sind als das, was wir leisten, werden wir zu „workaholics“, die sich zu Tode hetzen und sich und anderen keine (Sabbat)-Ruhe mehr gönnen.

Oder das fünfte Gebot: *„Du sollst nicht töten.“* Wenn wir Gott misstrauen, dass er unser Beschützer sein will, werden wir zu Selbstschutzmaßnahmen greifen, Konkurrenten „fertig machen“, „über Leichen gehen“, in Rufmordkampagnen unseren Namen retten, andere „mundtot machen“, um selbst groß raus zu kommen.

„Du sollst nicht ehebrechen“, sagt Gott im sechsten Gebot. Wenn wir Gott nicht abnehmen, dass er der Stifter unseres Glücks und die Quelle unserer Liebe sein will, wenn wir ihm nicht zutrauen, dass er verletzte Beziehungen heilen kann, dann werden wir aus solchen Beziehungen ausbrechen müssen und unser „Glück“ in einer frei vagabundierenden Liebessehnsucht oder in ständig neuen Abenteuern suchen.

„Du sollst nicht stehlen“, lautet das siebte Gebot. Wenn wir nicht glauben können, dass Gott uns mit allem versorgen will, was wir zum Leben brauchen, dann wird uns die Angst packen, dass wir ständig zu kurz kommen, und der Neid auf die, die mehr haben als wir. Aus Angst und Neid werden wir uns unehrlich bereichern und dabei andere übers Ohr hauen.

Spielen Sie die zehn Gebote in diesem Sinn ruhig einmal für sich durch. Sie werden entdecken, dass Misstrauen Gott gegenüber uns unaufhaltsam ins Schuldigwerden verwickelt. Immer wieder tappen wir in die Falle der Vertrauensverweigerung, versagen uns Gott und werden so selbst zu Versagern.

Ausweg aus dem Teufelskreis?

Wie kommen wir aus diesem Teufelskreis heraus? Jeder Kleingärtner weiß, dass es nichts nützt, das Unkraut nur über dem Erdboden abzuzupfen, wenn man will, dass es verschwindet. Die Wurzeln müssen raus – sonst wächst das Zeug unaufhörlich nach. Wer der Giftpflanze mit dem Namen „Sünde" in seinem Leben den Kampf ansagen will, darf nicht nur die Blätter mit der Aufschrift „Schuld" abreißen. Die Wurzel muss raus, die Giftwurzel des Misstrauens Gott gegenüber, die in unserem Lebensboden steckt. Es geht um einen ganz neuen Keimling, um ein neues Vertrauen, ein liebendes Hören auf Gott, aus dem die Lust erwächst, Gott wieder ganz zu gehören und ihm mit großer Freude zu gehorchen.
Das ist gar nicht so einfach. Denn wenn die Falle des Misstrauens erst zugeschnappt ist, sitzen wir fest. Die „Erkältung unserer Gottesbeziehung" kann chronisch werden. Sünde, Vertrauensverweigerung Gott gegenüber verschwindet auch nicht durch Appelle. Was hat die Kirche nicht schon an erfolglosen Appellen losgelassen, um die Sünde der Welt einzudämmen! Wir müssen aus der Falle, in der wir festsitzen, befreit werden. Unsere Erstarrung des Vertrauens, unser Unglaube, ist wie eine schlimme Krankheit, die uns befallen hat, eine Krankheit zum Tode. Gibt es überhaupt Heilung? Wenn ja, wie heilt die Krankheit unseres Misstrauens Gott gegenüber aus?

Eine Geschichte, die unser Misstrauen heilt

Ich möchte Sie jetzt einladen, sich mit mir in eine biblische Geschichte zu vertiefen. Jesus hat sie als Bildgeschichte erzählt für das, was sich in unserer Beziehung zu Gott abspielt. Es ist eine sehr bekannte Geschichte – und zugleich eine der wenigen, bei denen man Gott direkt in die Augen sehen kann, ohne dabei die Augen vor sich selbst und den eigenen Abgründen verschließen zu müssen. Es gibt nicht viele Geschichten dieser Art. Vielleicht werden Sie sich in dieser Geschichte selbst begegnen. Vielleicht hilft sie Ihnen auch, Gott neu zu begegnen und sich dadurch aus der Falle des Misstrauens herauslocken und herauslieben zu lassen.
Die biblische Geschichte erzählt von zwei Söhnen und ihrem Vater. Der Vater in der Erzählung steht für Gott. Die beiden Söhne zeigen zwei Möglichkeiten an, sich zu Gott zu verhalten. Zunächst nun die Geschichte, wie sie die Bibel erzählt, in einer zeitgenössischen Übersetzung:

Ein Mann hatte zwei Söhne. Der Jüngere sagte: „Vater, gib mir den Teil der Erbschaft, der mir zusteht!". Da teilte der Vater seinen Besitz unter die beiden auf.
Nach ein paar Tagen machte der jüngere Sohn seinen ganzen Anteil zu Geld und zog weit weg in die Fremde. Dort lebte er in Saus und Braus und verjubelte alles.
Als er nichts mehr hatte, brach in jenem Land eine große Hungersnot aus; da ging es ihm schlecht. Er hängte sich an einen Bürger des Landes, der schickte ihn aufs Feld zum Schweinehüten. Er war so hungrig, dass er auch mit dem Schweinefutter zufrieden gewesen wäre; aber er bekam nichts davon.
Endlich ging er in sich und sagte: „Mein Vater hat so viele Arbeiter, die bekommen alle mehr, als sie essen können, und ich komme hier um vor Hunger. Ich will zu meinem Vater gehen und zu ihm sagen: Vater, ich bin vor Gott und vor dir schuldig geworden; ich bin es nicht mehr wert, dein Sohn zu sein. Nimm mich als einen deiner Arbeiter in Dienst!".
So machte er sich auf den Weg zu seinem Vater.
Er war noch ein gutes Stück vom Haus entfernt, da sah ihn schon sein Vater kommen, und das Mitleid ergriff ihn. Er lief ihm entgegen, fiel ihm um den Hals und überhäufte ihn mit Küssen.
„Vater", sagte der Sohn, „ich bin vor Gott und vor dir schuldig geworden, ich bin es nicht mehr wert, dein Sohn zu sein!"
Aber der Vater rief seinen Dienern zu: „Schnell, holt das beste Kleid für ihn, steckt ihm einen Ring an den Finger und bringt ihm Schuhe! Holt das Mastkalb und schlachtet es! Wir wollen ein Fest feiern und uns freuen! Denn mein Sohn hier war tot, jetzt lebt er wieder. Er war verloren, jetzt ist er wiedergefunden." Und sie begannen zu feiern.
Der ältere Sohn war noch auf dem Feld. Als er zurückkam und sich dem Haus näherte, hörte er das Singen und Tanzen. Er rief einen der Diener herbei und fragte ihn, was denn da los sei. Der sagte: „Dein Bruder ist zurückgekommen; und dein Vater hat das Mastkalb schlachten lassen, weil er ihn gesund wiederhat."
Der ältere Sohn wurde zornig und wollte nicht ins Haus gehen. Da kam der Vater heraus und redete ihm gut zu. Aber der Sohn sagte zu ihm: „Du weißt doch: All die Jahre habe ich wie ein Sklave für dich geschuftet, nie war ich dir ungehorsam. Was habe ich dafür bekommen? Mir hast du nie auch nur einen Ziegenbock gegeben, damit ich mit meinen Freunden feiern konnte. Aber der da, dein Sohn, hat dein Geld mit Huren durchgebracht; und jetzt kommt er nach Hause, da schlachtest du gleich das Mastkalb für ihn."
„Mein Sohn", sagte der Vater, „du bist immer bei mir, und dir gehört alles, was ich habe. Wir konnten doch gar nicht anders als feiern und uns freuen! Denn dein Bruder war tot, jetzt ist er wieder am Leben. Er war verloren, und jetzt ist er wiedergefunden" (Lk 15,11-31 GN).

Bevor Sie weiterlesen...

Was berührt Sie an dieser Geschichte? Was irritiert Sie?
Hätten Sie als Vater oder Sohn anders gehandelt?

Sehen Sie sich die beiden Bilder zu dieser Geschichte an.
Beide Bilder zeigen dieselbe Szene der Erzählung. Welches Bild passt Ihrer Meinung nach am besten zu der Geschichte – und warum?

Ich mag diese Geschichte. Anfänglich ging es mir mit ihr so wie jenem kleinen Kind, das sich zum ersten Mal im Spiegel sieht: Es interessiert sich für das Gegenüber in der gläsernen Wand, versucht Kontakt aufzunehmen. Aber plötzlich entdeckt es an der Parallelität der Bewegungen: „Das bin ich ja selbst!“ Vielleicht dauert es etwas, bis wir uns in der Geschichte vom Vater und seinen beiden Söhnen selber wiederentdecken, bis uns diese Geschichte zum Spiegel unserer Lebensgeschichte und unserer Gottesbeziehung wird. Vielleicht dauert es noch etwas länger, bis wir es wagen, in der Gestalt dieses Vaters Gott selbst wahrzunehmen. Aber es lohnt sich, wenn wir die Geschichte an uns heran lassen. Darum will ich sie jetzt mit Ihnen noch einmal in Ruhe durchgehen.

Ich habe Ihnen dafür eine kleine *Wegskizze* vorbereitet. In sieben Stationen möchte ich mit Ihnen besonders den Weg des jüngeren Sohnes nachzeichnen. Jede Wegstation ist durch zwei Stichworte markiert. Das erste Stichwort betrifft den Sohn und seine innere Entwicklung, das zweite den Vater und das, was in ihm vorgeht. Denn auch der Vater ist betroffen von dem, was mit seinem Sohn geschieht. Hier zunächst die Wegskizze als Orientierungshilfe.

Der lange Weg in die Freiheit

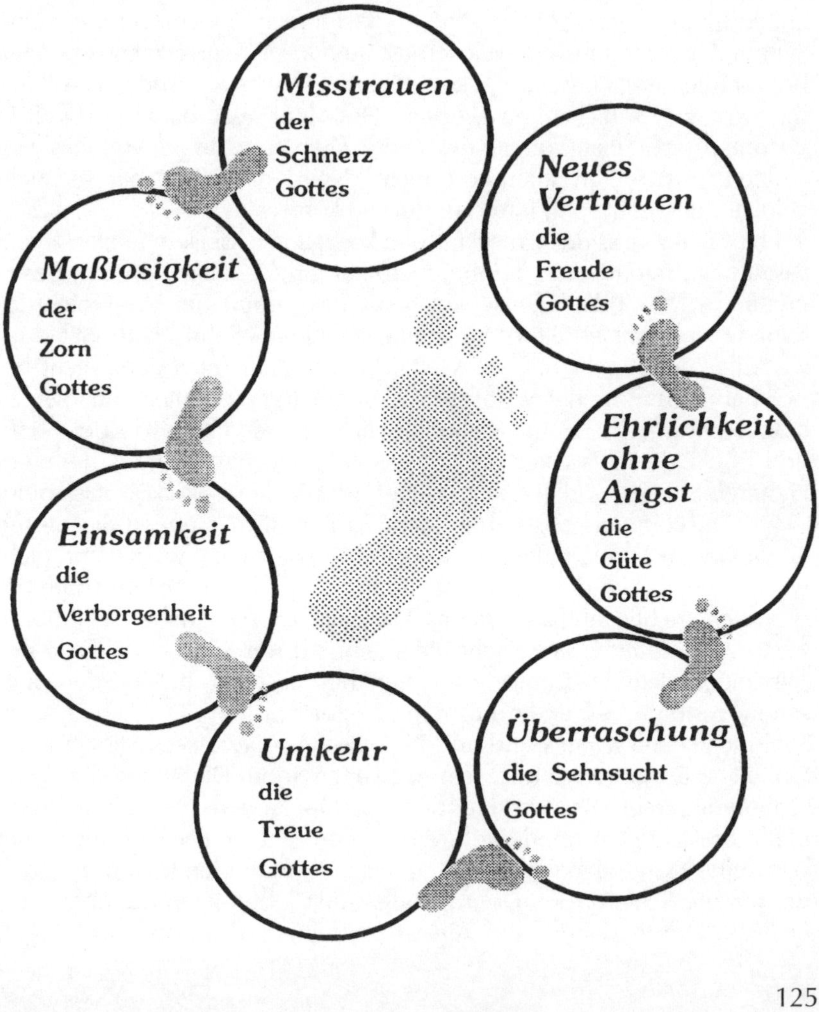

MISSTRAUEN – der Schmerz Gottes

Ich habe mich gefragt, warum der Sohn eigentlich von zu Hause weggeht? Ohne Bild gesprochen: Warum verlässt ein Mensch Gott, sein wahres Zuhause, den Ursprung und die Quelle seines Lebens? Warum tun wir das immer wieder, dass wir Gott den Rücken kehren?

Man könnte vermuten, dass der Grund für den Weggang des Sohnes beim Vater liegt. Dieser Vater muss wohl ein herrschsüchtiger Tyrann gewesen sein, der seinen Jungen kurz gehalten und ihm alle Freiräume rigoros beschnitten hat. Solche Väter gibt es ja – vielleicht gehören auch Sie zu denen, die sich an den eigenen Vater nur ungern erinnern.

Wenn Sie sich nun allerdings den Vater in dieser Geschichte näher ansehen, stellen Sie schnell fest, dass dieser Vater anders ist. Er hat nichts Besitzergreifendes und Einengendes an sich, sondern gibt den Sohn in Großzügigkeit frei. Als der Sohn sagt: „Ich muss jetzt weg!“, da antwortet der Vater: „Dann geh!“. Er rastet nicht aus, macht ihm keine Szene. Keine Empörung: „Wie kannst du nur!?“, keine Erpressung: „Du bringst mich noch ins Grab!“, kein Mitleid-Heischen: „Und was soll aus mir werden?“ – nichts von alledem. Der Vater lässt los. Er gibt frei. Er klammert nicht. Hat Gott Sie etwa zurückgehalten, als Sie von ihm weg wollten? Auch Gott klammert nicht. Nein, am Vater hat es nicht gelegen, dass der Sohn ihm den Rücken kehrte.

Ich bin sicher, dass der Grund für den Weggang in diesem jungen Mann selbst liegt. Irgendwann, vermute ich, hat ein Gedanke von ihm Besitz ergriffen, der Gedanke: „Vielleicht ist das Leben bei Vater nicht zu haben. Vielleicht erfüllen sich meine geheimen Sehnsüchte erst dort, wo Vater nicht mehr nah ist. Vielleicht will Vater mich ganz dicht bei sich haben, um mir das Schönste vorzuenthalten, um mich abhängig zu machen von sich!“ Es muss ganz ähnlich gewesen sein wie bei Adam und Eva: Plötzlich war es da – das Misstrauen, fast wie aus heiterem Himmel. Sie sitzt wirklich abgrundtief in uns, diese Skepsis, dass beim „Vater im Himmel“ das Leben nicht zu haben ist. Kennen Sie diesen Gedanken nicht auch, dass es in der Nähe Gottes eng wird – und nicht weit? Dass man in der Gemeinschaft mit Gott nicht mehr durchatmen, sich nicht richtig entfalten kann? Dass wir unsere Freiheit einbüßen, wenn wir uns auf Gott zu sehr einlassen? Als der Sohn in die Falle des Misstrauens läuft, sich mit dieser Krankheit ansteckt, hat ihn der Vater schon verloren, ist er bereits ein „verlorener Sohn“. Alle weiteren Stationen seines Weges sind nur die logische Folge dieses Misstrauens.

Übrigens: Da gibt es ja noch einen zweiten Sohn. Die Unterschiede zu seinem jüngeren Bruder sind nicht zu übersehen. Der ältere Sohn bleibt brav zu Hause, arbeitet treu auf dem elterlichen Hof mit, gönnt sich keine Extravaganzen, lässt sich nichts zu Schulden kommen. Doch der äußere Schein trügt. Denn richtig erfüllt leben kann offenbar auch er nicht. Die Beziehung des Älteren zu seinem Vater ist zwar korrekt, aber ihr fehlt jede Herzlichkeit und Wärme. Seine Sprache verrät ihn. Hören Sie doch noch mal hinein: „Du weißt doch: All die Jahre habe ich wie ein Sklave für dich geschuftet." Der Vater als Sklavenhalter!? Ein wirklich „inniges Vertrauensverhältnis", nicht wahr?! „Nie war ich dir ungehorsam. Und was habe ich dafür bekommen? Mir hast du nie auch nur einen Ziegenbock gegeben, damit ich mit meinen Freunden feiern konnte". Spüren Sie in diesen Worten den beißenden Frust, den inneren Vorwurf des Sohnes an die Adresse seines Vaters, letztlich immer zu kurz zu kommen, obwohl er buchhalterisch korrekt seine Pflichten erfüllt?

Ich sehe, wie der Vater bleich wird, nicht weil er sich ertappt fühlt, sondern weil es ihn schmerzt, wie sehr ihn sein Sohn verkennt. Ich höre den Vater sagen: „Nun lebst du schon so lange in meiner Nähe und hast immer noch nichts begriffen. Was mir gehört, gehört doch auch dir. Das Leben steht dir offen, warum betrittst du diesen Raum der Freiheit nicht? Warum feierst du nicht das Fest des Lebens vor meinen Augen?"

Das ist schon tragisch: Da lebt einer ganz dicht bei seinem Vater – und kennt ihn trotzdem nicht. Da nennen sich Menschen Christen und begreifen nicht, dass die Freiheit ihr Zuhause ist und Gott alles andere als ein Sklavenhalter. Das gibt es tatsächlich, dass Menschen bei Gott bleiben in treuer Gewohnheit – und dieses fromme Zuhause zugleich wie ein Gefängnis erleben, immer mit dem neidischen Blick auf die „Kinder dieser Welt", die wenigstens auf „ihre Kosten" kommen! Das gibt es, dass Menschen ihr Christsein als unterkühlte Pflichtübung, ihre Frömmigkeit als lustlose Gewohnheit und Kirchlichkeit als abgestandene Routine erfahren.

Man muss nicht erst bei den Schweinen gelandet sein, um sich mit der Krankheit des Misstrauens zu infizieren. Man kann mit Gott Wand an Wand leben – und sitzt trotzdem längst in der „Misstrauensfalle". Man kann treuer Mitarbeiter einer Kirchengemeinde, langjähriges Kirchenvorstandsmitglied, aktive Sängerin im Kirchenchor sein – und lebt in einer tiefen Beziehungsstörung zu Gott, hat ein eiskaltes Verhältnis zu ihm.

Die beiden Söhne sind sich viel ähnlicher, als man auf den ersten Blick vermutet. Wenn Sie mich fragen, welcher von beiden mir sympathischer ist, dann sage ich offen: der jüngere. Denn er lebt sein Misstrauen aus, während der ältere es hinter einer fromm-bürgerlichen Fassade versteckt. Manchem Christenmenschen, der sein Christsein nur als Enge oder als entleerte Tradition erlebt, wünschte ich, er würde mal weglaufen von Gott wie der jüngere Sohn in unserer Geschichte. Vielleicht würde er Gott auf diesem Umweg wieder neu entdecken.

Wir wollen jetzt den jüngeren Sohn auf seinem Weg weiter begleiten. Als er das Haus verlässt, dreht er sich nicht mehr um. Sonst hätte er

gesehen, dass Vater hinter der Gardine steht und weint. Können Sie sich einen Gott vorstellen, der um seine Söhne und Töchter weint? Wussten Sie das eigentlich, wie sehr es Gott weh tut, wenn wir ihm den Rücken kehren?
Was verletzt Sie am meisten? Mich würde am meisten verletzen, wenn sich der Mensch, den ich besonders lieb habe und für den ich nur Gutes will, im Misstrauen von mir abwendet. Das schmerzt. Wir haben uns ja mit unseren eigenen Verletzungen schon beschäftigt. Aber Gott hat auch welche. Dass Vater im Himmel über uns weint, ist sicher ein ungewohntes Bild. Aber ich denke, es ist gut, wenn wir das wissen: Unser Misstrauen Gott gegenüber bereitet Gott Schmerzen.

MASSLOSIGKEIT – der Zorn Gottes

In der Geschichte wird erzählt: „Der Sohn zog in die Fremde". Damit ist mehr gesagt als „weit weg von zu Haus". Die „Fremde" kann ja ungeheuer spannend und bereichernd sein. Denken Sie z.B. an fremde Länder und Kulturen. Aber gerade diese Bereicherung erfährt der jüngere Sohn in der Fremde eben nicht. Ein altes deutsches Ersatzwort für das Wort „Fremde" heißt: „Elend". Genau das geschieht hier: Der junge Mann zieht ins Elend. In dem, was er erlebt und erleidet, findet er sich nicht, sondern verliert sich immer mehr – das ist sein Elend.
Es gibt eine seltsame Erfahrung in unserem Leben: Je mehr wir uns von Gott entfremden, desto fremder werden wir uns auch selbst. Je mehr wir Gott aus den Augen verlieren, desto mehr kommen wir uns auch selbst abhanden. Wir verlieren die Lebensmitte, die wie eine Nabe die Speichen unseres Lebensrades zusammenhält. Wir verlieren die Unterscheidungsfähigkeit für das, was uns gut tut und was uns schadet. Wir verlieren den Maßstab, werden maßlos in unseren Ansprüchen an das Leben: Wir wollen zu viel und haben am Ende nichts.
In unserer Geschichte heißt es: „Er lebte in Saus und Braus und verjubelte alles". Martin Luther hat das in seiner kraftvollen Sprache so übersetzt: „Er brachte sein Erbteil durch mit Prassen". Das Erbteil ist das, was der Vater dem Sohn für seinen Weg mitgegeben hat. Es soll ihm helfen, sein Leben zu entfalten. Aber der Sohn kann damit in der Fremde offenbar nicht umgehen. So wirkt es sich Leben zerstörend aus. Auch wir haben von Gott ein „Erbteil" mitbekommen: Zeit, Kraft, Phantasie, Intelligenz, einen Leib, Menschen, die uns an die Seite gestellt sind, die Schöpfung, deren gute Haushalter wir sein sollen. Aber wir machen immer wieder die Erfahrung: Wenn wir uns von Gott, dem Ursprung des Lebens ablösen, können wir mit den Gaben des Lebens nicht mehr lebensentfaltend umgehen. Wir vergötzen die Gaben, weil wir den Geber aus dem Blick verloren haben. Was als Lebensmittel gedacht war, wird zur Lebensmitte. Was unser Leben bereichern könnte, macht es in der Maßlosigkeit arm und kaputt. Wir gehen mit Menschen um wie mit

Sachen und mit dieser Erde wie mit einem Aldi-Großmarkt. Wir sind wirklich drauf und dran, „alles zu verjubeln“.
Das Seltsame dabei ist, dass Gott uns gewähren lässt. Er überlässt uns unserer Maßlosigkeit. Spüren Sie den Ernst, der über der Szene liegt? Erst *wollte* der Sohn in die Fremde, nun *muss* er sie auskosten. Erst wollen wir ohne Gott leben, dann müssen wir ohne ihn leben. Wer die Maßlosigkeit wählt, muss ihre Folgen erleiden. Das nennt die Bibel: „Zorn Gottes“.
Zorn Gottes – damit ist nicht ein niederer Affekt gemeint, kein unkontrollierter Gefühlsausbruch Gottes. Gott ist ja kein launischer Dämon, der wütend Gift und Galle versprüht. Wenn uns „Gottes Zorn“ trifft, dann nicht wie ein Blitz aus heiterem Himmel, sondern wie der Fluch unserer eigenen bösen Tat oder Unterlassung. Der „Zorn Gottes“ ist der Bumerang eines maßlosen Lebens, der auf uns selbst zurückfällt. Es gibt ein Wechselspiel von Tun und Ergehen, einen Zusammenhang zwischen dem, was wir säen, und dem, was wir ernten. Und aus diesem Zusammenhang entlässt uns Gott nicht. Gott liebt uns – ja! Aber er ist nicht der „nette liebe Gott“, der – haben wir ihn verlassen – ständig hinter uns herläuft und aufpasst, dass uns ja nichts passiert. Diesen „lieben Gott“ gibt es nicht. Gott gibt uns frei – wenn es nicht anders geht auch an die von uns gewählte Maß- und Orientierungslosigkeit. Er reibt sich, weil er uns liebt, an den Unheilsfolgen unserer Maßlosigkeit zwar selbst wund, aber er erspart uns unseren maßlosen Weg nicht. Der „Zorn“ Gottes ist die Schattenseite seiner Liebe: Wo wir uns dieser Liebe entziehen, müssen wir ihren Verlust erleiden. Wir selbst „ziehen ihn uns zu“, diesen Zorn Gottes – im wahrsten Sinn des Wortes.

EINSAMKEIT – die Verborgenheit Gottes

Damit sind wir bei der dritten Wegstation des jungen Mannes aus unserer Geschichte: Der Sohn landet bei den Schweinen. Dabei müssen Sie nun den jüdischen Hintergrund dieser Bildgeschichte Jesu mit bedenken. Das Schwein ist für einen Juden ein „unkoscheres“ Tier. Wer bei den Schweinen landet, hat sich deshalb total isoliert. Er steht außerhalb jeder menschlichen Gemeinschaft. Er ist ein Einsamer geworden. Er sitzt in der Falle der Isolation.
In der Einsamkeit schnappt die Falle des Misstrauens zu. Denn das muss man wissen: Sünde macht verdammt einsam. Wenn wir Gott misstrauen, isoliert uns das nicht nur von ihm, sondern auch von Menschen. Immer mehr Menschen vereinsamen in unserer Massengesellschaft. Man kann ja todeinsam sein, obwohl viele Menschen um einen herum sind. Die aus dem Misstrauen Gott gegenüber geborene Schuld lässt uns einsam werden. Das ist die heimliche Tendenz der Sünde: uns zu isolieren, uns beziehungslos zu machen.

Vielleicht haben Sie das selbst schon erfahren, dass alle unbearbeitete Schuld Beziehungen zerstört. Manches Ehepaar, das Jahr für Jahr Tisch und Bett teilt, besteht aus zwei tief einsamen Menschen, deren nicht aufgedeckte Schuld beide voneinander trennt. Unsere Schuld will immer mit uns allein sein. Sie hasst es, ans Licht zu kommen. Es gibt Dinge, die wir in tiefem Schweigen in uns einschließen. Kämen sie ans Licht, verlören wir unseren guten Namen.

In der Schweiz – so hat man mir erzählt – sollen sich Jugendliche in den sechziger Jahren des letzten Jahrhunderts einen „Scherz" erlaubt haben. Sie haben eines Nachts in einer großen Schweizer Stadt zum Telefonbuch gegriffen und wildfremde Nummern gewählt. Immer wenn der Gesprächspartner am anderen Ende der Leitung den Hörer abnahm, haben sie nur einen Satz gesagt: „Es ist alles rausgekommen!" – und dann schnell aufgelegt. Was glauben Sie, was in dieser Nacht los war? Selbstmorde sind geschehen, Menschen sind in Panik geraten, haben fluchtartig die Stadt verlassen. Warum? Weil sie sich entdeckt glaubten an Punkten, die sie bisher in tiefem Schweigen in sich eingeschlossen hatten.

Alles, was wir an Schuld verschweigen wollen, macht uns einsam, beziehungslos – auch Gott gegenüber. Im Misstrauen suchen wir unser Versagen vor Gott zu verbergen. Aber dadurch wird uns Gott selbst zum Verborgenen. Wir entdecken nichts mehr von ihm in unserem Leben. Unsere Gottesbeziehung ist wie abgestorben. Ein Psalmbeter des Alten Testaments scheint diese Erfahrung auch zu kennen: „Erst wollte ich meine Schuld verschweigen; doch davon wurde ich so krank, dass ich von früh bis spät nur stöhnen konnte. Ich spürte deine Hand bei Tag und Nacht; sie drückte mich zu Boden, ließ meine Lebenskraft entschwinden wie in der schlimmsten Sommerdürre" (Ps 32,3f GN). Wenn Sie das Gefühl haben, Gott hält sich in Ihrem Leben verborgen, kann das auch damit zusammenhängen, dass sich eine Wolke von Schuld zwischen Sie und Gott geschoben hat.

Zurück zu unserer Geschichte. Der Sohn befindet sich am absoluten Tiefpunkt seines Weges. Aber dieser Tiefpunkt wird zugleich zum Wendepunkt. Oft sind es eben gerade die Krisen unseres Lebens, die die Chance eines Neuanfangs eröffnen. Darum jetzt die vierte Station:

UMKEHR – die Treue Gottes

In der Erzählung heißt es: „Da ging er in sich". Das ist eine mutige Reise, eine solche Reise nach innen. Manche wagen sie nie. Wir laufen ja ständig vor uns selbst davon. Wir gehen „meilenweit", wenn wir diese Reise nach innen vermeiden können. Aber die Reise ins Land des Glaubens ist auch eine Reise nach innen. Der junge Mann wagt sie. Und tief drinnen in sich begegnet er seinem eigenen Schatten: Er kommt seinem Misstrauen auf die Spur, entdeckt, wie er ihm in die

Falle gelaufen ist, wie sehr es sein Leben entstellt und gezeichnet hat. Und dann fällt der entscheidende Satz: „Ich will zu meinem Vater gehen und zu ihm sagen: Vater, ich bin vor Gott und vor dir schuldig geworden".

„Ich", sagt er, „ich bin schuldig geworden". Bisher hatte er das noch nie gesagt. Es dauert in der Regel sehr lange, bis wir das sagen, bis wir die Verschiebespiele aufgeben, in denen wir unser persönliches Versagen auf die Umstände, unsere Erziehung oder „die anderen" abwälzen. Manchmal suchen wir uns zeitlebens „Sündenböcke", auf die wir das abschieben können, was wir selber „verbockt" haben. Es ist ein Unterschied, ob ich im Karneval singe: „Wir sind alle, alle kleine Sünderlein", oder ob ich erschrecke über mich selbst, weil ich merke, dass tief in mir das Misstrauen gegen Gott wohnt, das mein Leben krank gemacht hat.

„Da ging er in sich ..." Ich stelle mir vor, dass der Sohn auf seiner Reise nach innen noch auf etwas anderes stößt: auf eine Erinnerung und eine fast völlig verschüttete Sehnsucht. „Ich will zu meinem Vater gehen ..." Wie ein vergilbtes Foto steigt auf einmal das Bild seines Vaterhauses in ihm auf. Die Umrisse sind verschwommen. Vaters Gesicht kann er sich kaum noch richtig vorstellen. Es ist zu lange her, dass er ihm in die Augen gesehen hat. Und doch entdeckt er tief in sich diese Sehnsucht: „Ich will wieder nach Hause!"

Darf ich Sie mal fragen, warum Sie dieses Buch nicht längst zur Seite gelegt haben? Könnte das mit dieser Sehnsucht zusammenhängen, die tief in Ihnen lebt: „Ich will wieder nach Hause, wieder zurück zu Gott"? Irgendwann stoßen wir auf diese Sehnsucht. In dieser Sehnsucht bringt Gott sich wieder in Erinnerung. Denn er vergisst uns nicht, auch wenn wir ihn längst vergessen haben. Er bleibt uns treu, obwohl wir ihm untreu sind. Eine Bitte habe ich: Wenn Sie plötzlich Sehnsucht nach Gott verspüren, unterdrücken Sie sie nicht! Sie kommt nämlich gar nicht von Ihnen. Ihre Sehnsucht nach Gott ist ein Zeichen dafür, dass *Gott* Ihnen die Treue hält.

Auf diese Treue Gottes kann man antworten: „Ich will zu meinem Vater gehen ..." – Hier fällt ein wichtiger Entschluss. Die Bibel nennt ihn den Entschluss zur „Umkehr". Umkehren heißt, die Wegrichtung ändern. Wenn der Weg „Misstrauen" hieß, dann heißt Umkehr: Schritte des Vertrauens auf Gott zu gehen. Man kann nicht einfach nur darauf warten, dass das Misstrauen gegen Gott von allein verschwindet. Man muss es auch selbst zurücknehmen – wie einen falschen Entschluss, den man korrigiert. Aber wie sieht so ein Umkehrweg aus?

Ich sehe, wie der junge Mann in unserer Geschichte den Schweinen „Lebewohl" sagt, sich den Dreck von den Kleidern schüttelt und aufbricht. Doch schon nach wenigen Schritten bleibt er stehen. Wo geht's eigentlich nach Hause? Unsicher schaut er nach rechts und links. Welchen Weg soll er nehmen? Er weiß es nicht – zu viele Umwege ist er gegangen, zu lange war er weg von zu Hause. Wüssten Sie's? Wüssten Sie, wie man nach Hause, wie man zu Gott zurückkommt? Ich bin sicher, der jüngere Sohn wäre nie zu Hause angekommen, wenn sich nicht etwas Überraschendes ereignet hätte ...

ÜBERRASCHUNG – die Sehnsucht Gottes

In der Erzählung heißt es: „Als der Vater ihn von weitem sah, lief er ihm entgegen ..." Für mich ist das der Höhepunkt der ganzen Geschichte. Sie müssen sich das Bild vorstellen: Der Vater hatte manche Nacht nicht geschlafen, war immer wieder ans Fenster getreten, hatte in die Dunkelheit gestarrt, sehnsüchtig den Horizont abgesucht. Wussten Sie das eigentlich, dass Gott Sehnsucht nach Ihnen hat? Hat Ihnen das schon mal jemand gesagt, dass Gott sich nach Ihnen sehnt? Vater im Himmel kriegt kein Auge zu, bis seine verlorenen Töchter und Söhne wieder zu Hause sind. Gott sitzt nicht selbstgenügsam und gelangweilt in seinem Himmel, während wir im Elend stecken. Er will mit uns zusammen sein, er wartet auf uns, er sehnt sich nach uns wie ein Liebhaber nach seiner Geliebten. Wir Menschen sind und bleiben Gottes große Leidenschaft, wie weit wir uns auch immer von ihm entfernt haben.
Ich sehe, wie der Vater am Fenster sitzt und den kleinen schwarzen Punkt in der Ferne beobachtet, der immer größer wird. Umrisse eines Menschen zeichnen sich ab – und plötzlich weiß er es, mit einer Gewissheit, die nur die Liebe kennt: Er ist es, mein Junge kommt zurück! Nun stellen Sie sich bitte die Szene vor: Der Vater springt auf, freudig erregt, läuft zur Tür – er hat noch die Hausschuhe an –, reißt die Tür auf und rennt, rennt über den Hof, über den Acker, rennt, als ob es um sein Leben ginge! Ein alter, jüdischer Patriarch, der gewohnt ist, immer nur zu „schreiten", rennt mit Sehnsuchtsschritten seinem Sohn entgegen!
Verstehen Sie das? Andere Väter hätten hinter der Tür gewartet, den Sohn dreimal klopfen lassen, die Tür höchstens bis zum Anschlag der Kette geöffnet, hätten vielleicht gesagt: „Wasch dich erst mal, du stinkst!", hätten ihm bestenfalls den Schuppen zum Übernachten angeboten. Aber dieser Vater läuft seinem Sohn entgegen und freut sich an seiner Rückkehr wie ein Kind an Weihnachten. Er reißt die Arme auseinander und lässt das gesammelte Misstrauen seines Jungen hineinlaufen. Und dann legt er die Arme um seinen Sohn und überhäuft ihn mit Küssen. Die Tränen laufen ihm das alte Gesicht herunter.
„So ist Gott", sagt Jesus. Er kommt uns entgegen. Wo immer wir auch herkommen, wie lange wir auch weg waren, er kommt uns entgegen. Mit offenen, weit ausgespannten Armen. Weit ausgespannte Arme –

kennen Sie das Bild? In jeder Kirche hängt es über dem Altar. Jesus hängt da am Kreuz, und seine Arme sind so weit auseinander gerissen, dass das gesamte Misstrauen dieser Welt darin Platz hat. Wir werden uns dieses Bild im nächsten Kapitel noch intensiver ansehen. Das ist die große Überraschung für uns Misstrauische: Gottes unerwartetes Entgegenkommen.

In der Geschichte Jesu Christi ist dieses große Entgegenkommen Gottes mit Händen zu greifen. Jesus hat die Bildgeschichte in Lukas 15 nämlich nicht nur als fromm-erbauliche Story erzählt. Er hat sie gelebt. In Jesus läuft uns Gott selbst entgegen. Jesus zeigt uns, dass Gott uns nicht ins offene Messer laufen lässt, sondern in seine offenen Arme, die uns ohne Worte sagen: „Gut, dass du wieder da bist!". Wissen Sie, warum ich diese Geschichte von Gottes erstaunlichem Entgegenkommen so sehr mag? In dieser Geschichte kann man Gott direkt ins Gesicht sehen.

Erst dabei merkt man dann auch, wie krank die Bilder sind, die wir uns oft von Gott machen. „Gott" – das ist für viele eine Mischung aus Christkind und Oberlandesgerichtspräsident. „Gott" – das ist so, als wenn ich in meinem Auto sitze und plötzlich im Rückspiegel einen Polizeiwagen hinter mir entdecke. Versetzen Sie sich einmal in die Situation: die Adrenalin-Ausschüttung steigt, Schweiß tritt auf die Stirn, ich sehe auf den Tacho („War ich zu schnell?"), ich blicke auf die Straße („Habe ich ein Schild nicht beachtet?"). Woher kommt bloß dieses kranke Bild, das aus dem Vater im Himmel eine Radarfalle macht? Mal ehrlich, das können wir uns doch lebhaft vorstellen, dass uns Gott bedrohlich im Rücken sitzt, dass er wie ein Oberpolizist dauernd hinter uns herläuft, um aufzupassen, dass wir ja keine Fehler machen. Darum ist der Himmel für viele so etwas wie eine Flensburger Religionssünder-Kartei, wo man laufend Punkte eingetragen kriegt.

So ist Gott aber nicht, lässt uns Jesus mit seiner Geschichte wissen. Er läuft nicht als Kontrolleur hinter uns her, sondern er läuft uns als unser Vater entgegen. Jesus hat damals eine kleine Revolution ausgelöst, als er den Menschen erlaubte, Gott „Abba" zu nennen. „Abba", das ist ein aramäisches Lallwort der Kleinkinder. „Abba" heißt übersetzt: „Vati, Papa, Paps". „So dürft ihr euch Gott vorstellen", sagt Jesus, „wie einen guten Vater." Und dann hat er uns diesen Vater gezeigt und lieb gemacht, damit wir endlich unser Misstrauen aufgeben.

EHRLICHKEIT OHNE ANGST – die Güte Gottes

Als der Sohn in Vaters Armen spürt: „Es ist alles gut", da kann er plötzlich reden. Da sprudelt es aus ihm heraus. Nun kann, nun muss er seine Geschichte loswerden. Und er spürt, wie gut das tut. Vorher hatte er sich das gar nicht vorstellen können, wie befreiend das Auspacken sein kann. „Was soll ich Vater bloß sagen?", hatte er sich auf dem Heimweg immer gefragt. „Wie soll ich ihm alles erklären? Manches erzähle ich am besten

gar nicht ..." Vielleicht hatte er sich sogar Rechtfertigungsstrategien und entlastende Ausreden zurechtgelegt. Aber seltsam, jetzt in Vaters Armen braucht er das alles nicht mehr. Er spürt es bis in die Fußspitzen: Ich kann jetzt ehrlich werden ohne Angst.
Machen Sie das auch so wie ich? Ich werde immer nur ehrlich vor Leuten, bei denen ich sicher bin, dass die mich anschließend nicht fertig machen. Ehrlich, wirklich ehrlich wird man nur da, wo man keine Angst mehr hat. Genau das erfährt der Sohn in den Armen des Vaters: Er muss um Vaters Güte nicht mehr ängstlich mit Ausflüchten und Rechtfertigungsversuchen kämpfen. Diese Güte umgibt ihn bereits, hüllt ihn ein wie ein wärmender Mantel – längst bevor er ein Wort gesagt hat. Es ist immer die uns entgegenlaufende, unserem Schuldbekenntnis vorauslaufene Menschenfreundlichkeit Gottes, die uns zur Ehrlichkeit befreit. Es ist immer Gottes Güte, die uns zur Umkehr einlädt (vgl. Röm 2,4).
Ein Freund von mir hat über diese Geschichte einmal in einer Jugendstrafanstalt gepredigt. Er fragte seine Zuhörer: „Stellt euch vor: Ihr habt 10 Automaten geknackt, aber nur einen Bruch kann man euch nachweisen. Würdet ihr die anderen 9 Brüche in der Gerichtsverhandlung auch zugeben?" Alle grinsten und schüttelten den Kopf: „So blöde sind wir nicht", sagten sie, „da wird ja die Strafe höher". „Genau", sagte mein Freund, „ich würde das auch nicht tun. Aber nun stellt euch mal vor: Die Gerichtsverhandlung beginnt. Es ist der erste Verhandlungstag. Noch kein Zeuge wurde vernommen. Der Richter erhebt sich zu Sitzungsbeginn und sagt zur Überraschung aller: 'Im Namen des Volkes! Angeklagter, Sie sind freigesprochen! Ich eröffne hiermit die Verhandlung'."
Da sei – so erzählt mein Freund – ein jugendlicher Strafgefangener aufgesprungen und habe ganz laut in den Raum gerufen: „Dann könnte ich endlich mal alles sagen!"
Im Grunde ist das unser geheimer Wunsch: endlich mal alles sagen zu dürfen, uns einmal ganz aussprechen zu können. Wir trauen uns nur nicht. Wo kann man schon ehrlich werden, ohne Angst haben zu müssen, anschließend in die Pfanne gehauen zu werden? Bei Gott kann man das. Die Güte, mit der er uns entgegenkommt, befreit uns geradezu, endlich einmal ohne Angst ehrlich werden zu können.
Ehrlichwerden ohne Angst – „fromme" Sprache hat einen Begriff dafür: *„Beichte"*. Vielleicht gehen bei Ihnen jetzt die Schotten runter. Das Wort „Beichte" hat keinen guten Klang. 1991 veröffentlichte die Illustrierte „Quick" unter der Rubrik „In – Out" die Ergebnisse einer Umfrage des Allenbach-Instituts. Bei 68 Prozent der Evangelischen und bei 61 Prozent der Katholischen ist die Beichte absolut „out". Welche Assoziationen werden *Ihnen* wohl bei diesem Wort durch den Kopf schießen? Vielleicht kommen Ihnen Gedanken wie: Beichtstuhl, Kniefall, Buß- und Bettag, graues Novemberwetter, schwarzer Anzug,

Sack und Asche. Auf jeden Fall halten die meisten die Beichte für eine erzkatholische Pflichteinrichtung aus dem Mittelalter, die sich mit einem neuzeitlichen Lebensgefühl oder mit der berühmten „protestantischen Freiheit“ nun wirklich nicht vereinbaren lässt.

Wie schade, dass so viele in der Beichte eine unzeitgemäße, düstere und unerfreuliche Sache wittern! Beichte ist etwas völlig anderes. Beichte ist Gottes Einladung an uns, seine Güte zu schmecken. Das ist kein Kniefall vor einem kirchlichen Autoritätsdiktat, auch kein Weg in die Zerknirschung. Das ist ein Weg in die Freude. Beichte ist der Ort, wo die Freude am Leben Flügel kriegt. In der Beichte betritt man einen angstfreien Raum. Beichten heißt nämlich nicht: in kriecherischer Frömmigkeit um Gottes Güte buhlen – und das in der Ungewissheit, ob man sie je bekommt. Beichten heißt vielmehr, dass Gott mir den Mantel seiner Güte umlegt (wie der Vater die Arme um seinen Sohn) – und gerade das befreit mich, endlich vor ihm ehrlich werden zu können, ohne die Angst, dabei den Kürzeren zu ziehen. Christen *müssen* nicht beichten, *damit* Gott ihnen gnädig ist.

Christen *dürfen* beichten, *weil* Gott ihnen gnädig ist. Erst läuft Gott mir mit ausgestreckten Armen entgegen, mit Armen, die die Abgründe meines Lebens überbrücken – erst dann werde ich anfangen, ihm diese Abgründe meines Lebens auch zu zeigen. Nur in den schon überbrückten Abgrund kann man gucken, ohne dass einem schwindelig wird.

Das Wort „beichten“ kommt vom mittelhochdeutschen Wort „bejehen“ her und meint so viel wie „bekennen“. Oder mit dem Bild oben ausgedrückt: Beichte heißt *„Ich bete“*. Ich spreche mich aus vor Gott, spreche ihm mein Misstrauen aus und die Folgen, die das in meinem Leben hatte. Wenn der Bundestag dem Kanzler das Misstrauen ausspricht, ist die Geschichte des Kanzlers zu Ende. Wenn wir vor Gott unser Misstrauen ihm gegenüber aussprechen, fängt unsere Geschichte mit ihm wieder ganz neu, vielleicht sogar erst richtig an. Gottes Vergebung ist kein abstraktes christliches „Prinzip“, sondern sie ist immer nur konkrete, lebendige Erfahrung von Schuldbekenntnis und Vergebung.

Haben Sie diese Erfahrung schon einmal „live“ gemacht? Oder leben Sie bisher von der abgestandenen Konserve des sog. „christlichen Abendlandes“, dass es „Gottes Job“ ist, zu vergeben, sogar denen, die ihn darum gar nicht gebeten haben? Haben Sie schon einmal „Beichte“ in irgendeiner Form erlebt? Aus eigener Erfahrung weiß ich, wie

befreiend das ist, wenn man z.B. in Gegenwart eines anderen Christen vor Gott ehrlich wird, sich den Mantel der Güte Gottes umhängen und sich zusprechen lässt: „Dir ist deine Schuld vergeben. Es ist alles wieder gut!“ Darf ich Sie fragen: Warum gönnen Sie sich das nicht mal ab und zu?
Ist die Beichte wirklich unmodern, dem heutigen Menschen nicht mehr zumutbar? Der Schweizer Schriftsteller Max Frisch schreibt in seinem Roman „Mein Name sei Gantenbein“: „Ein Katholik hat die Beichte, um sich von seinem Geheimnis zu erholen, eine großartige Einrichtung; er kniet und bricht sein Schweigen, ohne sich den Menschen auszuliefern, und nachher erhebt er sich, tritt wieder seine Rolle unter den Menschen an, erlöst von dem unseligen Verlangen, von Menschen erkannt zu werden. Ich habe bloß meinen Hund, der schweigt wie ein Priester, und bei den ersten Menschenhäusern streichele ich ihn. Brav, Patsch, brav! Und wir nehmen einander wieder an die Leine“ (Frisch, Gantenbein, S. 152f).

„Gewissensbisse“, so heißt diese Graphik von Wolfgang Mattheuer. Viele Menschen erleben in sich eine tiefe Gespaltenheit. Sie sind zerrissen zwischen dem, was sie faktisch leben, und dem, was sie leben wollen und sollen. Manchmal verfolgt uns diese innere Gespaltenheit bis in unsere Träume.
Wer sich genau umsieht, entdeckt, dass es unter uns eine Sehnsucht nach Beichte gibt, auch wenn das Wort völlig aus der Mode gekommen ist. Unzählige Psychotherapieangebote, Selbsterfahrungsgruppen, Talk-Runden und Selbsthilfe-Bücher haben als zum Teil getarnte „säkulare Beichtväter“ Hochkonjunktur. Längst weiß man, dass unsere Seele sich rächt, wenn wir es ihr zu leicht machen mit dem komplizierten Thema

„Schuld“. Längst ist erkannt, wie wichtig das „Sichaussprechen“ für die innere Psychohygiene ist.

Es geht in der Beichte allerdings um mehr als um ein „Sichaussprechen“- um viel mehr. Es geht darum, dass ein Mensch im Namen und in der Kraft Gottes *freigesprochen* wird von seiner Schuld. Mit unserer Sünde, dem Misstrauen und seinen Folgen ist es nämlich wie mit „Rumpelstilzchen“. Sie kennen das Märchen? Der kleine Giftzwerg hat eine ungeheure Macht – so wie auch unsere Schuld Macht über uns hat. Bei dem Gnom im Märchen wird die Macht erst gebrochen, als jemand seinen Namen nennt: „Rumpelstilzchen!“ Als das unaufgedeckte Geheimnis dieses Namens entzaubert wird, da ist der Spuk vorbei. Erst wenn wir unser Misstrauen namhaft machen vor Gott, wenn wir beim Namen nennen, was uns von ihm entfremdet hat, erst wenn das Kraftwort seiner Vergebung uns „löst“ von der Bindekraft unserer schuldbeladenen Vergangenheit, erst dann ist der Bann gebrochen. Erst dann werden wir wirklich frei und froh. Erst dann können wir uns ohne Hypothek ganz dem zuwenden, was vor uns liegt.

Der Psychologe C.G. Jung soll einmal auf die Frage eines Theologen, warum Menschen mit ihren inneren Nöten heute eher zu den Psychotherapeuten gehen anstatt zu den Pastoren, geantwortet haben: „Weil ihr ihnen nicht mehr die Vergebung zusprecht“. Das aber ist das Ziel der Beichte: Freispruch, Loslösung von der Macht des Vergangenen, Auflösung der verhängnisvollen Gleichung „Ich bin, was ich getan habe“, Chance eines Neuanfangs. Gott hat große Lust, uns diese Erfahrung seines lösenden Wortes zu gönnen. Die Schuldverdrängung ist keine echte Alternative. Unsere Seele spielt dieses feige Spiel nicht lange mit. Die Zusage des Evangeliums überbietet im übrigen den Gewinn dieses „Schuldverdrängungsspiels“. „Wenn wir behaupten, ohne Schuld zu sein, betrügen wir uns selbst, und die Wahrheit lebt nicht in uns. Wenn wir aber unsere Verfehlungen eingestehen, können wir damit rechnen, dass Gott treu und gerecht ist: Er wird uns dann unsere Verfehlungen vergeben und uns von aller Schuld reinigen, die wir auf uns geladen haben“ (1. Joh 1,8f GN).

Endlich mal alles sagen können ...

Und wie sieht das praktisch aus, wenn man beichtet? Es gibt verschiedene Möglichkeiten. Zum Beispiel können Sie in der sog. „Herzensbeichte“ in einem persönlichen Gebet Gott allein ihre Schuld abgeben. Sie können auch einen „Schuldbekenntnis-Brief“ schreiben, z.B. unter der Überschrift „Was ich dir (Gott) schon immer sagen wollte“ – und diesen Brief in einer Kirche bei einem stillen Gebet auf den Altar unter das Kreuz legen. Bei der „Herzensbeichte“ sind Sie zwar in Ihrer Intimsphäre geschützt, unbeobachtet und unkontrolliert –

aber Sie hören auch nur Ihre eigene Stimme. Niemand spricht Ihnen von außen zu: „Dir ist deine Schuld vergeben. Sie muss dich nicht mehr belasten. Sie wird dich in Zeit und Ewigkeit nicht mehr von Gott trennen."

Darum hat Martin Luther etwas anderes geraten: „Wenn dich dein Gewissen peinigt, dann gehe zu einem frommen Menschen und klag ihm deine Not. Wenn er dir dann vergibt, dann sollst du es annehmen. Denn wem willst du dein Gebrechen klagen außer Gott? Wo kannst du ihn aber finden, außer in deinem Bruder (bzw. deiner Schwester)? Sie können dich mit Worten stärken und dir helfen. Das ist recht gebeichtet".

Nun ist die Schwelle zu einem solchen „Beichtgespräch" für Sie vielleicht sehr hoch. „Wo ist denn der 'fromme Mensch' (Luther) in meiner Nähe?", fragen Sie eventuell. Und wenn es ihn gibt, wie baue ich eine Beziehung zu ihm auf, gewinne zu ihm Vertrauen? Die Schwelle von der Beichtsehnsucht zur Beichtmöglichkeit sehe ich auch. Aber ich möchte Sie daran erinnern, dass es Kirchengemeinden in Ihrem lokalen Umfeld gibt, in denen Sie unter ehren- und hauptamtlichen Mitarbeitern Menschen finden können, die zu einem „Beichtgespräch" bereit und in der Lage sind. Wenn Sie zunächst mehr Abstand und Anonymität brauchen: Auch die bereits im letzten Kapitel erwähnte Telefonseelsorge, die bundesweit unter der freecall-Nr: 0800 – 1110111 bzw. 0800 – 1110-222 erreichbar ist, kann Ihnen weiterhelfen. An den Telefonen sitzen keine Kirchenfunktionäre, sondern geschulte und engagierte Christinnen und Christen, die ein offenes Ohr und Herz für Sie haben. Also, bleiben Sie bitte nicht allein, wenn Sie sich gönnen wollen, was Gott Ihnen schon lange gönnt: die befreiende Erfahrung seiner Vergebung.

Das Bild holt uns nach unserem kleinen Exkurs zum Thema „Beichte" zurück zu unserer Geschichte. Wir sind bei der letzten Station unseres langen Weges angekommen.

NEUES VERTRAUEN – die Freude Gottes

Auf diese Freude Gottes läuft unsere Geschichte zu. Als der Sohn wieder zu Hause ist, gerät der Vater total aus dem Häuschen – vor Freude darüber, dass das Misstrauen seines Sohnes wieder ausgeheilt ist. Er macht ein Fass auf, eine große Fete steigt, ein Fest wird gefeiert. Da ist vielleicht was los! Sie glauben gar nicht, wie Gott sich freut, wenn Sie wieder glauben! Wenn ein Mensch sein Misstrauen Gott gegenüber aufgibt, wenn seine kranken Gottesbilder heilen, wenn er sich bei Gott wieder ganz zu Hause weiß, dann bricht im Himmel die Freude aus.
Christsein heißt letztlich: in die Freude kommen und damit Gott eine Freude machen. Das ist schon seltsam, dass wir Gott gerade damit eine Freude machen, dass wir ihm unser Elend bringen. Darum mag ich das nebenstehende Bild so gern, denn es zeigt einen strahlenden Vater, obwohl ein gescheiterter Sohn vor ihm steht. Viele Väter freuen sich, wenn ihre Kinder ihnen gute Noten, anständige Schwiegersöhne bzw. -töchter oder zumindest abends die Pantoffeln bringen. Gott aber, unser Vater im Himmel, freut sich, wenn wir ihm das Verbogene, Entgleiste und Defekte in unserem Leben bringen. Verstehen Sie das? Ich nicht. Aber warum sollten wir Gott keine Freude machen und ihm nicht unser am Misstrauen erkranktes, schuldbelastetes Leben bringen?
„Gut, dass du wieder zu Hause bist!“ – das möchte Gott zu Ihnen, liebe Leserin, lieber Leser dieses Buches, auch gern sagen. Er möchte, dass Sie nach Hause kommen. Darum wünsche ich Ihnen jetzt – auch und besonders im Blick auf die noch vor Ihnen liegenden Kapitel dieses Buches – einen „guten Nachhauseweg“!

➔

Bevor Sie weiterlesen...

Schauen Sie sich noch einmal die Wegskizze für die Geschichte aus Lukas 15 an (S. 125):

Wo befinden Sie sich im Augenblick auf diesem Weg?
Wie wird Ihr nächster Schritt aussehen?

VI. Vom Himmel auf Erden – und wie er über uns aufgeht

Auf dem nun folgenden Wegstück unserer Reise ins Land des Glaubens möchte ich mit Ihnen gern über den *Himmel* reden. Sie haben richtig gelesen: über den „Himmel". Vermutlich wundern Sie sich. Wer redet heute denn noch vom Himmel? Das Thema ist out. „Uns Heutigen ist weithin der Himmel verschlossen. Nur 37% der Europäer glauben, dass es ihn gibt. Wir tun uns schwer mit dem Gedanken, dass unser Lebensziel darin besteht, einmal in den Himmel zu kommen. Sicher ist sich von Europas Bewohnern nur ein Drittel, dass mit dem Tod alles zu Ende ist. Aber für die Lebensführung auf der Erde, vor dem Tod, spielt das Wissen um den Himmel kaum eine Rolle" (Zulehner, S. 74).
Das war einmal anders. Da haben sich Menschen noch auf den Himmel gefreut. Wer hier unten arm dran war, hatte ja noch „die Ewigkeit" vor sich. Der Lebensweg war auf ein Ziel ausgerichtet. Man verstand das Leben wie „ein Wandern zur großen Ewigkeit" (EG 481,5). So lebte man nicht einfach drauflos. Man versuchte, schon auf der Erde sein Herz an den Himmel zu gewöhnen – je früher, desto besser. Kennen Sie noch das Abendlied „Der Mond ist aufgegangen?" Matthias Claudius, der Liederdichter, hat darin die Ausrichtung des Lebens auf den Himmel besungen. Hören Sie mal hinein in die alte, uns fremd gewordene Sprache (EG 482,5-6):

Gott, lass dein Heil uns schauen,
auf nichts Vergänglichs trauen,
nicht Eitelkeit uns freun;
lass uns einfältig werden
und vor dir hier auf Erden
wie Kinder fromm und fröhlich sein.

Wollst endlich sonder Grämen
aus dieser Welt uns nehmen
durch einen sanften Tod;
und wenn du uns genommen,
lass uns in' Himmel kommen,
du unser Herr und unser Gott.

Vertröstung aufs Diesseits

Man hat der Kirche lange Zeit vorgeworfen, sie vertröste die Menschen aufs Jenseits, um ihnen das Leben im Diesseits mit seinen Entbehrungen und ungestillten Sehnsüchten zu erleichtern. Das sei so, als wenn man Schwerkranken Schmerzmittel verabreicht, damit es nicht so weh tut. Karl Marx hat die Religion einmal „Opium des Volkes" genannt. Die Jenseitsvertröstung ist inzwischen vielen verdächtig. Macht sie nicht träge und faul gegenüber dringenden Aufgaben, die wir hier unten auf der Erde zu lösen haben? Schläfert sie uns nicht ein? Lenkt sie nicht ab von dem, was uns Tag für Tag an Herausforderungen vor den Füßen liegt? Wer ständig nur nach oben guckt, dem geht es wie „Hans-Guck-in-die-Luft": Er übersieht die Fallen, die am Boden ausliegen.

Der Protest gegen die Vertröstung aufs Jenseits hat gegriffen. Inzwischen haben wir uns im Diesseits eingerichtet. Der Himmel ist verschlossen. Wir haben ihn uns sozusagen „verboten", haben ihn von unten dichtgemacht. „Oben" ist nichts mehr – und nach „vorn" ist der Blick auch verstellt. „Die Zukunft ist auch nicht mehr das, was sie früher mal war", sagte mal jemand scherzhaft. Aber im Grunde ist das ein ernster Satz. Denn auch für unsere Zukunftshoffnung scheint der Himmel in der Tat wie verrammelt zu sein. Die Hoffnung auf einen „Himmel auf Erden", die vergangene Utopien und ein naiver Fortschrittsglaube zu wecken versuchten, sind uns gründlich ausgetrieben worden. „Oben zu – vorne dicht": Wir sitzen in der Diesseitsfalle.

Haben Sie im Zoo mal die Löwen im Käfig beobachtet? Mich faszinieren die „Könige der Wüste", diese stolzen, großen Tiere, die die Weite brauchen, um leben zu können. Die paar Quadratmeter Käfig sind einfach zu klein für sie. So rennen sie auf und ab, auf und ab – und rennen doch immer wieder nur gegen die Wand. Ihr Lebenshunger bräuchte entschieden mehr Auslauf. Aber sie werden die große, weite Wüste nicht wiedersehen.

Unter dem verschlossenen Himmel, in der Diesseitsfalle, gleicht das Leben einem Löwenkäfig. Wir, die „Könige des Lebens" rennen immer wieder gegen die Wand mit unserem Glückshunger und unserer Lebenssehnsucht. Wir wollen mehr, als der Käfig hergibt. Weil wir aber nicht rauskommen aus diesem Käfig, heißt die Devise: möglichst das Beste herausholen aus dieser Situation! Möglichst viel Glück bei minimalem Leid, solange noch Zeit dafür ist. Und da die Zeit knapp wird, der Tod näher rückt, muss alles schnell gehen: schnell arbeiten, schnell wieder Urlaub machen, schnell lieben, schnell genießen. Nur ja nichts verpassen! Die Beschleunigung unseres Lebens nimmt rapide zu. Der Löwe rennt im Käfig. Wenn es schon keinen Himmel gibt, dann wollen wir ihn wenigstens hier auf der Erde haben, solange und so gut es geht. Wer auf die Ewigkeit verzichtet, muss die Zeit auspowern, muss dem mäßigen Leben Maßloses abfordern.

Die Vertröstung aufs Jenseits ist einer „Vertröstung aufs Diesseits" (Zulehner) gewichen. Manchmal beteiligen sich sogar die Kirchen daran, indem sie den Himmel verschweigen. „Aber die Zweifel, ob das Leben unter dem verschlossenen Himmel die letzte Möglichkeit für unsere glückshungrige Seele ist, wachsen" (Zulehner, S. 81). Es scheint beim Leben unter dem verschlossenen Himmel etwas auf der Strecke zu bleiben, „was den Menschen an den Wurzeln seiner Seele ausmacht: maßlose Sehnsucht, von der die erfahrenen Gottgelehrten sagen, es sei die Sehnsucht nach Gott und damit seinem Himmel" (ebd.).

Wolken-Kuckucksheim am St.-Nimmerleins-Tag?

Aber worauf richtet sich denn die Sehnsucht nach dem Himmel, die wir in unserer mutigen – oder soll ich lieber sagen: übermütigen – Vertröstung auf das Diesseits so tapfer verdrängen? Sie richtet sich sicher nicht auf das, was Sie auf diesem Bild sehen. Das wirkt eher langweilig. Mancher hat den Himmel satt, weil er so harmlos zu sein scheint. Sie wissen, dass über den Himmel viel gewitzelt und gespöttelt wurde. Man hat ihn sich oft als ein saft- und kraftloses Unternehmen vorgestellt, als jenen Ort, wo sich an einem St.-Nimmerleins-Tag in einem Wolken-Kuckucksheim die „frommen Seelen" treffen. Ich weiß nicht, was Sie sich unter „frommen Seelen" vorstellen. Für viele sind das Leute, die hier auf der Erde immer so fürchterlich brav und anständig gelebt haben und deshalb bereits schon hier unten so langweilig waren, weil sie aus der Angst, etwas falsch zu machen, nie etwas wagten. Dafür dürfen die dann in den „Himmel". Mit denen soll man dann auf ewig zusammenhocken und rund um die Uhr im höheren Chor jubilieren. Und was machen die, die nicht Harfespielen gelernt haben? Ein Raucher sagte mal: „Hoffentlich gibt's da oben eine Raucher-Ecke, sonst halte ich das nicht durch!"

Vielleicht kennen Sie Ludwig Thomas Geschichte vom „Münchner im Himmel". Da erledigt der Dienstmann Alois Hingerl einen Auftrag so hastig, dass er erschöpft liegen bleibt und stirbt. Die Engel tragen ihn in den Himmel, wo er als Engel Aloisius mit einer Harfe in der Hand von morgens bis abends frohlocken soll – er, der früher täglich im Hofbräuhaus seine Biere stemmte! Nach einigen Wochen hält er es nicht mehr aus. Gott hat ein Einsehen und schickt ihn als himmlischen Sonderbotschafter zurück auf die Erde. Er soll der Bayrischen Staatsregierung die göttlichen Ratschläge überbringen. Aber Aloisius lenkt seine Schritte wie gewohnt ins Hofbräuhaus und versinkt beim Bier „im 7. Himmel". Und Ludwig Thoma schließt seine Geschichte mit dem Satz: „So wartet die Bayrische Regierung bis heute auf die göttlichen Eingebungen".

Ich kann den Münchner gut verstehen. Nein, das ist nicht der Himmel, nach dem ich mich sehne. Ich vermute, Ihnen geht es ähnlich.

Sehnsuchtswort „Himmel“ – Von der Hoffnung auf den guten Ausgang

Himmel

Aber was meint das Sehnsuchtswort „Himmel“ dann? Ich denke, es meint nicht einen „Ort“, an den wir zu einer bestimmten „Zeit“ kommen. Wir leben in Raum und Zeit, und darum stehen uns auch nur räumlich-zeitliche Denkkategorien zu Verfügung. Ich bezweifle allerdings, dass wir mit diesen Kategorien dem gerecht werden können, was die Bibel „Ewigkeit“, „Himmel“ nennt.
Ich glaube, dass es beim Thema „Himmel“ um etwas anderes geht. Es geht um unsere Sehnsucht nach dem *guten Ausgang unseres Lebens*, nach dem guten Ausgang allen Lebens. Es ist ja ein Unterschied, ob ein Leben nur *zu Ende* geht oder ob es *gut ausgeht*, ob es irgendwann nur abbricht oder ob es sein Ziel erreicht. Die Hoffnung auf den guten Ausgang sollten wir uns, finde ich, nicht so schnell verbieten lassen. Diese Hoffnung dürfen wir auch nicht verdrängen. Ich merke, dass sie in mir wohnt, und ich möchte mit ihr ins Gespräch kommen.
Die Sehnsucht nach dem „Himmel“ ist der religiöse Ausdruck für unseren tiefen Wunsch nach dem *Gelingen unseres Lebens*. Wir möchten, dass es von unserem Leben am Ende heißt: gelungen – und nicht gescheitert. Ich ahne, je älter ich werde: Ob mein Leben letztlich gelingt (oder nicht), das hängt davon ab, ob ich den *Herausforderungen meines Lebens gerecht werde* – anders ausgedrückt: ob ich mein Leben nur verbringe oder ob ich es auch *bestehe*.
Unser Leben läuft nicht einfach ab. Wir haben es durchzustehen, haben es zu bestehen. Das Leben stellt uns vor Herausforderungen. Es stellt uns Fragen. Wir Heutigen neigen ja zu der Auffassung, dass *wir* es sind, die dem Leben Fragen stellen, um dann ungeduldig darauf zu warten, dass es uns diese Fragen beantwortet. Wir wollen, dass unser Leben vor unseren Fragen bestehen kann. Aber vielleicht ist es umgekehrt! Vielleicht sind nicht *wir* es, die dem Leben Fragen stellen, um dann enttäuscht, resigniert oder beleidigt zu entdecken, dass die Antwort anders als erwünscht ausfällt. Wir sind dem Leben gegenüber gar nicht die Frager – sondern die *Gefragten*. Das Leben verantwortet sich nicht vor uns, sondern wir haben unser Leben zu verantworten.
Diese verdrängte Wahrheit schwingt in dem alten Wort „Himmel“ mit.

Die Generationen vor uns haben es noch gewusst: Der Himmel ist das Forum, vor dem wir uns zu verantworten haben, das Forum Gottes. Nur Gott kann uns den guten Ausgang unseres Lebens bescheinigen, denn wir haben unser Leben von ihm. Darum hat er ein Recht, uns danach zu fragen. In der biblischen Tradition meint „Himmel" deshalb: Gott zieht uns zur Verantwortung. Er möchte eine Antwort haben auf die Fragen, die er uns mit unserem Leben gestellt hat: z.B. auf die Fragen, wie wir umgegangen sind mit unserer Zeit, unseren Gaben, mit den uns anvertrauten Menschen, mit den uns gestellten Aufgaben, mit unserem Gelingen, aber auch mit unserem Versagen.
Aber, so wenden Sie vielleicht ein, sehne ich mich denn nach dieser Art von Himmel, wo ich zum Gefragten werde? Will ich das eigentlich, dass Gott mich zur Verantwortung zieht? Genau darin liegt das Problem, das wir Heutigen mit dem „Himmel" haben: Wir wollen zwar, dass unser Leben gut ausgeht, dass es gelingt. Wir sehnen uns danach, dass „alles gut wird". Wir möchten „in den Himmel kommen" – auch wenn wir die alte religiöse Sprache nicht mehr verwenden. Aber wir wollen dafür keinem Gott mehr verantwortlich sein. Das empfinden wir als Zumutung. Darum haben wir den Himmel „entleert", „abgeschafft", haben Gott, den unbequemen Frager abgesetzt.
Eine Weile feiert der Mensch den leeren Himmel als seinen Triumph. Aber dann merkt er plötzlich: Auch ohne Gott möchte er, muss er Antwort geben auf die Herausforderungen seines Lebens. Will er sich nicht mehr vor dem Himmel, vor dem Forum Gottes verantworten, dann muss er sich eben vor anderen Größen und Mächten verantworten. Fällt Ihnen das auch auf? Je weniger vom Himmel, von Gott geredet wird, desto mehr wird (oft sogar mit religiösem Pathos) von der Verantwortung des Menschen vor der „Geschichte", vor der „kommenden Generation", vor dem uns „aufgetragenen Weltfrieden" oder vor dem „drohenden Ozonloch" gesprochen. Wir halten es offenbar doch nicht aus, dass der Himmel leer bleibt. Wird Gott entthront, inthronisieren wir einen Gott-Ersatz. Nur sind die Foren, vor denen wir uns in unserer Emanzipation von Gott verantworten, in der Regel unbarmherzig, viel unbarmherziger als das „Forum Gottes".
Auch wenn wir den Himmel entleeren, uns eines Gottes entledigen, der uns Fragen stellt – wir werden damit die „Sehnsucht nach dem Himmel", d.h. nach dem Gelingen, dem guten Ausgang unseres Lebens, nicht los. Diesen guten Ausgang kann sich keiner selbst bescheinigen. „Es ist alles gut – trotz allem, was nicht gut war" – das muss uns jemand sagen, jemand, der das Recht dazu hat. Ich merke, wie sich in meine Sehnsucht nach dem Himmel, nach dem guten Ausgang, auch die Angst mischt. Ja, ich möchte, dass am Ende meiner befristeten Zeit der Himmel über meinem Leben aufgeht, dass mir Gott den guten Ausgang bescheinigt. Ich möchte dieses letzte, unverlierbare Gütesiegel meines Lebens. Aber werde ich es auch bekommen?

Religiöse Kletterpartie?

Damit stehen wir vor einer spannenden Frage. Sie heißt: Wie wird das eigentlich entschieden, über wem der Himmel letztlich aufgeht – und für wen er verschlossen bleibt? Wie kommt denn ein Mensch „in den Himmel"? Viele stellen sich das so vor wie auf diesem Bild. Ich will Sie mit dieser Graphik nicht wieder auf das alte Weltbild zurückwerfen: die Erde unten, der Himmel oben – wir wissen, dass das so nicht stimmt. Trotzdem drückt dieses Bild genau das aus, was in unzähligen religiösen Bemühungen von Menschen geschieht: Der Weg zum Himmel wird als Kletterpartie verstanden, als schweißtreibender religiöser „Trimm-dich-Pfad". Und die Religionen, die Wächterinnen über den Zugang zum Himmel, verteilen die Leitern. Wie religiös der Schlager-Sänger Bruce Low war, weiß ich nicht. Auf jeden Fall hat er ein kleines Lied gesungen, in dem es im Refrain heißt:

Mein liebes Kind, du musst eine Leiter bauen,
und ihre Spitze muss in den Himmel schauen.
Nach jeder guten Tat
kommt die nächste Sprosse –
lass keine aus!
Dann sagt am Ende deiner Leiter
Sankt Petrus: hier bist du zu Haus.

Übrigens steht dieses Lied nicht im Evangelischen Gesangbuch – obwohl sich mancher das vermutlich durchaus vorstellen könnte. Es gibt nämlich auch ein Verständnis des Christseins, das diesem Klettermaxe auf seiner Kraxelleiter ähnelt. Das Glaubensbekenntnis dieser „Christlichkeit" heißt: durch Leistung zum Leben! Das ist ja auch das heimliche Glaubensbekenntnis unserer Leistungsgesellschaft. Was liegt näher, als dieses Motto einfach ins Religiöse zu übertragen: Durch fromme Leistung zum ewigen Leben. Der Grundgedanke der Kletterpartie lässt sich in den Merkvers packen: „Wer immer strebend sich bemüht, den können wir erlösen!" Wissen Sie, wo das steht im Neuen Testament? Ich habe Sie aufs Glatteis geführt – das ist gar kein biblischer Satz! Er stammt aus Goethes Faust und hat mit dem Evangelium herzlich wenig zu tun.

Man kann diese „Kletter-Maxe"-Frömmigkeit mit einer Lebensversicherung vergleichen. Vielleicht haben Sie eine abgeschlossen. So eine Lebensversicherung arbeitet ja nach einem sehr schlichten Prinzip: Bei Zeiten einzahlen, damit es sich am Ende auszahlt! Es gibt eine Art „Versicherungschristentum", das funktioniert genauso: Bei Zeiten auf ein himmlisches Konto einzahlen, damit es sich am Ende – dann, wenn man's braucht – auch auszahlt! Wer brav die Kletterpartie religiöser Bemühungen absolviert hat, der bekommt den Himmel (vielleicht!) als Belohnung. Zumindest kann man darauf hoffen. Kennen Sie das Kindergebet: „Lieber Gott, mach mich fromm, dass ich in den Himmel komm"? Wissen Sie, was ich manchmal fürchte? Dass dieses Gebet im Grunde so ein Kletter-Maxe-Gebet ist! Nach dem Motto: „Lieber Gott, gib mir ganz viel Kraft, dass ich meine Leiter auch schaffe!"

Ich will Ihnen die Treppen-Stufen, auf denen wir uns den Himmel, den guten Ausgang und das Gelingen unseres Lebens religiös ersteigen wollen, noch etwas bebildern. Die meisten religiösen Bemühungen – leider oft auch in einem falsch verstandenen Christentum – gleichen dieser Treppe:

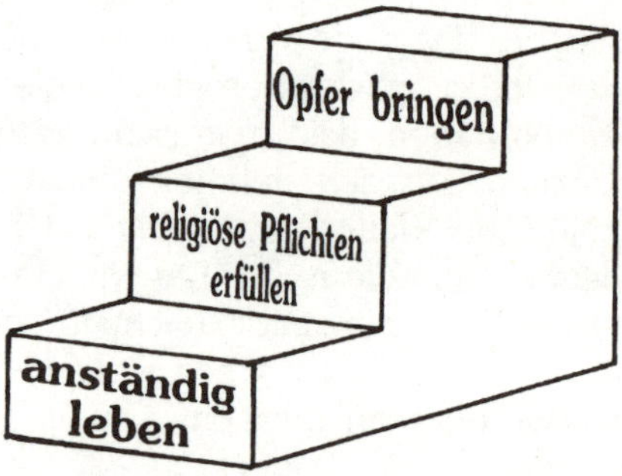

Die erste Stufe heißt: *„Anständig leben"*. Hören Sie sich mal um, was man sich so landläufig unter Christsein vorstellt! Christsein bedeutet bei vielen, dass man anständig lebt und sich (möglichst) nichts zu Schulden kommen lässt. „Tue recht und scheuche (Entschuldigung: scheue!) niemand!" Wer dabei so halbwegs ordentlich durchgekommen ist, der kann dann hoffen, dass Gott am Ende seinen Segen dazu gibt.

Hat man schweißtriefend die erste Stufe erreicht, wartet schon die zweite. Sie heißt: *„Religiöse Pflichten erfüllen"*. Dazu gehört alles, was

einem eine organisierte Religion an Dienstleistungen abverlangt. Im Raum der Kirche könnte das bedeuten, dass man religiöse Zeremonien (wie z.B. Gottesdienste) absolviert, religiöse Vorschriften (wie die Gebote) einhält, bei „Kirchens“ mitmacht, vielleicht sogar ein gutes Verhältnis zum Pastor hat. Letzteres – so denkt mancher – kann sicher nichts schaden, wenn man in den Himmel kommen will.
Wer dann abgekämpft die zweite Stufe geschafft hat, sieht bereits eine dritte vor sich. Sie heißt: *„Opfer bringen“*. In allen Religionen wird geopfert. Man bringt den Göttern Tier-, manchmal sogar Menschenopfer dar, um sie gnädig zu stimmen. Durch Opfer buhlen Menschen um die Güte ihrer Götter, wollen sich deren Gunst erwerben oder erhalten. Dahinter steht die Angst, diese Güte zu verspielen, wenn man den Zorn der Götter nicht durch Opfergaben besänftigt. Primitive religiöse Praktiken? Vorsichtig! Es braucht keine rauchenden Altäre mit geschlachteten Tieren, um das alte Opferprinzip (die Besänftigung des Himmels) lebendig zu erhalten. Wir machen es lediglich etwas eleganter. Wir opfern Zeit, Kraft und Geld. Ich will Ihnen nichts einreden, aber fragen Sie sich ruhig einmal, aus welchen Motiven Sie für „gute Zwecke“ investieren! Aus purer Lust am Helfen – oder weil Sie Ihr „Himmelskonto“ etwas auffüllen wollen? Mancher, der am Ende des Jahres das Gefühl nicht los wird, längst nicht alle Stufen auf seiner Leiter erreicht zu haben, drückt dann eben noch einmal 500,- DM für „Brot für die Welt“ ab.
Die Neigung zu religiösen Kletterpartien steckt tief in uns allen. Wir lassen uns schnell so eine „Kletterleiter“ in die Hände drücken. Und wenn wir sie erst einmal in Händen halten, sind wir kaum noch bereit, sie wieder loszulassen. Dass der „Himmel“, wie immer er auch aussehen mag, einer Treppe nach oben gleicht, die wir Stufe für Stufe mühsam zu erklimmen haben, dass man sich anstrengen muss, wenn das Leben einen guten Ausgang nehmen soll, das leuchtet vielen Menschen sofort ein. Die Kletterleiter steckt tief in uns. Und hinter unserer ganzen Kletterei sitzt die Angst: Ob wir es wohl auch schaffen bis ganz oben? Ob es wohl am Ende reicht für das Gütesiegel des Lebens? Ob – mit Bruce Low gesprochen – Sankt Petrus wirklich die Tür aufmacht, wenn wir oben ankommen?

Achtung! Religiöse Geschäftemacher!

Es gibt „religiöse Geschäftemacher“, die mit unserer Hoffnung auf den guten Ausgang des Lebens spielen. Sie spielen mit unserer Sehnsucht nach dem Himmel und mit unserer Angst, ihn zu verpassen. Ich habe große Achtung vor allen Religionen und dem religiösen Ringen unzähliger Menschen. Religion hält die Sehnsucht nach dem Himmel wach. Aber man kann mit dieser Sehnsucht auch ein böses Spiel treiben. Mann kann auf ihr spielen wie auf einem Instrument. Nichts lässt sich so gut instrumentalisieren wie unsere Sehnsucht nach dem Himmel. Nichts lässt sich so schön ausbeuten wie die Hoffnung auf ein gelingendes Leben und die Furcht, es könnte nicht gelingen. Es gibt in vielen Religionen – leider auch im Christentum – eine Spielart des Religiösen, die uns fertig macht. Und es gibt religiöse Geschäftemacher, die davon profitieren. Damit Sie auf diese Spielart nicht reinfallen, will ich Sie Ihnen kurz beschreiben:

Zunächst wird uns der „Himmel" in den herrlichsten Farben gemalt. Eine bestimmte Vision vom gelingenden Leben wird uns so schmackhaft gemacht, dass sich unsere Sehnsucht danach entzündet. Ist die Sehnsucht geweckt, dann sagt man uns, dass der „Himmel", in den wir so gern wollen, allerdings in weiter Ferne liegt, und dass sich unser faktisches Leben in einem unendlich großen Abstand zu diesem ersehnten Ziel befindet. Das sehen wir auch sofort ein. Jetzt haben die Geschäftemacher schon fast gewonnen. Nun packen sie ihre Leitern aus, um sie uns anzudrehen. Sie zeigen uns einen „Weg zum Himmel" – in der Regel mit dem eindringlichen Hinweis, dass dieser Weg so wie vorgeschrieben unbedingt einzuhalten sei, auch wenn er beschwerlich und mühsam ist. Auch das leuchtet uns sofort ein. Jeder Himmel hat schließlich seinen Preis.

Aber nun kommt das Kleingedruckte des Vertrags, und nur die wenigsten lesen es: Ob wir nämlich den ersehnten Himmel auf der vorgeschriebenen Kletterpartie auch wirklich erreichen, wird meist in der Schwebe gehalten. Man lässt uns in einer letzten Ungewissheit, ob das Spiel überhaupt gewonnen werden kann, ob der Himmel am Ende also wirklich für uns aufgeht. Gerade diese Ungewissheit aber treibt uns immer mehr in die Arme der religiösen Geschäftemacher. Nun haben sie uns in der Hand mit unserer Sehnsucht nach dem Himmel und unserer Angst, wir könnten ihn verpassen. Das Ablasswesen im Mittelalter, wo man sich durch kirchliche Bußgelder und religiöse Leistungen aus der Hölle freikaufen konnte, und dabei nie ganz sicher war, ob man nicht doch in ihr landet, funktionierte genau nach diesem Prinzip. Unzählige sind damals darauf reingefallen.

Die religiösen Geschäftemacher gleichen dem Mann, der seinen Esel zum Reiten antreiben will, damit der endlich seinen Karren zieht. Er setzt sich auf den Esel und hält ihm an einer Angel einen Maiskolben vor die Nase, der das Tier, weil es an den Mais will, zum Laufen animiert. Immer rennt der dumme Esel dem Kolben hinterher. Aber er hat im Grunde keine Chance.

Seien Sie kein Esel! Fallen Sie nicht rein auf Menschen, Ideologien, religiöse Systeme, auch nicht auf bestimmte Spielarten des Christlichen, die mit Ihrer Himmelssehnsucht böses Spiel treiben. Gott, unser Vater im Himmel, hat ein anderes, ein wirklich „gutes Spiel" mit uns angefangen. Darf ich es Ihnen vorstellen?

Wenn der Himmel zur Erde kommt

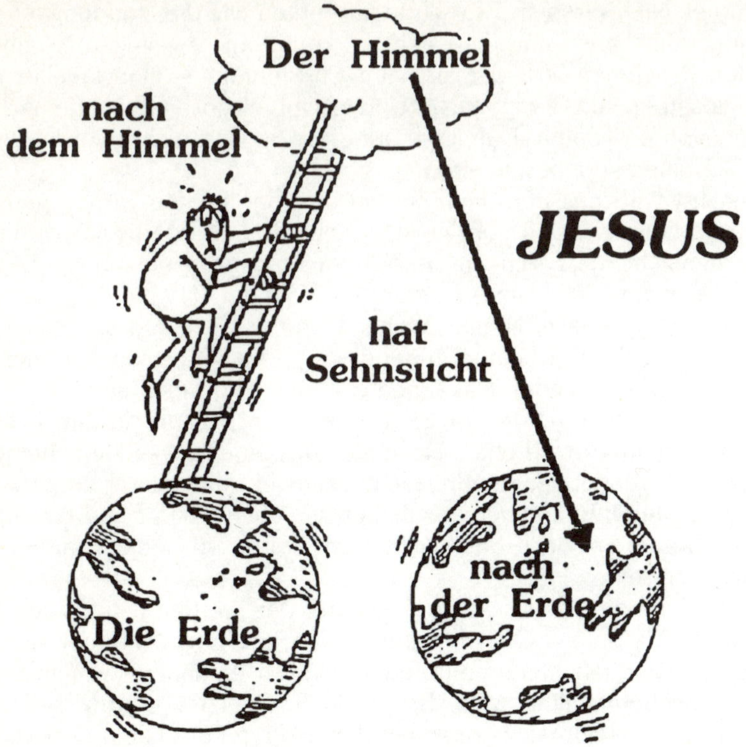

Die Spielregel aller religiösen Kletterpartien heißt: „Wer den Himmel, den guten Ausgang seines Lebens will, der muss ihn sich ersteigen". Aber mitten hinein in die ganze himmelstürmende Kletterei dieser Welt platzt nun das Evangelium mit einer Nachricht, die diese Spielregel außer Kraft setzt. Das Evangelium ist wirklich „verrückt". Es stellt alles auf den Kopf, was bisher zwischen Himmel und Erde galt. Es behauptet nämlich: Nicht die Erde hat Sehnsucht nach dem Himmel, sondern der Himmel hat Sehnsucht nach der Erde. Gott überholt unsere Sehnsucht nach dem Himmel durch seine eigene Sehnsucht nach uns Menschen. Nicht wir müssen zu Gott aufsteigen, um das Gütesiegel für unser Leben zu erlangen – es ist genau umgekehrt: Gott steigt zu uns herunter, um uns dieses Gütesiegel aufzudrücken. Der gute Ausgang unseres Lebens ist keine mühsame Kletterpartie. Er ist ein Geschenk. Der Himmel ist nicht käuflich. Ihn gibt es umsonst.

Was für ein seltsamer Gott ist das? Er wartet nicht in seinem Himmel, bis wir uns zu ihm raufgearbeitet haben. Er verlässt seinen Himmel. Er arbeitet sich zu uns runter. Dieses Herunterarbeiten Gottes zu uns hat im Neuen Testament einen Namen. Er lautet: JESUS. Dieser Name bildet das Zentrum des christlichen Glaubens. In Jesus kommt der Himmel zur Erde, kommt Gott zu uns runter. Christen glauben an einen „heruntergekommenen Gott“. Wie heruntergekommen dieser Gott am Ende aussieht, werden wir uns gleich näher anschauen. Jesus ist Gottes Sehnsucht nach uns in Person. In ihm läuft Gott auf uns zu (wie der Vater in der Geschichte vom verlorenen Sohn), um uns seinen Himmel entgegen zu tragen. Er will uns die Angst nehmen, wir könnten ihn verpassen. Jesus ist das gottgewollte Ende aller religiösen Kletterpartien und Himmelsstürmereien. In Jesus nimmt Gott uns unsere Kletterleitern aus den Händen, sagt zu uns: „Kommt, stellt sie weg! Ihr braucht sie nicht mehr. Der Himmel ist schon da! Das Himmelreich ist nahe herbei gekommen. Ihr müsst euch nicht mehr mühsam einen Weg zu Gott bahnen! *Ich bin der Weg, die Wahrheit und das Leben; niemand kommt zum Vater denn durch mich“* (Joh 14,6).

Wenn Jesus sich „den Weg und die Wahrheit“ nennt, dann darf man das nicht als Begründung eines Absolutheitsanspruchs des Christentums missverstehen. Es ist ein großer Unterschied, ob *Jesus von sich selbst* sagt: „Ich bin der Weg und die Wahrheit“, oder ob das Christentum nach allen Irrwegen, die es hinter sich hat, behauptet, „die wahre Religion“ zu sein. Absolutheitsansprüche reizen mich nicht. Etwas anderes reizt, verlockt und fasziniert mich an diesem Satz Jesu. Ich lese ihn nämlich nicht in der „Bewegungsrichtung der Kletterleiter“ (nicht „von unten nach oben“), sondern in umgekehrter Richtung: von Gott her, „von oben nach unten“. Jesus zeigt uns nicht (wie andere Religionen) einen Weg zum Himmel, den *wir* gehen müssen. Er beschreibt *sich selbst* als Weg, den *Gott* gegangen ist: „Ich bin Gottes langer und beschwerlicher Weg zu euch! In mir läuft euch der Vater im Himmel mitten auf der Erde direkt in die Arme!“. Jesus ist für uns der kürzeste Weg zum Himmel, weil wir ihn nicht selber gehen müssen. Durch Jesus kommt uns das „Himmelreich“ ganz nahe.

Aber hat nicht gerade Jesus den „himmelweiten“ Abstand unseres Lebens vom „Himmelreich“ betont? Hat er nicht immer wieder gesagt, wie schwer es ist, ins „Reich Gottes“, in ein wirklich „gelingendes Leben“ hineinzukommen? Ja, Jesus hat den Abstand zwischen Himmel und Erde nicht verschwiegen. Er hat ihn gegenüber der jüdischen Tradition, aus der er kam, sogar noch verschärft – z.B. in seiner „Berg-

predigt" (Mt 5 bis 7), die Gottes Vision vom Leben entfaltet. Hier zeigt Jesus, was „gelingendes Leben" meint. Hier wird der Maßstab des Himmels angelegt an unser armes Leben. Und hier wird zugleich sichtbar, wie himmelweit wir vom Himmel entfernt sind.
Aber nun kommt das Erstaunliche: Jesus verschärft zwar den Abstand zwischen Himmel und Erde – aber er überbrückt ihn gleichzeitig. Gerade da, wo Menschen den himmlischen Maßstäben nicht entsprechen, wo ihr Leben nicht gelingt, sondern scheitert, wo der Himmel sich eigentlich verschließen müsste vor den Defiziten des Menschseins – gerade da lässt Jesus den Himmel aufgehen über dem verfehlten Leben. Da überbrückt er die Distanz, spricht Gelingen zu, wo Scheitern offensichtlich ist, spricht das Leben gut, obwohl ihm so viel Gutes fehlt, vergibt, wo zu richten wäre, nimmt an, was eigentlich unannehmbar ist. Jesus verschenkt den Himmel an die, die ihn nicht verdienen.

Der verschenkte Himmel

Da ist eine junge Frau (vgl. Joh 8,1ff). Gebeugt steht sie da. Man hat sie beim Ehebruch ertappt. Männer stehen um sie herum, Steine in den Händen. Blicke wie Zielfernrohre – „wenn Blicke töten könnten ..." Die Männer sind die Hüter der damaligen religiösen Ordnung. Ihr Gott verlangt absolute Gebotserfüllung. Weil die Frau schuldig geworden ist, wollen die Männer sie hinrichten, wollen ihr den Himmel für immer verschließen. Da betritt Jesus die Szene. Er blickt die Frau an.
Und die Frau entdeckt in den Augen Jesu etwas, was sie bisher nie erlebt hat. Sie entdeckt: „Ich bin ganz durchschaut, bis in die letzten Tiefen und Abgründe durchschaut". Zugleich spürt sie aber auch: „Ich bin ganz bejaht, bedingungslos angenommen". Ganz durchschaut – und ganz bejaht: Wie oft habe ich mich nach jemandem gesehnt, bei dem ich beides zusammen erfahre. Aber meist habe ich nur das eine oder das andere erlebt. Entweder hat mich jemand nicht durchschaut, hat meine Abgründe nicht gesehen. Dann blieb ich trotz seiner Bejahung mit meinen Abgründen, meinem letzten Geheimnis allein. Oder es hat mich jemand (zumindest ansatzweise) durchschaut – dann konnte er mich nicht mehr vorbehaltlos annehmen.
In Jesu Blick erfährt die Frau beides: ganz durchschaut – und ganz bejaht. Da kommt einer auf sie zu, der sie mit Gottes Augen ansieht. Plötzlich geht der Himmel über ihr auf. Die anderen wollten ihr mit

Steinen den Weg zum Himmel verbauen. Sie wollten sie hinrichten. Jesus aber richtet sie auf. Er schenkt ihr den Himmel im Namen Gottes. Er teilt Gottes Güte aus ohne Vorbedingungen. Er gibt das ewige Leben gratis ab – und er befreit die Frau so, künftig anders zu leben als vorher. In den Himmel, ins Reich Gottes kommt man nur so, wie diese Ehebrecherin, indem man sich Gottes Güte schenken lässt.

In Jesu Umgang mit den Menschen wird eins deutlich: Gott hat Privilegierte. Ja, es gibt tatsächlich Bevorzugte Gottes. Aber das sind nicht die, denen das Leben im Handumdrehen gelingt. Das sind nicht die, die mühelos ihre Kletterpartie zum Himmel schaffen. Wer allein hoch will, wer es alleine kann, der braucht Jesus nicht. Gottes Bevorzugte sind die, die ihn besonders brauchen: die Mühseligen und Beladenen, die Armen und Kranken, die Schuldigen und Gescheiterten, die, die das Leben nicht hinkriegen, das Gott und sie selbst sich erträumen; die, die den himmlischen Maßstäben nicht entsprechen und darunter leiden; die, die noch nicht zu stolz sind, sich Gottes Güte schenken zu lassen.

Das ist das Evangelium in einem Satz: Den Himmel gibt es nur *gratis*. Das Wort „gratis" kommt vom lateinischen „gratia" – das heißt „Gnade". Buchstäblich bis zum letzten Atemzug hat Jesus den Himmel gratis abgegeben – selbst am Kreuz noch: Da hängt einer neben ihm, der auf der Kletterleiter der religiösen Leistungen vermutlich nicht mal eine Stufe geschafft hat, sonst würde er ja nicht dort hängen. Gerade ihm öffnet Jesus den Himmel. Gerade ihm sagt er: „Heute noch wirst du mit mir im Paradies sein" (Lk 23,43).

Müsste die Welt nicht in einen Freudentanz ausbrechen angesichts eines Gottes, der seinen Himmel nicht wie ein göttliches Privileg für sich behält, sondern ihn verschenkt, ihn aufgehen lässt über denen, die ihn sonst nie sehen würden?

Der Druck wächst

Die religiös etablierte Welt zur Zeit Jesu hat nicht getanzt. Sie fühlte sich durch Jesus im Kern getroffen und provoziert. Ein Gott, der seinen Himmel verschenkt, war für die Hüter der religiösen Ordnung unerträglich. Gerade mit ihnen hatte Jesus ständige Auseinandersetzungen. Mit keiner Gruppe der damaligen Gesellschaft ist er so hart aneinandergeraten wie mit denen, die den Zugang zum Reich Gottes verwalteten und sich auf das religiöse Geschäft verstanden. Ein ausgeklügeltes System von Regeln, von Ge- und Verboten hatten die Hüter der religiösen Ordnung entwickelt – eine Sprossenleiter zum Himmel, bei der man nun wirklich keine Sprosse auslassen durfte.

Vor dem Allerheiligsten im Tempel, dem Wohnort Gottes, dem Ort des Himmels auf der Erde, hing ein großer Vorhang. Kein normaler Sterblicher hatte dahin Zugang. Die meisten himmelarmen Schlucker kamen noch nicht einmal in die verschiedenen Vorhöfe des Tempels. Am Eingang des Tempels verkauften Agenten des religiösen Systems Opfertiere, für die wenigen, die finanziell in der Lage waren, sich ihren Platz im Himmel zu sichern. Als Jesus in einer Zeichenhandlung mit heiligem Zorn die Tische der Händler und Geldwechsler umwarf und die Opfertauben zum Himmel aufsteigen ließ, lief das Fass über. Der Wanderprediger aus Nazareth hatte den religiösen Geschäftemachern das Geschäft verdorben. Da stellte einer das gesamte System in Frage – und das sogar noch mit Erfolg. Darum musste er weg.

Ausgespannt zwischen Himmel und Erde

Jesus ist nur etwa 33 Jahre alt geworden. Er ist nicht im Bett gestorben. Bereits nach drei Jahren öffentlicher Wirksamkeit hat man ihm den Prozess gemacht. Religiöse und politische Aspekte hatte dieser Prozess. Aber im Kern ging es vor allem um einen Hauptanklagepunkt: Gotteslästerung.

An einem Freitag, morgens gegen 9 Uhr, ist der Weg des Himmels zur Erde scheinbar zu Ende. Mit Hilfe der römischen Besatzungsmacht hat die religiöse Ordnung über den „Ketzer“ gesiegt. Draußen auf einem kleinen Hügel vor den Toren Jerusalems nagelt man ihn ans Fluchholz. Da hängt Jesus ausgespannt zwischen Himmel und Erde, die er zusammenbringen wollte. Die Erde will ihn nicht mehr. Und der Himmel scheint sich auch vor ihm zu verschließen.

Wir haben uns an das Kreuz, das Zentralsymbol des Christentums, inzwischen gewöhnt, haben es in Gold gefasst, haben seine Brutalität entschärft. Aber der Kreuzestod war eine extrem grausame Todesart – in der Regel wurde die Kreuzigungsstrafe nur bei Schwerverbrechern und Sklaven angewandt. Vor der Kreuzigung wurde der Delinquent ausgepeitscht – mit einer Peitsche, in die Metallstücke oder Knochensplitter eingeflochten waren. Das war bereits die halbe Hinrichtung. Dann musste der Verurteilte den Querbalken des Kreuzes selber zum Hinrichtungsplatz tragen. Man schlug die Nägel übrigens nicht durch die Handteller, sondern durch die Handwurzeln, um zu verhindern, dass ein schwerer Körper ausreißt. Vermutlich hat Jesus splitternackt am Kreuz gehangen. Der Tod durch Ersticken, Herzversagen oder Erschöpfung trat in der Regel erst nach Stunden oder Tagen ein. Jesus ist nicht heroisch gestorben. Er starb mit einem lauten Schrei.

➔ *Bevor Sie weiterlesen...*

Vielleicht ist es gut, wenn Sie das Buch
jetzt einen Moment zur Seite legen.

Nehmen Sie sich die Zeit, sich
die Leidensgeschichte Jesu vor Augen
zu führen und sie auf sich wirken zu lassen.

Mein Vorschlag:
Lesen Sie Markusevangelium Kapitel 15, 1 – 35

Begreifen Sie diesen Tod? Wie ist dieses Sterben zu verstehen? Hier müsste man wirklich mal fragen: Wie kann Gott das zulassen? Gott, warum siehst du tatenlos zu, wie der, der dir die Ehre gibt, so unehrenhaft verendet?

Für die religiösen Führer des damaligen Israel war der Fall klar. Sie sagten: „Wer am Holz hängt, der ist verflucht! Du hast überzogen, Jesus. Deinen Gott der bedingungslosen Liebe gibt es nicht. Nun hast du von Gott selbst die Quittung bekommen. Deine Mission ist gescheitert. Gott hat dich durch den Tod am Kreuz ins Unrecht gesetzt.“

Die Logik dieser Argumentation war bestechend. Jesu Freunde konnten dem zunächst nichts entgegensetzen. Sie haben damals keinen Karfreitagsgottesdienst gefeiert. Sie sind geflohen, haben sich eingeschlossen – aus Angst, es könnte ihnen genauso ergehen wie ihrem Jesus. Und vermutlich wäre dieser völlig irritierte Jüngerhaufen in alle Winde zerstreut worden, wenn es nicht Ostern gegeben hätte.

Ostern – die unerwartete Wendung

Ostern meint die Auferstehung Jesu von den Toten. Fragen Sie mich jetzt bitte nicht, was da passiert ist. Ich weiß es nicht. Das Neue Testament ist sehr keusch, fast scheu, was die Details betrifft. Es beschreibt den Vorgang der Auferweckung Jesu nicht. Die Texte lassen aber keinen Zweifel daran, dass die Auferstehung kein innerpsychischer Vorgang war, der sich in den verschreckten Jüngern abgespielt hat. Bei ihrem Grad von Irritation nach dem Tod Jesu wäre ein solcher plötzlicher Stimmungsumschwung psychologisch auch völlig unverständlich gewesen. Nein, Jesus selbst, der Gekreuzigte, gestorben und begraben, ist wieder erfahrbar. Das Ostergeschehen bedeutet nicht, dass Jesus ins irdische Leben zurückgekehrt ist. Er gehört nach seiner Auferweckung ganz auf die Seite Gottes. Aber er begegnet Menschen als der Lebendige mitten in ihrem eigenen Leben.

Die Ostergeschichten des Neuen Testaments lesen sich wie zarte Wiederkennungsgeschichten, in denen der Auferstandene seinen Freunden häufig zunächst unerkannt, incognito begegnet, um sich ihnen erst nach und nach zu erschließen (vgl. Lk 24,13-35). Eine dieser Ostergeschichten mag ich besonders gern. Sie erzählt die Begegnung Jesu mit Maria aus Magdala (Joh 20,11ff). An dieser Geschichte habe ich gelernt, wie mir das, was mein Verstand nicht fasst, nahe kommen will. Werfen wir einen kurzen Blick auf diese schöne Geschichte.

Der Tod Jesu hatte Maria den Himmel wieder verschlossen, der ihr durch Jesus vorher so weit geöffnet worden war. Tränenüberströmt, untröstlich über den Verlust Jesu, starrt sie ins leere Grab wie in das Loch, das der Schmerz ihr in die Seele gefressen hat. Da steht der Auferstandene plötzlich hinter ihr. Jesus stellt sich hinter die Untröstlichkeit dieser Frau. Er steht auch heute hinter denen, sie sich nicht einfach aufs Diesseits vertrösten lassen wollen. Vielleicht ist denen Ostern besonders nahe, die über den Verlust des Himmels noch heulen können, die sich nicht so schnell damit abfinden, wenn der gute Ausgang des Lebens ausbleibt. Jesus steht hinter Maria – ganz dicht hinter ihr. Aber sie erkennt ihn nicht. Ihre Augen sind „gehalten", festgehalten vom Blick aufs trostlose Diesseits – bis Jesus sie anredet. Was tut Jesus, um Maria zu zeigen, dass er lebt?
Er argumentiert nicht für seine Auferweckung, er erklärt ihr nicht das leere Grab. Jesus sagt nur ein Wort. Er nennt ihren Namen. Er spricht sie an: „Maria". Der Osterglaube wird dadurch ins Leben gerufen, dass der Auferstandene uns persönlich anspricht, uns den Himmel selber aufschließt – oft gerade in einem Moment, wo wir wie Maria unter der Abwesenheit Jesu, unter dem Verlust der Gegenwart Gottes, unter einem verschlossenen Himmel leiden.

Die befreite Vernunft

Unsere Vernunft ist mit Ostern prinzipiell überfordert, weil sie sich mit dem Tod arrangiert hat, weil sie ihm das letzte Wort einräumt, seine Macht für endgültig hält – und das alles natürlich auch noch „vernünftig" findet. Abstrakte Argumente für die Möglichkeit der Auferstehung lassen unsere Vernunft kalt. Denn die massive Erfahrung des Todes in allen seinen Spielarten hat unsere Vernunft korrumpiert. Der Tod hat die Vernunft, die sonst alles auf den Begriff bringt, „begriffsstutzig" werden lassen für den Ostersieg des Himmels, hat sie taub gemacht für das Osterlachen des Himmels darüber, dass Gott dem Tod seine Beute abgejagt hat.
Nein, unsere Vernunft muss wieder „vernünftig" werden. Sie muss wieder „vernehmen" lernen (daher kommt der Begriff „Vernunft"). Sie muss die Stimme des Lebens vernehmen: „Maria!" Osterglaube ist nicht unvernünftig. Er ist die für das Lebenswort des Auferstandenen befreite Vernunft. Im Osterglauben vernimmt der Mensch mehr als das, was unser vom Tod umstelltes Leben an Nachrichten enthält. Hier vernimmt er die gute Nachricht vom Sieg des Lebens über den Tod. Diese gute Nachricht heißt: Durch die Auferweckung Jesu Christi von den Toten hat der Tod sein Recht verloren, uns von Gottes Liebe zu scheiden. Er hat endgültig seine Macht eingebüßt, Himmel und Erde wieder voneinander zu trennen.

Ostern wirft Fragen auf

Für die ersten Christen damals gab die Ostererfahrung aber auch Fragen auf. Sie hatten ja nun entdeckt, dass Gott sich zu Jesus bekennt. Er hatte dem Gekreuzigten offenbar Recht gegeben. Was aber bedeutete dann das Kreuz? Nach Jesu Auferstehung mussten die Freunde Jesu an diese Frage noch einmal ganz neu heran. „Wer am Holz hängt, der ist verflucht". Im Licht von Ostern machte dieser Satz keinen Sinn mehr für die Jünger. Wenn Jesu Tod kein Scheitern eines Gotteslästerers war, was war er aber dann? „Ich bin der Weg, Gottes Weg zu euch", hatte Jesus gesagt. Ob das Kreuz zu diesem Weg unausweichlich dazugehörte?
Muss der Himmel, wenn er zur Erde will, einen solchen Kreuzweg gehen? Muss Gott, wenn er wirklich bei uns ankommen will, an diesen Tiefpunkt kommen, wo Jesus schreiend zwischen Himmel und Erde hängt, weil beide – Himmel und Erde – anders nicht mehr zusammenzuhalten sind?
Die ersten Christen haben mit dieser Frage gerungen. Sie haben, von Ostern herkommend, tastende Deutungen des Todes Jesu versucht. Ich kann sie hier nicht im Einzelnen darstellen. Aber alle Kreuzes-

deutungen des Neuen Testaments treffen sich in einem Gedanken. Er heißt: Jesus ist *für uns* gestorben. „Für uns", das bedeutet, dieses Sterben war nicht umsonst. Wir haben etwas davon.

Alles für uns

Vielleicht wird das „Für uns" verstehbar, wenn wir uns klar machen, wie die Bibel den *Tod* des Menschen sieht. Was dem Tod seine Schärfe gibt, ist nicht die Tatsache, dass er unser Leben beendet. Das gehört zu unserer Geschöpflichkeit, dass unser Leben endlich ist. Nein, die Bitterkeit des Todes liegt vielmehr darin, dass er die Beziehung zwischen Gott und uns, zwischen Himmel und Erde unwiderruflich abbricht. Leben heißt, in Beziehungen stehen. Tod ist Beziehungsabbruch.
Indem der Tod die Beziehung zu Gott endgültig zerreißt, ist er die letzte Konsequenz unseres Misstrauens Gott gegenüber. Denn im Misstrauen stirbt unsere Beziehung zu Gott ja schon mitten im Leben immer mehr ab. Sie erinnern sich? Misstrauen ist die „Wurzelsünde" unseres Lebens. Der Tod der Gottesbeziehung ist der hohe Preis, den unser Misstrauen gegen Gott fordert. In der alten Sprache der Bibel formuliert: „Der Tod ist der Sünde Sold" (Röm 6,23). Was uns die Sünde unter dem Strich auszahlt, ist der absolute Abbruch unseres Gottesverhältnisses.
„Jesus ist für uns gestorben". Ich verstehe das so, dass Jesus sich der letzten Konsequenz unseres Misstrauens gegen Gott selbst gestellt hat. Er hat sich diesem tödlichen Riss ausgesetzt, der uns von Gott trennt. Er hat sich zerreißen lassen, damit unsere Beziehung zu Gott nicht abreißt. In der Passionsgeschichte, die uns die biblischen Evangelien erzählen, taucht ein eindrückliches Bild auf. Als Jesus stirbt, reißt der Vorhang im Tempel entzwei – der Vorhang zwischen Gott und den Menschen, die Trennwand zwischen Himmel und Erde reißt entzwei. Der Zugang zu Gott ist nun offen. Jesu Tod eröffnet uns ein neue Beziehung zu Gott.
Jesus ist *„für uns"* gestorben, das heißt aber vor allem auch: Er ist *nicht für Gott* gestorben! Ich bin tief überzeugt: Gott braucht das Sterben seines Sohnes nicht, um uns vergeben zu können. Er ist kein Sadist, der erst Blut sehen muss, bevor er uns annimmt. Am Kreuz Jesu geschieht kein Opfer, das Gott dargebracht wird, um ihn wieder gnädig zu stimmen. Gott braucht den Anblick des Kreuzes Jesu nicht, um für uns gewonnen zu werden. Aber vielleicht brauchen wir den Anblick des Gekreuzigten, um für Gott gewonnen zu werden. In Gott muss nichts heil werden, damit er uns heilsam begegnen kann. In uns muss etwas ausheilen: die tödliche Krankheit unseres Misstrauens gegen Gott. Vielleicht werden wir von dieser Krankheit geheilt, wenn wir sehen, was mit Gott passiert, wenn er in unsere Nähe kommt.

Wenn die Liebe ins Leiden gerät

„LIEBE" – kaum ein Wort ist so abgegriffen wie dieses. Kaum ein Wort, das so viel Sehnsucht weckt – und so viele Missverständnisse enthält. Sie sehen das Wort „Liebe" hier von einem Dornenkranz eingeschlossen. Die Dornen scheinen die Liebe regelrecht zu zerstechen. Das ist ein tiefsinniges Bild: Die Liebe gerät ins Leiden, in den Schmerz. Wahre Liebe ist verwundbar. Nichts ist verletzlicher als sie. Jeder, der schon einmal geliebt hat, weiß das. Wirkliche Liebe scheut das Leiden nicht. Die Fähigkeit, zu lieben, schließt Leidensfähigkeit mit ein. Wer wirklich liebt, darf dem Leiden nicht ausweichen.

Was tun Sie, wenn Ihre Liebe zu einem Menschen nicht erwidert, sondern abgewiesen wird? Sie haben zwei Möglichkeiten: Entweder Sie ziehen Ihre Liebe zurück, töten sie ab und begraben sie. Nicht selten schlägt heiße, aber abgewiesene Liebe in kalten Hass um. Oder aber, Sie halten Ihre Liebe, durch, halten sie aufrecht trotz Ablehnung. Sie lieben weiter, während das Gegenüber Ihrer Liebe Ihnen die kalte Schulter zeigt und Sie mit Desinteresse straft. Aber wenn Sie das tun, dann geschieht mit Ihrer Liebe etwas; dann gerät Ihre Liebe ins Leiden. Dann wird sie von den Dornen der Abweisung zerstochen. Zurückgewiesene Liebe kann sich nur im Schmerz durchhalten. Im Schmerz aber bewährt sie sich auch. Einer Liebe, die leiden kann, der kann man vertrauen. Vielleicht nur ihr.

Wenn ich den Gekreuzigten lange genug ansehe, dann entdecke ich im schmerzverzerrten Gesicht Jesu das Gesicht Gottes. Da sehe ich, was aus Gott wird, wenn er mir in Liebe entgegen läuft. Gottes Liebe, die ich immer wieder misstrauisch zurückweise, gerät ins Leiden. Sie scheut den Schmerz meines Misstrauens nicht. Wenn wir einen Menschen sehr lieb haben, sagen wir: „Ich mag dich leiden". Gott mag mich leiden. Nirgendwo ist mir das so deutlich geworden wie im Blick auf die gekreuzigte Liebe Gottes.

Sie müssen Gott selbst in das Kreuz Jesu hineindenken. Sonst verstehen Sie es nicht. Gott sitzt nicht als Zuschauer im Himmel, während sein Sohn stirbt. Er ist mitten drin in diesem Sterben. Gott selbst leidet. Nicht ihm wird ein Opfer gebracht. Nein, Gott opfert sich selbst ins Leiden der Liebe hinein. Er hält seine Liebe zu uns im Schmerz durch und kommt uns so gerade dort ganz nahe, wo wir von ihm ganz weit weg sind: in unserem Misstrauen. So sieht das aus, wenn Gott runterkommt und seinen Himmel schon hier auf Erden mit uns teilt.

Am Kreuz lässt Gott sich auf seine Liebe zu uns „festnageln". Indem Jesus ans Kreuz geheftet wird, wird auch unsere Schuld mit angeheftet. Da sollten wir sie nun auch hängen lassen und nicht weiter mit uns herumschleppen. Beim Propheten Jesaja lesen wir: „Er trug unsere Krankheit und lud auf sich unsere Schmerzen. Wir aber hielten ihn für den, der geplagt und von Gott geschlagen und gemartert wäre. Aber er ist um unsrer Missetat willen verwundet und um unsrer Sünde willen zerschlagen. Die Strafe liegt auf ihm, auf dass wir Frieden hätten – und durch seine Wunden sind wir geheilt" (Jes 53,4f). Ja, Wunden können heilen. Christi Wunden heilen unser Misstrauen gegen Gott. Wo das geschieht, da ist Jesus wirklich *für uns* gestorben.

Like a bridge over troubled water

Vielleicht kennen Sie das berühmte Lied von Simon and Garfunkel. In der ersten Strophe heißt es:

When you're weary, feeling small,
when tears are in your eyes, I will dry them all;
I'm on your side. When times get rough
and friends just can't be found:
Like a bridge over troubled water
I will lay me down.
Like a bridge over troubled water
I will lay me down.

„Wie eine Brücke über ungestümes Wasser lege ich mich nieder". Das könnte auch ein Satz des Gekreuzigten sein. Nicht wir sind es, die den

Abgrund zwischen Gott und uns überwinden. Gott selbst hat sich in Jesus über diesen Abgrund gelegt wie eine Brücke über tobendes Gewässer. Die „Seufzerbrücke" des Gekreuzigten, die ihm den Himmel verschließt, ist für uns zur „Golden-Gate-Bridge" geworden: zum Tor, das uns den Himmel öffnet. Und diese Brücke endet direkt vor unseren Füßen. Wir dürfen sie betreten.

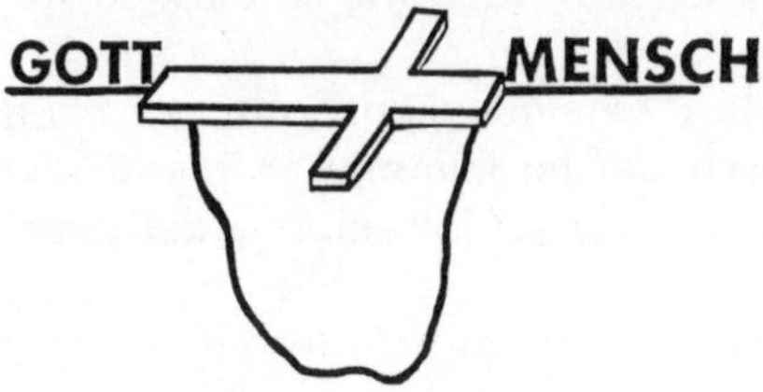

Wie betritt man denn diese Brücke? Vielleicht haben Sie bisher immer gedacht, Christsein bedeute im Kern: *„Tun, was Gott gefällt"*. Es ist umgekehrt. Christsein bedeutet zu allererst: *„sich gefallen lassen, was Gott tut"* – was er in Jesus für uns tut. Wir machen uns das Evangelium oft selber kompliziert. Dabei ist es sehr einfach: *„Gott hat die Menschen so sehr geliebt, dass er seinen einzigen Sohn hergab. Nun werden alle, die sich auf den Sohn verlassen, nicht zugrunde gehen, sondern ewig leben"* (Joh 3,16 GN). So einfach ist das Evangelium. Und so tröstlich.

Einer, der den tiefen Trost dieses Evangeliums vom geschenkten Himmel für sich ganz neu entdeckte, war Martin Luther. Er hat sehr darunter gelitten, dass er so hoffnungslos weit vom Himmel entfernt war. Dann entdeckte er plötzlich, was das heißt: sich gefallen lassen, was Gott tut. Luthers Originalton:

„Mir ist es bisher wegen angeborener Bosheit und Schwachheit unmöglich gewesen, den Forderungen Gottes zu genügen. Wenn ich nicht glauben darf, dass Gott mir um Christi willen dies täglich beweinte Zurückbleiben vergebe, so ist's aus mit mir. Ich muss verzweifeln. Aber das lass ich bleiben. Wie Judas an den Baum hängen, das tu ich nicht. Ich hänge mich an den Hals oder Fuß Christi wie die Sünderin. Ob ich auch schlechter bin als diese, ich halte meinen Herrn fest. Dann spricht er zum Vater: Dieses Anhängsel muss auch durch. Es hat zwar nichts gehalten und alle deine Gebote übertreten. Vater, aber er hängt sich an mich. Was will's! Ich starb auch für ihn. Lass ihn durchschlupfen. Das soll mein Glaube sein."

Ahnen Sie etwas von dem Trost, in dem Christen leben, und von dem Trotz, mit dem sie alles von sich weisen, was ihnen den Himmel wieder rauben will?

Der christliche Glaube lebt von einem großen Geschenk. Es ist gar nicht so leicht, Geschenke anzunehmen. Wir haben gelernt, dass es nichts umsonst gibt. Weil wir alle ein bisschen (zu) stolz sind, wollen wir immer für alles bezahlen. Wir gehen oft

„gnadenloser“ mit uns um als Gott. Sicher wollen wir das Gütesiegel unseres Lebens – nur nicht geschenkt. Aber wer sich den Himmel nicht schenken lässt, der kriegt ihn nicht. Das ist der Ernst, der über dem Evangelium liegt. Wer sich an Gottes unverdienter Güte nicht freut wie ein Kind beim Auspacken der Weihnachtsgeschenke, der erfährt nichts von ihr. „Wenn ihr nicht umkehrt und werdet wie die Kinder, so werdet ihr nicht ins Himmelreich kommen“, sagt Jesus (Mt 18,3). Es braucht nicht viel, um das Himmelreich zu erben: nur die staunende, kindliche Freude darüber, dass Gott so gut zu uns ist.

Auf Christi Kreide zechen?

Vielleicht ist Ihnen nicht ganz wohl bei dem, was Sie da eben gelesen haben. Man könnte ja auf den hinterlistigen Gedanken kommen: „Gut, wenn mir der Himmel schon jetzt sicher ist, dann kann ich ja hier auf der Erde im Grunde drauflosleben und machen, was ich will.“ Damit hätte man das Evangelium nun allerdings gründlich missverstanden.

Da kommt eine Frau auf ihren Mann zu, nimmt ihn in den Arm und sagt: „Du, ich kann dich sehr gut leiden. Ich habe dich lieb. Was immer auch geschieht – wir gehören zusammen. Ich bleibe bei dir.“ Das ist eine Liebeserklärung. Wer sie wagt, macht sich ungeheuer verletzlich. In jeder Liebeserklärung setzen wir uns ganz aufs Spiel. Aber nun stellen Sie sich bitte vor, der Mann würde diese Liebeserklärung seiner Frau als einen Freibrief missverstehen. Nach dem Motto: „Sie bleibt bei mir, was immer auch geschieht. Dann kann ich ja jetzt fremdgehen, so oft ich will.“ Man kann aus einer Liebeserklärung einen Speer machen und ihn gegen die Person richten, die sich in ihrer Liebe schutzlos preisgegeben hat. Das ist das große Risiko, das alle Liebenden eingehen, dass man ihre Liebe mit Füßen tritt.

Sie können Gottes Liebeserklärung hören – und sie als Freibrief zum Drauflosleben umdeuten. Sie können sich den gekreuzigten Jesus anschauen – und trotzdem weitermachen wie bisher. Dieses Risiko ist Gott eingegangen, dass wir aus seiner teuren Liebe eine „billige Gnade“ machen, mit dem geschenkten Himmel in der Tasche „auf Christi Kreide zechen.“

Aber damit verletzen wir nicht nur Gott. Wir tun uns auch selbst weh, wenn wir das tun. Wir bringen uns selbst um die Wirkung der Liebe Gottes. Sie will uns, indem sie uns zugesprochen wird, nämlich auch *verwandeln.* Liebe ist die größte verwandelnde Kraft in dieser Welt. Gott nimmt uns an – so wie wir sind. Aber wer sich wirklich bedingungslos annehmen lässt, der bleibt nicht der, der er vorher war. Erfahrene Liebe lässt nichts beim Alten. Sie macht alles neu.

Wenn gute Bäume Früchte tragen

Sie haben dieses Bild schon einmal gesehen. Allerdings mit dem entscheidenden Unterschied, dass vorher unten an der Wurzel des Baumes das Wort „Misstrauen" und oben bei den Blättern das Wort „Schuld" stand (s. S. 120). Jetzt stehen hier andere Worte.

Gottes Liebe hat eine unglaublich verwandelnde Kraft. Wenn ein Mensch sie annimmt, dann gibt er ja damit sein Misstrauen Gott gegenüber auf. Tiefes Vertrauen zu Gott zieht in sein Leben ein. Dieses Grundvertrauen auf Gott wird zu einer neuen Wurzel für seinen Lebensbaum. Aus dieser Wurzel wächst – langsam, aber immer mehr – auch eine neue Pflanze hervor. Je tiefer und uneingeschränkter unser Vertrauen auf Gott im Boden unseres Lebens Wurzeln schlägt, desto mehr keimt in uns eine ungeahnte Liebe zu Gott, zu den anderen und auch zu uns selbst auf. Plötzlich entsteht etwas in uns, was wir bisher nicht kannten: Wir bekommen auf einmal Freude daran, nach Gottes Willen zu fragen und ihn auch zu tun – so weit wir es können, und so fragmentarisch das auf dieser Erde auch immer bleibt. Was vorher Last war, wird nun zur Lust – ein Leben, an dem Gott seine Freude hat. Haben wir im Misstrauen Gottes Gebote immer als Einschränkung unserer Freiheit verstanden, gegen die wir uns wehren mussten, so erleben wir sie nun als gute Weisungen Gottes, die unser Leben bereichern und aufblühen lassen.

Also doch wieder rauf auf die Kraxelleiter? Eine neue Spielart des „Modells Klettermaxe"? Bestimmt nicht! Christen leben keine „Versicherungsfrömmigkeit", mit der sie sich bei Gott „lieb Kind machen". Christen leben eine „Dankbarkeitsfrömmigkeit". Sie freuen sich wie Kinder an Gottes Güte und leben ihre Freude daran aus. Auf das Motiv kommt es an, darauf, ob ich Gottes Gebote halte, *damit* Gott mich liebt, oder ob ich das tue, *weil* er mich liebt. Christen beten daher nicht mehr: „Lieber Gott, mach mich fromm, *dass* ich in den Himmel komm“, sondern sie beten: „Lieber Gott, mach mich fromm, *weil* ich in den Himmel komm!“ Sie bitten Gott, dass er sie durch seine Liebe verwandelt, damit sie seine Güte preisen können mit Herzen, Mund und Händen.

Christsein: Lobpreis der Güte Gottes

Genau darum geht es in der Frage nach dem Willen Gottes für das eigene Leben: um einen – fast möchte ich sagen: spielerischen, unverkrampften, zweckfreien – Lobpreis der Güte Gottes. Wenn Christen die Gebote „ausprobieren“ wie himmlische Spielregeln des gelingenden Lebens, wenn sie plötzlich Lust kriegen, sogar ein paar „Spuren der Bergpredigt“ zu leben, dann ist das kein verkniffenes Bravsein mit der Angst im Nacken, Gott wieder gegen sich zu haben, wenn man an seinen Geboten scheitert. Dann ist das Ausdruck der Freiheit, zu der Gottes Liebe verlockt, ist Lobpreis der Güte Gottes, ist ausgelebte Dankbarkeit – geboren aus der Lust an Gottes unwiderruflichem Ja, der Lust am weit geöffneten Himmel.
„Nicht viele gute Früchte machen einen guten Baum; sondern ein guter Baum bringt viele gute Früchte“, hat Martin Luther gesagt. Nicht gute Werke machen einen Christen, aber ein Christ tut gute Werke – als Auswirkung der Erfahrung, dass Gott ein sehr gutes Werk an ihm getan hat. Was uns an Gutem gelingt, wird immer bruchstückhaft sein. Aber es ist ja zum Glück überhaupt nicht wichtig, wie viel wir schaffen. Wichtig ist allein, ob das, was wir an erkanntem Willen Gottes ausleben, Ausdruck der Liebe Gottes ist, die uns ergreift und verwandelt.

Seilakt ohne Risiko

Ein letztes Bild soll diese lange Station unserer Reise ins Land des Glaubens abschließen. Als Kind bin ich gern in den Zirkus gegangen. Besonders die Hochseilakrobaten hatten es mir angetan. Ich war mir natürlich nicht sicher, ob ich das jemals auch hingekriegt hätte, mit einer Stange auf einem so dünnen Seil zu balancieren. Aber Lust dazu hätte ich gehabt! Allein schon deshalb, um auszuprobieren, wie das eigentlich ist, wenn man abrutscht. Ich fand es immer faszinierend, zu sehen, wie die Akrobaten sich beim Abgang in das unter dem Seil aufgespannte Auffangnetz fallen ließen, ein paar Mal wie auf einem Trampolin auf- und abfederten, um dann elegant wieder auf dem Boden zu landen. Allein wegen des Fallens wäre ich gern mal oben auf dem Seil gewesen.

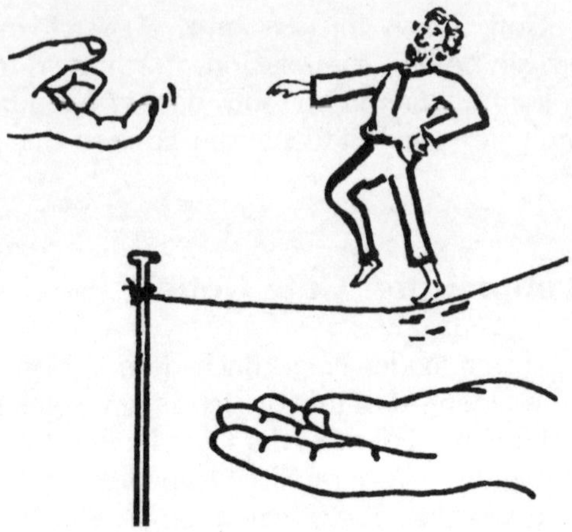

Wenn Gott uns zum Seilakt des Christseins verlockt, dann so, dass er unter uns das Auffangnetz seiner Barmherzigkeit ausgespannt hat. Wer diesen Seilakt mal probiert hat, weiß, wie schnell man dabei abrutschen kann. Die Feinde lieben, nicht sorgen, zuallererst nach Gottes Reich und seiner Gerechtigkeit trachten, Jesus in den ärmsten seiner Brüder dienen, sein Kreuz auf sich nehmen und ihm nachfolgen – das alles will erst einmal gelebt sein.
Aber das Schöne am Christsein ist: „Wer abrutscht, kann nochmal!" Er wird aufgefangen vom Netz der Vergebung Gottes und darf weiter probieren. Es steht nicht gleich der Himmel auf dem Spiel, wenn ich vom Seil kippe. Christsein läuft nicht nach dem Motto: Entweder du bist von vornherein perfekt, oder du lässt es am besten ganz. Christsein heißt: Immer wieder erproben, wozu uns der offene Himmel und das Netz der Barmherzigkeit Gottes verlocken.
Das kann sehr unterschiedlich aussehen. Da entdeckt jemand plötzlich: Weil ich meine Kletterleiter nicht mehr halten muss, habe ich zwei Hände frei, um dort mit anfassen zu können, wo Hilfe gebraucht wird.

Ist mir die Sorge um meinen Platz im Himmel genommen, wächst die Kraft zur Fürsorge für die Erde. Von Gottes Liebe beschenkt, spürt jemand plötzlich: Ich brauche keine Angst mehr zu haben, zu kurz zu kommen. Er wird solidarisch mit denen, die auf dieser Erde ständig den Kürzeren ziehen. Da sagt einer: Wenn Gott seine Ewigkeit mit mir teilt, teile ich meine Zeit mit denen, die das nötig haben. Ein anderer entdeckt staunend: Ich bin ganz durchschaut und trotzdem ganz bejaht. Auf einmal fängt er an, seine Mitmenschen mit Gottes Augen zu sehen. Ihnen fallen sicher noch mehr Beispiele ein.
Jesus hält uns den Himmel offen. Unter dem geöffneten Himmel ist das Leben kein Seilakt mehr, der uns in Todesgefahr bringt. Der gute Ausgang ist uns schon zugesagt.

Früher oder später fallen wir alle in das ausgespannte Netz der Barmherzigkeit Gottes. Es wird uns, wenn wir einmal „ganz im Himmel sind“, auf ewig bergen.

➛ *Bevor Sie weiterlesen...*

Wer war Jesus für Sie,
bevor Sie dieses Kapitel gelesen haben?

Wie sehen Sie ihn jetzt?

VII. Von Gottes Anfang mit uns – und wie wir Christen werden

Vom „guten Ausgang" haben wir gesprochen. Vom „guten Anfang" soll jetzt die Rede sein. Im Grunde besteht unser ganzes Leben aus neuen Anfängen. Haben Sie sich das schon einmal bewusst gemacht? Jeder Morgen ist ein Neuanfang. Jeder Tag verwickelt uns in ein Abenteuer, will durchlebt, durchlitten und bestanden sein – so, als wäre er der erste, den wir verbringen. Immer wieder warten Neuanfänge auf uns: der Start in eine neue Lebensphase in Beruf oder Familie, der Anfang neuer Beziehungen zu Menschen, der Beginn einer neuen Suche nach unserem Selbstverständnis. Anfänge und Neuanfänge halten das Leben in Spannung. Wer sie scheut, verfällt der Routine oder versandet mit seinem Leben in der Langeweile. Ohne die Bereitschaft zum Neuanfang sind wir schnell am Ende.
Um einen Anfang ganz besonderer Art geht es in der nun folgenden Station unserer Reise ins Land des Glaubens. Wir wollen uns mit der Frage beschäftigen: Wie fängt eigentlich der Glaube an? Wie beginnt das Christsein? Wie wird ein Mensch Christ?
Um es gleich vorweg zu sagen: Es geht beim Christwerden nicht um einen Anfang, den man ein für alle Mal hinter sich hat. Denn unsere Geschichte mit Gott und Gottes Geschichte mit uns fängt jeden Tag neu an, wenn sie denn eine lebendige Geschichte ist und nicht christliche Routine. Vitaler Glaube gleicht einer guten Partnerschaft. Jede gute Ehe lebt vom täglichen Neuanfang: Da haben sich zwei Menschen gefunden, und gerade deshalb, weil sie sich gefunden haben, suchen sie einander immer wieder neu. Liebende sind nie „miteinander fertig" – weil sie lieben und solange sie lieben. Die Liebe fängt immer wieder neu an.
Im Glauben ist das auch so. „Ein Christ ist immer im Werden", hat Martin Luther einmal gesagt. Christsein fängt jeden Tag neu an. Das Christwerden hat man nicht irgendwann hinter sich. Allerdings, so wie eine Ehe irgendwann einen zeitlichen Anfang hat (symbolisch verdichtet: am Hochzeitstag), so gibt es auch einen Beginn des Christwerdens. „Ein Christ ist immer im Werden" – ja, aber irgendwann *beginnt* dieses „Werden". Um es noch klarer zu sagen: Christ ist man nicht einfach – Christ *wird* man!

Christsein – eine Milieu-Frage?

Ich betone das, weil wir hier in Europa in einer Kultur und Geschichte beheimatet sind, die vom christlichen Glauben maßgeblich mitgeprägt

wurde, so sehr sogar, dass wir vom Christentum und seinen Spuren geradezu umstellt sind. Man hat vom „christlichen Abendland" gesprochen. Heute scheint es offenbar tatsächlich „Abend" zu werden in diesem Land: Die „christlichen Lichter" drohen langsam auszugehen. Trotzdem, da ist immer noch der politische Einfluss von Parteien, die sich „christlich" nennen. Da sind christliches Gedankengut, christlicher Religionsunterricht, vom Christentum mitgeprägte Werte und Normen. Und da ist die (noch) relativ flächendeckende Präsenz der großen Volkskirchen in unserem Land. Die Kirche ist zwar für viele zur „fremden Heimat" geworden – aber man bleibt ihr vorerst noch (wenn auch auf Distanz) verbunden.
Diese überall noch erkennbare Präsenz des Christentums legt die Vermutung nahe, Christsein sei so etwas wie eine „Milieu-Frage". Viele haben den Eindruck, sie sind eigentlich immer schon irgendwie „drin" im Haus des Christentums. Sie können es höchstens wieder verlassen. Ist Christsein so etwas wie das „Schicksal abendländischer Existenz"? Christen – sind wir das nicht irgendwie alle schon – jede(r) auf seine (ihre) Weise?
Nichts dagegen, dass Ihre Mutter eventuell im Kirchenchor mitgesungen hat, Ihre Familie vielleicht seit Generationen einer christlichen Kirche angehört. Nichts dagegen, wenn Sie von „christlichen Werten" überzeugt sind oder die „christliche Lehre" akzeptieren. Nur, das alles macht Sie noch nicht zu einem Christen, einer Christin. Es hat mal jemand gesagt: Wer zufällig in einer Garage das Licht der Welt erblickt, ist deshalb noch lange kein Auto. Wer zufällig in einer christlich geprägten Welt aufwächst, ist deshalb noch lange kein Christ.
Kirchenzugehörigkeit kann man zur Not von Generation zu Generation mitschleppen, kann sie wie ein Erbe weitergeben. Beim Christsein allerdings geht das nicht. Das lässt sich nicht vererben wie eine Augenfarbe oder ein Muttermal. Irgendwo las ich den schönen Satz: „Gott hat immer nur Kinder – keine Enkel". Und ein Kind Gottes wird man durch eine „neue Geburt", nicht schon durch vererbte Glaubensgüter christlicher Vorfahren, obwohl solche Glaubensgüter, wenn man sie sich anzueignen weiß, natürlich nicht gering zu schätzen sind.
Der Begriff „Christsein" hat in unserem Land eine Inflation erlebt. Sie wissen ja, in jeder Inflation verliert das Geld an Wert. Die Scheine sind zwar noch im Umlauf, aber man kann sich immer weniger dafür kaufen. Da wird von christlicher Erziehung, christlicher Gesinnung oder christlichen Werten geredet. Nur wenn man genauer nachfragt, was das denn bedeutet, erhält man in der Regel höchst schwammige und nebulöse Antworten. Da fallen Begriffe wie „Solidarität", „Nächstenliebe und Mitmenschlichkeit" – als wäre dies das Spezifikum des Christentums. Humanität wollen die meisten anderen auch. Wer hat schon was gegen Mitmenschlichkeit? Mit dem Begriff „Christsein" ist es

uns so ergangen wie mit einem abgefahrenen Autoreifen: Er hat sein Profil verloren.

Profil ist gefragt

Das war früher anders. Als die Kirche noch jung war, da kostete es etwas, Christ zu werden. Sich zu Jesus, dem Gekreuzigten und Auferstandenen zu bekennen, das hatte seinen Preis. In der Grafik sehen Sie eine Spottzeichnung aus dem ersten Jahrhundert: eine Kreuzesfigur mit einem Eselskopf. Darunter der bissige Satz: „Alexamenos betet seinen Gott an". In der Anfangszeit der Kirche stellten die Christen ein öffentliches Ärgernis dar. Man hängte ihnen den Schimpfnamen „Christianoi" an. Nicht deshalb, weil sie sich für Mitmenschlichkeit engagierten, das hätte niemanden sonderlich gestört. Störend wirkte vielmehr ihr Bekenntnis. Das lautete in Kurzform: „Jesus Kyrios", zu deutsch: „Jesus ist der Herr." Wer sich zu Jesus bekannte, lebte gefährlich. Wer ihn „Kyrios" nannte, den, der allein das Sagen hat, der musste mit massivem Druck rechnen. So etwas tat man nicht ungestraft im alten römischen Reich, wo die Caesaren sich den Titel „Kyrios" als Würdebezeichnung reserviert hatten. Alle Untertanen des römischen Imperiums mussten vor den Standbildern des Kaisers auf die Knie gehen. Die Christen weigerten sich, das zu tun. „A-theisten" (Gottlose) nannte man sie, denn sie verehrten den römischen Götterhimmel nicht. Weil ihnen ihr „Kyrios", ihr „Herr Jesus" konkurrenzlos wichtig war, wurden sie in den römischen Arenen den Löwen vorgeworfen oder mussten sich in den Katakomben der Stadt verstecken.

In unserem langweilig gewordenen „christlichen Abendland" können wir uns das kaum noch vorstellen: Christsein war eine gefährliche, weil profilierte Angelegenheit. Im Wort „Christ" steckte Sprengstoff. Dieses Wort war ein „Markenzeichen". Heute dagegen ist das Sprengstoff-Wort „Christ" zu einer ausgebrannten Hülse geworden. Es ist zu einem Gummibegriff verkommen, in den man alles hineinpacken, den man beliebig füllen kann. Jeder kann sich „Christ" nennen, der sich dafür hält – auch wenn keiner mehr genau weiß, was das eigentlich heißt.

Die Bibel versteht das Christwerden als einen tiefen Einschnitt im Leben eines Menschen. Als Jesus den zu uns herunterkommenden Gott predigte und sagte: „Das Himmelreich ist nahe herbeigekommen", da hat er gleich hinzugefügt: „Kehrt um und glaubt an das Evangelium" (vgl. Mk 1,15). Umkehren, sich umwenden – im Christwerden geht es um eine Lebenswende, um eine Abkehr vom bisherigen Weg und eine Hinkehr zu einem Weg unter Gottes Zusage und Weisung. Das Leben ohne Jesus Christus hört auf und ein Leben mit ihm beginnt. Von dieser Lebenswende, diesem Einschnitt des Christwerdens heißt es einmal im Neuen Testament: „Wenn also ein Mensch zu Christus gehört, ist er schon 'neue Schöpfung'. Was er früher war, ist vorbei; etwas ganz Neues hat begonnen" (2. Kor 5,17 GN). Die Bibel kann das Christwerden mit einer neuen „Geburt" vergleichen, in der ein Mensch im Glauben Jesus Christus als das Licht der Welt erblickt: „Es muss jemand von neuem, von oben (von Gott her) geboren werden, sonst kann er das Reich Gottes, das Himmelreich nicht sehen" (Joh 3,3).
Wir wollen jetzt fragen: Wie ereignet sich diese „Geburt eines Christen"? Wie könnte sie für Sie persönlich aussehen? Ich vermute, diese Frage interessiert Sie, nachdem Sie dieses Buch bis hierher gelesen haben. Tasten wir uns an eine Antwort heran.

Schwere und Zauber des Anfangs

„Aller Anfang ist schwer", so behauptet es zumindest ein Sprichwort. Gilt dieser Satz auch für den Anfang des Christwerdens? Ich erinnere mich noch daran, wie schwer ich mich als kleiner Junge damit tat, das Schwimmen zu lernen. Dabei war letztlich alles viel einfacher, als ich zunächst gedacht hatte. Allerdings dauerte es eine ganze Weile, bis ich das begriff. Die „große Kunst des Schwimmens", vor der ich so viel Angst hatte, bestand eigentlich nur darin, mich der Tragkraft des Wassers anzuvertrauen. Bei genauem Hinsehen war der Anfang meines Schwimmens nur deshalb so schwer, weil ich das, was ich meinte können zu müssen, maßlos überschätzt hatte. Entsprechend hatte ich die Tragkraft des Wassers unterschätzt. Mancher Anfang ist vielleicht nur deshalb so schwer, weil wir ihn uns so schwer machen.
Das Meer der Zusagen Gottes trägt. Aber wir müssen unser Misstrauen überwinden, ob das Meer hält, was es verspricht. Das macht den Anfang des Glaubens immer wieder so schwer.
Aber Anfänge haben nicht nur etwas Schweres und Herausforderndes, sie haben meist auch etwas Faszinierendes. „Jedem Anfang wohnt ein Zauber inne", hat Hermann Hesse gesagt. Ja, Anfänge können wirklich zauberhaft sein. Denken Sie einmal zurück an den Anfang Ihrer Liebe zu einem Menschen: zauberhafte Verwandlung – Ihr Leben beginnt sich zu verweben mit dem Leben eines anderen. Wie alles begann,

weiß man im Rückblick manchmal gar nicht mehr genau zu sagen. War es die berühmte „Liebe auf den ersten Blick" oder ein allmähliches Hineinwachsen in eine immer tiefer werdende, beglückende Erfahrung der Zusammengehörigkeit? Hat sie ihn erwählt – oder er sie? Der Zauber des Liebesanfangs lässt im Rückblick manche Fragen offen.
Auch dem Anfang des Glaubens wohnt ein Zauber inne. Denn Glauben heißt, sich in Gott verlieben – in den Gott, der uns als Liebhaber der Menschen entgegenkommt. Glaubende sind Liebhaber Gottes, fasziniert vom Zauber seiner Liebe. So unterschiedlich Liebesgeschichten unter uns Menschen anfangen, so unterschiedlich beginnen auch Glaubensgeschichten. Bei den einen ist es „Liebe auf den ersten Blick", andere brauchen einen langen Weg der Annäherung und des allmählich wachsenden Vertrauens zu Gott. Beim Christwerden läuft nichts nach DIN-Norm oder nach „Schema F". Denn Christwerden ist der Beginn einer zauberhaften Liebesgeschichte zwischen Gott und Mensch, die in jedem Leben anders verläuft.

Ein Märchen vom guten Anfang

Viele Hoffnungsgeschichten vom „guten Anfang" beginnen mit den Worten „Es war einmal ...". Ich erzähle Ihnen jetzt eine solche Geschichte, wenn Sie so wollen: ein „modernes Märchen". Vielleicht kann uns diese Geschichte helfen bei der Antwort auf die Frage, wie ein Mensch Christ wird, womit das Christsein also anfängt.
Da ist ein kleines Kind. Es lebt in einem Waisenhaus. Seine Eltern kennt es nicht. „Vollwaise", steht in seinen Papieren. Das ist sein Stand. Den kann das Kind aus eigenen Kräften heraus nicht ändern, auch nicht durch Anstand, durch Wohlverhalten, um das es sich im Waisenhaus redlich bemüht. Wie Strandgut kommt es sich vor, vom Meer des Zufalls irgendwo an Land gespült. Hin und wieder träumt das kleine Kind von Eltern und Geschwistern, versucht sich vorzustellen, wie sie aussehen, redet sich ein, dass Vater und Mutter vielleicht doch noch leben.
Auf einem hohen Berg gegenüber dem Waisenhaus sieht das Kind Tag für Tag ein wunderschönes Schloss liegen. Oft klettert es in seiner Phantasie über die Mauer, die das Waisenhaus umgibt, pirscht sich heran an das Schloss, durchwandert die langen Gänge und großen Räume, atmet die Freiheit und Weite des Schlosses – und weiß doch: Nie werde ich dahin kommen, nie dort leben können. Mehr als der große Schlafsaal des Waisenhauses und die unüberwindliche Mauer bleiben mir nicht. Im Spiel mit den anderen Kindern hält sich das Kind manchmal für ein Königskind, das in diesem herrlichen Schloss lebt, königliche Freiheiten genießt und an einer Festtafel verwöhnt wird. Es wäre gern so ein Königskind, auf das ein reiches Erbe wartet. Aber

wofür es sich auch immer hält – es bleibt, was es ist: ein elternloses Kind.
Da taucht eines Tages ein Fremder im Waisenhaus auf. Er kommt auf das Kind zu, sieht es freundlich an, gibt ihm die Hand, so, als kennen sie sich schon lange. „Du hast ab heute ein neues Zuhause“, sagt der Fremde. Das Kind versteht nicht. „Du bist kein Waisenkind mehr“. Das Kind begreift immer noch nicht. „Siehst du das Schloss dort drüben auf dem Berg?“, fragt der Fremde. Das Kind nickt. „Das ist dein neues Zuhause. Ich wohne dort. Und du darfst jetzt auch dort wohnen. Ich bin der König und habe dich auserwählt, mit mir zu leben. Du bist kein Waisenkind mehr. Du bist ab heute mein Kind, ein Königskind. Magst du?“
Das Kind traut seinen Ohren nicht. Ein Königskind? Es sieht auf seine zerschlissene, vom Spiel verstaubte Kleidung. Nichts Königliches ist daran wahrzunehmen. Es kennt keine königlichen Manieren, spricht die Sprache nicht, die man im Schloss spricht. Es ist ein Kind aus dem Heim. Es weiß nicht, wie man sich am Hof bewegt.
Und doch ist es bereits ein Königskind. Plötzlich, unerwartet hat sich seine Situation verändert – von außen, ohne sein Zutun. Das Kind hat nichts gemacht. Es ist etwas mit ihm geschehen. Es ist in einen neuen Stand versetzt worden. Sicher, viel, sehr viel Zeit wird vergehen, bis sich das Kind in seine neue Existenz eingelebt hat, bis es sein Waisenkind-Gefühl verliert, den Umgang mit seiner neuen Freiheit lernt, die Sitten und Gebräuche im Schloss versteht und eine innere Beziehung gewinnt zum König, der es adoptiert und so zu seinem Kind und Erben gemacht hat. Aber der König lässt dem Kind viel Zeit dazu. Er zeigt ihm die Schönheiten, die es im Schloss und in der neuen königlichen Freiheit entdecken darf. Und immer, wenn das Kind wieder zurückfällt in sein trostloses Waisenhauskind-Gefühl, dann erinnert es der König liebevoll an seinen neuen Stand: „Vergiss nicht, du bist kein Waisenkind mehr. Du bist jetzt ein Königskind!“
Langsam, ganz allmählich *wird* das Kind so zu dem, was es durch die Entscheidung des Königs schon längst *ist*: zu seinem Kind und zum Erben seines Reiches.

Wie wir zu „Königskindern“ werden

Nur ein Märchen? Zunächst ja, und trotzdem eine wahre Geschichte. Das Kind von der Straße wird zu einem königlichen Menschen, indem mit und an ihm etwas geschieht, was es selbst nicht leisten kann und muss. Ich will Ihnen jetzt ein Bild zeigen – und einen staunenswerten Satz dazu.
Der Künstler Oskar Kokoschka hat dieses Bild geschaffen. Ich mag es sehr gern. Da sieht man den gekreuzigten Jesus – in der Sprache der

Bibel: den Sohn Gottes, den eigentlichen „Erben des Königs“. Aber er will sein Erbteil nicht für sich behalten. Darum hat er sein „himmlisches Schloss“ verlassen, um ins Armen- und Waisenhaus dieser Welt zu kommen. Er beugt sich herab vom Kreuz, streckt seine Hand aus, um sie den nach Leben und Würde hungernden Waisenkindern dieser Erde zu reichen. Er spricht ihnen etwas zu, was sie sich nicht selbst sagen können.

Im Neuen Testament lese ich einen Satz Jesu, an dem ich bis heute herumbuchstabiere. Jesus sagt denen, die fragen, wie sie mit Gott, mit dem Christsein anfangen können: *„Nicht ihr habt mich erwählt, son-*

dern ich habe euch erwählt" (Joh 15,16). Kein Märchen – dieser Satz ist wahr! Und er gilt auch Ihnen und mir.

Es ist etwas mit uns geschehen, mit Ihnen und mit mir. Etwas, was uns Waisenkindern der Hoffnung nie von allein eingefallen wäre. Da hat Gott in Jesus eine königliche Entscheidung gefällt, eine Wahl getroffen, ohne dass wir davon wussten. Wenn Sie wählen (etwa bei der Bundestagswahl), dann machen Sie auf dem Stimmzettel Ihr Wahlkreuz neben dem Kandidaten Ihrer Wahl. Gott hat auch „sein Kreuz gemacht". Er hat in Jesus, dem Gekreuzigten, sein Wahlkreuz direkt neben Ihren und meinen Namen gesetzt. Er hat wie ein Verliebter ein Auge auf uns geworfen, während wir noch in eine ganz andere Richtung sahen. Gott brennt darauf, mit uns zusammen zu sein. Er erwählt uns wie ein Liebender seine Geliebte. Er sucht uns, bevor wir ihn zu suchen anfangen. Er findet uns, während wir noch nach ihm Ausschau halten. Er hat sich für uns entschieden, unwiderruflich für uns, ohne unsere Entscheidung abzuwarten. Er sagt uns, wie er über uns denkt, noch bevor wir das erste Mal an ihn denken. Er fragt nicht, wofür wir ihn halten. Er erklärt uns, wofür er uns hält: für seine Erwählten. Er sagt zu uns Waisenkindern dieser Weltgeschichte: „Ich habe euch erwählt. Ihr seid dazu berufen, meine geliebten Söhne und Töchter zu sein. Denkt nicht zu gering von euch! Ihr seid kein Strandgut, vom Meer des Zufalls ans Land gespült. Ihr seid königliche Menschen, Erben meines Reiches, von mir, eurem Gott, zu Großem ausersehen!" Nicht wir haben Gott erwählt, das wäre uns Misstrauischen noch nicht mal im Traum eingefallen. Nein, er hat uns erwählt.

Haben Sie das gewusst, dass Sie ein Erwählter, eine Erwählte Gottes sind? Sie sind zum Kind Gottes berufen: zur königlichen Freiheit eines Sohnes, einer Tochter Gottes! Sie müssen sich nicht mit der Enge des Waisenhaushofes begnügen. Sie dürfen die Weite des Reiches Gottes erproben. Der jüdische Theologe Abraham J. Heschel hat einmal gesagt: „Die größte Sünde des Menschen ist es, zu vergessen, dass er ein Königssohn ist".

Vielleicht ahnen Sie jetzt: Es geht im Christsein wirklich nicht um ein bisschen mehr *Anstand.* Es geht um einen ganz neuen *Stand,* in den Gott uns versetzt. Wir haben wie das Waisenkind in der Geschichte nichts dazu getan. Gott ist uns zuvorgekommen. Und das Schöne dabei ist, dass er uns (wie der König seinem Adoptivkind) viel Zeit lässt, dem nachzukommen. Er gibt uns Zeit, langsam seiner Wahl zu entsprechen, uns mehr und mehr einzuleben in unsere königliche Berufung, in die Freiheit des Glaubens, in die Spielregeln des Reiches Gottes.

Gott ist uns zuvorgekommen. Dieses Zuvorkommen Gottes begründet unser Christsein, setzt ihm seinen Anfang. Von diesem gnädigen Zuvorkommen Gottes lebt ein Christ. Vielleicht haben Sie sich über die Überschrift dieses Kapitels gewundert: „Von *Gottes* Anfang mit uns – und wie *wir* Christen werden". Ja, so paradox es klingt: Gott setzt den

Anfang unseres Christwerdens. *Gott kommt uns zuvor – wir dürfen nachkommen.* Das ist die Reihenfolge des Christwerdens. Durch Gottes Erwählung sind wir schon, was wir werden dürfen. Wir sind es schon! Christwerden meint daher, immer mehr das werden, was wir durch Gottes Wahl bereits sind – seine geliebten Söhne und Töchter. „Nicht ihr habt mich erwählt, sondern ich habe euch erwählt".

Großer Schein in kleiner Münze

„Erwählung" ist ein großes Wort. Etwas pathetisch klingt es und antiquiert. Lässt sich der „Schein" in „kleine Münze" umwandeln? Gibt es ein Zeichen unserer Erwählung zu Söhnen und Töchtern Gottes, ein Zeichen, das sich anschauen lässt? Ja mehr noch, gibt es ein Zeichen, das uns Gottes Erwählung lieb macht?

Als meine Frau „mich erwählte und ich sie" – ich bleibe mal bei der etwas antiquierten Sprache –, da haben wir uns Ringe geschenkt. Bei unserer „Vermählung" haben wir uns diese Ringe gegenseitig aufgesteckt. Manchmal freue ich mich an meinem Ring. Oft vergesse ich, dass ich ihn am Finger trage. Aber er bedeutet mir viel. Ich möchte ihn nicht verlieren. Er ist ein wichtiges Zeichen.

In der Geschichte vom „verlorenen Sohn" wird auch von einem Ring erzählt. Ein Siegelring ist es, mit dem Familienwappen drauf. Er ist Zeichen einer neuen Vollmacht. Der Vater steckt ihn seinem Sohn auf den Finger. Nun kann ihm niemand und nichts die Sohnschaft mehr streitig machen. Ein Festkleid bekommt er auch noch angezogen, fast wie bei einer Hochzeit. Ring und Kleid sind Zeichen einer unwiderruflichen Erwählung. An diesen Zeichen erkennt der „verlorene" Sohn, dass er „zu Hause" ist, auch wenn er sich vielleicht noch gar nicht so fühlt und sich an sein (altes/neues) Zuhause erst gewöhnen muss.

„So ein Zeichen von Gott möchte ich auch haben", denken Sie jetzt vielleicht. Ich verstehe Sie gut. Von der Gewissheit des Glaubens war ja schon viel die Rede. Aber wodurch werde ich denn vergewissert, ganz persönlich und nicht nur so allgemein, dass ich „Sohn oder Tochter" Gottes bin? Vielleicht haben Sie es längst, dieses Zeichen der Erwählung. Vielleicht ist Ihnen das Kleid schon angezogen, der Ring schon über den Finger gestreift! Und wenn nicht: Ring und Kleid liegen für Sie bereit. Gott gönnt Ihnen dieses Zeichen seiner Erwählung jederzeit. Darf ich es Ihnen zeigen?

Das Zeichen der Erwählung

„Ich bin getauft“. Die Taufe ist das Zeichen, das unmissverständliche Signal Gottes, dass er uns mit seiner Wahl persönlich meint. Im Zeichen der Taufe kommt Gott auf uns zu (wie der Fremde in der Geschichte des Waisenkindes) und lässt uns wissen: „Fürchte dich nicht, denn ich habe dich erlöst; ich habe dich bei deinem Namen gerufen; du bist mein“ (Jes 43,1).

Nun weiß ich nicht, ob Sie getauft sind – als Kind oder als Erwachsener. Und wenn, dann weiß ich nicht, was Ihnen das Zeichen Ihrer Taufe bedeutet. Vielen bedeutet dieses Zeichen erschreckend wenig. Aber auch, wenn Sie noch nicht getauft sind, bitte ich Sie, jetzt dieses Buch nicht aus der Hand zu legen. Denn die Taufe ist kein Privileg für ein paar Lieblingskinder Gottes. Sie ist auch keine Belohnung für besondere Glaubenshelden. Die Taufe setzt bei uns nichts voraus. Vielmehr setzt Gott sich in der Taufe uns voraus, er setzt seinen Anfang mit uns, setzt ihn vor unsere Anfänge mit ihm. Darum steht Ihnen der Weg zur Taufe jederzeit offen, auch – und gerade dann – wenn Sie noch keine Glaubensgeschichte hinter sich haben. Die Einladung zur Taufe gilt allen. Sie ist Gottes Einladung an jeden Menschen, der nach einer Vergewisserung sucht, ob Gott ihn wirklich persönlich meint. Diese Einladung gilt auch Ihnen.

Schauen Sie sich das Bild oben noch einmal genau an: Auf dem Boden der Taufschale sehen Sie das Kreuz Jesu Christi. Dieses Kreuz ist das grundlegende, das eigentliche Zeichen dafür, dass Gott uns Menschen zu seinen Söhnen und Töchtern erwählt hat. Bei der Taufe wird ein Mensch unter dieses große Erwählungszeichen Gottes gestellt.

Haben Sie schon einmal miterlebt, wenn ein Kind getauft wird? Da wird einem kleinen Menschen das Zeichen des Kreuzes auf die Stirn und auf die Brust „gemalt“: „Nimm hin das Zeichen des Kreuzes an der Stirn und an der Brust“, sagt der Pfarrer. „Nimm hin“, mehr können wir nicht tun, um zu Gott zu gehören. Hinnehmen, annehmen, es uns gefallen lassen, dass Gott sein „Du bist mein“ zu uns spricht. „Aber das Baby versteht doch noch nichts“, sagen Sie vielleicht. Verstehen Sie denn als Erwachsene(r), wann genau Gott Sie in der Taufe ruft?

Die Wahl gilt

„Ich bin getauft", das heißt für mein Christsein: Gottes Wahl gilt. Darauf kann ich mich verlassen. Gott steht zu seiner Wahl. Er lässt sich durch nichts davon abbringen. Wen er einmal erwählt hat, den lässt er nicht mehr los. Gott ist nämlich treu. Das Wort „Treue" klingt ein wenig verstaubt. Aber im Grunde ist es ein sehr kraftvolles Wort. Wer treu ist, der sagt: „Ich habe gewählt – und dabei bleibe ich". Getaufte dürfen wissen: Gott bleibt bei seiner Wahl.

Sie können Ihr Taufkleid beschmutzen, Gott wird es Ihnen deswegen nicht wieder ausziehen. Wir können uns den Ring der Erwählung vom Finger ziehen, aber Gott steckt uns, wenn er uns begegnet, diesen Ring immer wieder auf. Er wird auch Sie, wenn er Ihren Weg „kreuzt", immer wieder neu daran erinnern: „Vergiss es nicht, du bist ein Königskind!" Gott hält an seiner Entscheidung für uns fest. „Sind wir untreu, so bleibt er doch treu; denn er kann sich selbst nicht verleugnen" (2. Tim 2,13). Unsere Taufe will uns tagtäglich an diese Treue Gottes erinnern.

Ein altes Glaubenslied der Christen, ein Tauflied, besingt diese Treue Gottes – kräftig und trotzig! Hören Sie einmal hinein in diese kraftvolle, wenn auch alte Sprache des Glaubens:

Ich bin getauft auf deinen Namen,
Gott, Vater, Sohn und Heilger Geist,
ich bin gezählt zu deinem Samen,
zum Volk, das dir geheiligt heißt;
ich bin in Christum eingesenkt,
ich bin mit seinem Geist beschenkt.

Darf ich die alte Sprache übersetzen? Ich bin getauft. Gott hat mich bei meinem Namen gerufen und mein Leben mit seinem Namen, mit den Namen Jesu Christi verbunden. Weil ich durch Gott zu Jesus Christus gehöre, darf ich mich „Christ" nennen. Ich bin keine „Nummer" für Gott, sondern ein Mensch, mit dem er sich für Zeit und Ewigkeit zusammentun will. Ich zähle für ihn. Er hat mich eingereiht in die große Reihe derer, die zur Gemeinschaft der „Heiligen" gehören. „Heilige" sind keine fehlerfreien oder perfekten Alleskönner im Glauben. „Heilige" sind Menschen, die zu Gott gehören. „Eingesenkt in Christus" sind wir, d.h. hineingetaucht in das Wasser der Erwählung Gottes wie in ein erfrischendes Bad, beschenkt mit dem Geist der Gotteskindschaft, von dem es einmal im Neuen Testament heißt: „Ihr müsst euch nicht mehr vor Gott fürchten. Er hat euch seinen Geist gegeben, und das zeigt euch, dass ihr nicht seine Sklaven, sondern seine Kinder seid. Weil sein Geist in uns lebt, sagen wir zu Gott: Abba, lieber Vater" (vgl. Röm 8,15).

Mein Christsein beginnt nicht mit meinem Entschluss

„Ich bin getauft auf deinen Namen" – Haben Sie gemerkt, dass in diesem alten Lied nur im *Passiv* über das Christwerden gesprochen wird? So wie wir bei unserer Geburt passiv waren (wir wurden geboren!), so sind wir auch bei der Geburt zum Christsein eigentlich nicht die Handelnden. Wir entdecken das „Licht der Welt" (Jesus), indem Gott uns die Augen öffnet. Wir werden Christen, indem wir etwas an uns geschehen lassen. Wir Hyperaktive und Handlungstolle, die wir uns ständig selbst begründen, dauernd selbst verantworten, uns immer durch eigene Leistungen und Entscheidungen ins rechte Licht rücken müssen – hier werden wir durch Gottes Licht angestrahlt, das wir nicht entzündet haben, und das unserem Leben einen Glanz gibt, den wir ihm selber nicht geben können. Seit Kindesbeinen haben wir gelernt, etwas aus uns zu machen. Welch ein Fluch, ständig etwas aus sich machen zu müssen! Aber in diesem alten Lied wird uns erzählt, was Gott in der Taufe aus uns gemacht hat:

Du hast zu deinem Kind und Erben,
mein lieber Vater, mich erklärt;
du hast die Frucht von deinem Sterben,
mein treuer Heiland, mir gewährt;
du willst in aller Not und Pein,
o guter Geist, mein Tröster sein.

Es hat lange gedauert, bis ich begriffen habe, dass mein Christsein nicht mit mir anfängt – Gott sei Dank! Es wäre sonst vielleicht auch schnell wieder zu Ende. Mein Christsein fängt mit einem Anfang an, den Gott mit mir gemacht hat – und den er in seiner Treue immer wieder neu macht. Christwerden bedeutet, dass ich auf diesen Anfang Gottes mit mir zurückkomme. Christwerden heißt nicht, dass ich meinem Glauben selber ein Fundament gebe. Gott gibt mir vielmehr eine Grundlage, auf die ich meine Füße stellen kann. „Das Fundament ist gelegt: Jesus Christus. Niemand kann ein anderes legen" (1. Kor 3,11 GN). Daran erinnert mich meine Taufe Tag für Tag. Und für diese Erinnerung bin ich sehr dankbar.

Woran sich der Glaube festmacht

Damit stehen wir vor einer spannenden Frage, die in den verschiedenen christlichen Kirchen bis heute heiß und teilweise auch kontrovers diskutiert wird. Sie heißt: Wie verhalten sich *Taufe* und *Glaube* zueinander? Zugespitzt formuliert: Darf die Taufe dem Glauben vorausgehen, oder muss der Glaube der Taufe vorausgehen?

Rein biographisch führt Gott Menschen offenbar beide Wege. Die einen werden als unmündige Kinder getauft und entdecken erst später, welches Geschenk Gott ihnen mit ihrer Taufe gemacht hat. Die anderen „finden" auf unterschiedlichen Wegen „zum Glauben" und erfahren ihre Taufe nachträglich als Bestätigung und Vergewisserung dessen, was Gott ihnen im Glauben schenkt. Man sollte beides nicht gegeneinander ausspielen. Wichtig ist letztlich nicht die zeitliche Reihenfolge. Wichtig ist, dass Taufe und Glaube im Leben eines Menschen zueinander finden, dass der Glaube sich an der Taufe freut und die Taufe den Glauben vergewissert.
Der Glaube braucht die Taufe – und *die Taufe braucht den Glauben.* Beide Sätze gehören zusammen. Sie fordern und fördern sich gegenseitig. Wer sie auseinander reißt, verkürzt das Evangelium. Schauen wir uns diese beiden Sätze jetzt noch etwas genauer an.

Der Glaube braucht die Taufe

Der Glaube braucht die Taufe. Denn er findet keinen Halt, wenn er sich auf sich selbst gründet. Vielleicht kann das Bild verdeutlichen, wie das gemeint ist. Da macht ein Schiff im Hafen fest. Die Halteleine wird ausgeworfen und an einem starken Poller verankert. Das Schiff braucht diesen Halt. Es kann sich nicht bei sich selbst festmachen. Christwerden heißt, dass ich mit meinem Lebensschiff im Hafen der Menschenfreundlichkeit Gottes vor Anker gehe, die Halteleine des eigenen Glaubens am Poller der Erwählung Gottes, an Jesus Christus festmache. Jesus aber, der Grund unseres Glaubens, ist nicht identisch mit dem Akt unseres Glaubens. Glauben, Vertrauen ist gut – aber worauf? Ich kann meinen Glauben nicht auf mein eigenes „Vertrauen-Wollen" gründen. Ich muss ihn gründen auf ein Fundament, das ich nicht selbst lege. Gott lädt uns ein, das Seil unseres Glaubens an der Taufe festzuzurren. Denn in der Taufe kommt uns der entgegen, der unser Vertrauen hervorruft und unserem Glauben Anlass und Halt bietet.
Die Frage heißt: Woran hängt unser Christsein? Woran machen wir unseren Glauben fest? Wollen Sie Ihr Christsein an Ihren *religiösen Gefühlen* festmachen? Die gönne ich Ihnen. Was wäre z.B. Heiligabend oder die Schönheit eines Sonnenuntergangs am Meer ohne zumindest den Anflug von religiösen Gefühlen? Aber unsere Gefühle sind instabil, unsere Stimmungen schwanken wie Gräser im Wind. Wenn mein Christsein davon abhinge, ob ich irgendetwas spüre und fühle vom Geheimnis Gottes, von der Gegenwart seines Reiches, von meiner Erwählung und Berufung zum Sohn oder zur Tochter

Gottes, wenn das alles Stimmungs- und Gefühlssache wäre, dann wäre ich heute Christ und morgen schon nicht mehr.
Wollen Sie Ihren Glauben, Ihr Christsein rückbinden an Ihre *Erfahrungen* mit Gott? Schön, wenn Ihnen ab und zu eine Erfahrung als Vergewisserung Ihres Glaubens geschenkt wird. Aber was machen Sie in den Tagen, Wochen oder Monaten, wo sich keine handfesten Glaubenserfahrungen einstellen? Ich zumindest kenne solche Zeiten. Da lebe ich vom kargen Brot der Glaubenserfahrungen anderer. Da glaube ich ihnen vielleicht gerade noch ihren Glauben – aber meiner kann mit ihren Erfahrungen absolut nicht mehr mithalten. Nur frage ich mich, ob ich an solchen Tagen mit Erfahrungslücken, wo mir der Erlebnisreichtum des Glaubens fehlt, auf einmal nicht mehr Christ bin.
Oder wollen Sie Ihr Christsein auf Ihre *Entscheidung für Gott* gründen? Da erzählen Menschen von einem Datum, an dem sie zu Gott umgekehrt sind, sich „für Jesus Christus entschieden" haben. Gut, wenn es in unserem Leben immer wieder solche Akte der bewussten Hinwendung zu Gott gibt. Aber kann das Haus meines eigenen Glaubens auf einem Fundament ruhen, dass ich mit meiner Entscheidung für Jesus Christus selbst gelegt habe? Ich habe in diesem Wahn gelebt. Aber je ehrlicher ich mir und Gott gegenüber wurde, desto mehr habe ich entdeckt: Meine kleinen Entscheidungen für Gott sind äußerst wankelmütig und brüchig, oft halbherzig gefällt – und sie werden durch mein praktisches Leben immer wieder zurückgenommen, relativiert und in Frage gestellt.
Die eigene, subjektive Entscheidung für den Glauben ist ein äußerst schwankender Boden für das Christsein. Da sagt jemand: „Ich bin zum Glauben gekommen" oder: „Ich habe Gott gefunden". Schön und gut – nur: kann das Ich, das da etwas findet, auch für den Fund garantieren? Wenn ich es bin, der zum Glauben kommt, muss ich dann nicht ständig fürchten, auch wieder davon „abzukommen"? Wenn ich es bin, der „Gott findet", dann kann ich ihn schnell auch wieder verlieren – aus den Augen, aus dem Sinn.
Es gibt Tage, da glaube ich mir meinen eigenen Glauben nicht mehr. Die „subjektive Selbstvergewisserung" des Glaubens gelingt auf Dauer nicht. Das Schiff meines Christseins treibt auf dem Meer meiner Aktivitäten und Selbstverständnisse, meiner Gefühle, Erfahrungen und Entscheidungen solange hin und her, bis es einen starken Poller für seine Halteleine gefunden hat. *„Nicht ihr habt mich erwählt, sondern ich habe euch erwählt", sagt Jesus.* Woran sonst wollen Sie das Seil Ihres Glaubens festmachen, wenn nicht an diesem Halt? Er hält, wenn sonst nichts mehr hält. Dass ein Mensch unwiderruflich zu Gott gehört, dass ihn von Gottes Liebe nichts mehr scheiden kann, dessen kann er sich nicht selbst vergewissern. Das wird ihm zugesprochen – von außerhalb!
Die Taufe ist dieser Zuspruch Gottes von außen. An ihm entzündet sich

der Glaube immer wieder neu. Darum geht die Taufe dem Glauben sachlich voraus – auch da, wo sie ihm biographisch folgt. Nicht mein Glaube gibt der Taufe ihren Inhalt, sondern die Taufe gibt meinem Glauben Inhalt und Halt zugleich. „Der Glaube macht nicht die Taufe, sondern er empfängt sie", hat Martin Luther gesagt. Von Luther wissen wir, dass er sich gerade in den Krisen seines Glaubens an seiner Taufe festgehalten hat wie an einem Rettungsring. Die Taufe trägt den Glauben wie das Wasser den Schwimmer. Ihre Tragkraft geht allen frommen Schwimmkünsten voraus.

Es gibt Menschen, die wollen sich erst taufen lassen, wenn sie „zum Glauben gekommen sind". Ich habe nichts dagegen. Aber wann ist man eigentlich wirklich „zum Glauben gekommen"? Wann ist ein Mensch „gläubig genug", um sich berechtigterweise taufen lassen zu können? Diese Frage kann in eine sehr ungesunde Dauerreflexion führen, bei der man sich ständig den frommen Puls fühlt und pausenlos um sich selber und sein Glaubenkönnen kreist, statt um den, der uns zum Glauben einlädt. Im Bild gesprochen: Man ist dann mehr damit beschäftigt, nach der Reißfestigkeit der Halteleine des eigenen Glaubens zu fragen als nach der Festigkeit des Pollers, an dem das Schiff des Glaubens gefahrlos ankern kann.

Noch einmal Luther: „Wahr ist, dass man glauben soll zur Taufe. Aber auf den Glauben soll man sich nicht taufen lassen ... Wer sich auf den Glauben hin taufen lässt, der ist nicht allein ungewiss, sondern auch ein abgöttischer, verlogener Christ. Denn er traut und baut auf das Seine". Mein Glaube hält mich nicht. Jesus Christus hält mich. Er aber kommt mir immer wieder entgegen im Zuspruch seines Wortes, der in der Taufe eine sichtbare Gestalt findet. Darum betont Luther diesen vergewissernden Zuspruch von außen so stark: „Du sollst sagen, meine Taufe bleibt, wie die Sonne immer bleibt. Wenn ich stehe oder in den Dreck falle, so dass die Augen nichts mehr sehen können, die Sonne leuchtet dennoch. Und wenn ich die Augen wasche, sehe ich sie wieder. Und wenn ich in den Keller gehe, die Sonne bleibt dennoch (am Himmel). Ich bin davongegangen, wenn ich heraussteige, finde ich sie wieder ... Es kommt wohl vor, dass ich falle und zerbreche, aber die Taufe zerbricht niemals".

Die Taufe braucht den Glauben

Der Glaube braucht die Taufe. Aber umgekehrt gilt nun auch: *Die Taufe braucht den Glauben.* Man darf diese beiden Sätze nicht auseinander reißen. Martin Luther konnte sich an der Taufe wirklich freuen. Aber zugleich wusste er: „Damit, dass du lässt Wasser über dich gießen, hast du die Taufe noch nicht empfangen und festgehalten, dass sie dir etwas nützt ... Ohne Glauben ist sie zu nichts nütze, ob sie

gleich selbst ein göttlicher, überschwänglicher Schatz ist ... Darum soll jeder die Taufe für ein tägliches Kleid halten, das er immerzu anziehen soll ... Das heißt recht in die Taufe gekrochen und täglich wieder hervorgekommen".
In die Taufe „kriechen" – eine seltsame Formulierung. Kinder kriechen manchmal auf den Schoß der Mutter (oder bei Angst auch unter ihren Rock), um sich zu bergen. Glauben heißt, dass ich mich bei Gott bergen kann wie in einem Zelt. Gott hat das Zelt mitten im Unwetter aufgestellt. Aber in dieses Zelt hineinkriechen, uns im Schoß seiner Liebe bergen, das müssen wir schon selbst. Wenn wir im Regen vor dem Zelt stehen bleiben, erfahren wir nichts von seiner bergenden Kraft. Vom Zelt hat nur der etwas, der es betritt.

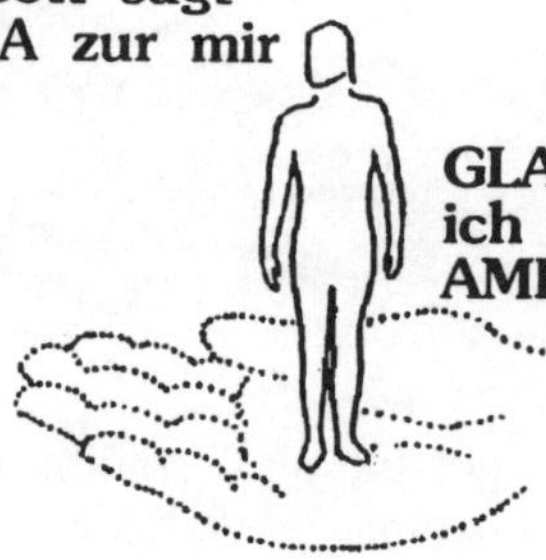

Von unserer Taufe haben wir nur im *Glauben* etwas. Denn Taufe und Glauben gehören zusammen. In der Taufe schiebt Gott seine Hand unter unser Leben und gibt unserem Vertrauen zu ihm festen Grund. Glauben heißt, dass ich mich auf diesen Grund stelle. In der Taufe sagt Gott „JA" zu uns – im Glauben sprechen wir dazu unser „AMEN". Auf deutsch heißt „Amen": „So soll es sein!" Wer auf Gottes Ja sein Amen spricht, der kriecht hinein ins bergende Zelt seiner Taufe. Der gibt sich aus der Hand und legt sein Leben in die Hand Gottes, die sich in Jesus Christus nach uns ausstreckt.
Diese Hand will ergriffen sein. Mit unserer Taufe steht eine Frage Gottes über unserem Leben. Diese Frage heißt: „Lässt du dir meine Erwählung gefallen? Nimmst du die Wahl an?" Zu jedem Erwählungsgeschehen gehören immer zwei: einer, der die Erwählung ausspricht, und einer, der sie erwidert. Bleibt die Erwiderung aus, dann ist die Erwählung nicht zu ihrem erhofften Ziel gekommen. Gott lässt uns wissen, dass wir für immer zu ihm gehören und uns nichts aus seiner Hand reißen kann. Und nun möchte er gern wissen, ob wir das auch wollen, dass wir ganz zu ihm zu gehören. Er wartet auf Antwort. Er hat mit uns seine Geschichte angefangen. Nun lädt er uns ein, dass wir uns auf diesen Anfang einlassen und im Glauben auch unsererseits unsere persönliche

Geschichte mit ihm beginnen. Christwerden bedeutet: Antwort geben auf Gottes liebendes Werben um uns.

Bitte einsteigen!

Bei vielen Menschen, die getauft sind, bleibt diese Antwort des Glaubens aus. Gott hat ihnen eine Fahrkarte ins Land des Glaubens geschenkt, einen Freifahrschein in Richtung Reich Gottes, hat Ihnen einen Platz reserviert im Zug der Erwählung, ein Erster-Klasse-Abteil in der Kirche Jesu Christi. Der Zug ist längst auf dem Bahnsteig ihres Lebens eingelaufen. Die Türen sind weit geöffnet. Aber sie bleiben desinteressiert, gleichgültig oder skeptisch auf dem Bahnsteig stehen und steigen nicht ein. Sie lassen ihre Karte verfallen. Verstehen Sie das? Eine Fahrkarte ohne Antritt der Fahrt, zu der sie berechtigt, ist wie ein gefülltes Konto, von dem man nichts abhebt. Man hat nichts davon. Sie haben – außer Ihrem Taufschein – nichts von Ihrer Taufe, wenn Sie diesen „Schein" nicht im Glauben einlösen. Ein Erbe wird nur gültig, wenn man es auch antritt.
Da steht ein Heer von getauften Menschen mit einem gültigen Fahrschein in der Tasche auf dem Bahnsteig der Kirche. Sie halten sich für Christen, weil sie getauft sind. Das ist ungefähr so, als wenn sich jemand schon deshalb für verheiratet hält, weil ihm jemand einen Heiratsantrag gemacht hat. Die Taufe ist zwar ein Geschenk. Aber wer dieses Geschenk nicht wirklich in Empfang nimmt und auspackt, wird sich nie daran freuen können. Es gibt Menschen, denen gilt Gottes Erwählung, aber sie machen vom Vorrecht ihrer Erwählung keinen Gebrauch. Sie sind designierte „Kandidaten des ewige Lebens" und treten ihr Amt nicht an. Gott gönnt ihnen sein Heil, und sie bleiben

lieber in ihrem unheilen Leben sitzen, mit dem Taufschein in der Tasche.

Viele missverstehen die Kindertaufe als eine „kirchliche Massenschluckimpfung“ nach dem Motto: Man weiß zwar nicht genau, wofür sie gut ist, aber sie wird schon irgendwie nützen. Schaden kann sie zumindest nicht. Aber die Taufe ist keine Schluckimpfung, die man einfach über sich ergehen lässt. Sie ist Gottes Einladung und dringliche Bitte, uns durch ihn von der Krankheit unseres Misstrauens heilen zu lassen. Diese Heilung aber geschieht nur im gelebten Vertrauen auf ihn.

Von unserer Taufe haben wir immer nur so viel, wie wir Gott glauben.

Der Glaube braucht die Taufe, denn er gründet nicht in sich selbst – und die Taufe braucht den Glauben, denn sie wirkt nicht aus sich selbst. Gott hat sich für uns entschieden (Taufe) – und wartet deshalb auf unsere Entscheidung für ihn (Glaube).

Aber wie „kriecht“ ein Mensch in seine Taufe? Wie kann die „Entscheidung für Gott“ praktisch werden? Oder darf ich persönlicher fragen: Wie könnte der Beginn (oder Neubeginn) Ihres eigenen Christseins aussehen? Gibt es Hilfen dafür?

Klopfzeichen Gottes

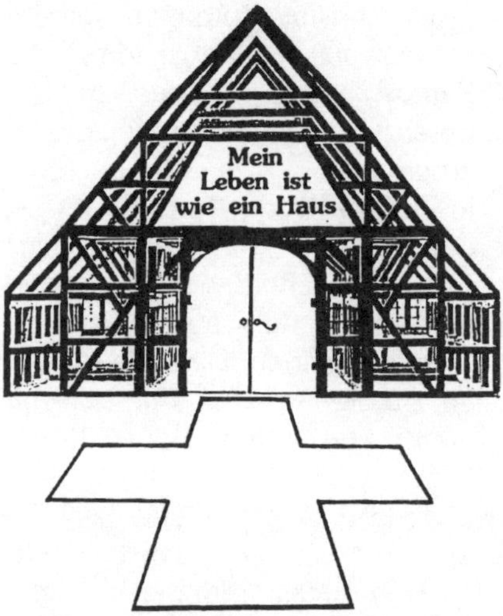

Stellen Sie sich bitte einmal vor, das Fachwerkhaus auf dem Bild sei Ihr persönliches „Lebenshaus“, Ihr Leben, in dem Sie sich eingerichtet haben. Gott hat sich in Jesus Christus einen Weg zu Ihnen gebahnt. Vielleicht hat er auch dieses Buch dazu benutzt, diesen Weg noch einmal von ein paar Stolpersteinen zu befreien. Gottes Weg zu Ihnen endet direkt vor der Tür Ihres Lebenshauses. Jesus Christus steht vor dieser Tür wie ein Wartender: „Siehe, ich stehe vor der Tür und klopfe an. Wenn jemand meine Stimme hören wird und die Tür auftun, zu dem werde ich hineingehen“ (Offb 3,20).

„Ich klopfe an“, sagt der Gast vor unserer Tür. Er bricht sich nicht gewaltsam die Tür auf. Er ist kein Hausfriedensbrecher. Er klopft lediglich. Aufmachen müssen wir schon selbst. Gott achtet unsere Freiheit. Er zwingt uns seinen Besuch nicht auf. Leise, unaufdringlich ist seine Stimme. Auch die Klopfzeichen Gottes lassen sich überhören.

Vielleicht fragen Sie: „Wie hören die sich denn an, diese Klopfzeichen Gottes?" Das kann man nicht mit einem Satz beschreiben. Und zwar deswegen nicht, weil die Türen unserer Lebenshäuser aus unterschiedlichem Material bestehen. Sie wissen ja, dass es verschieden klingt, ob ich an eine Holztür oder an eine Stahltür klopfe. Hier spielen unsere Persönlichkeitsstruktur, unsere Biographie und auch unsere religiöse Vorgeschichte mit hinein. Die einen erleben Gottes Anklopfen in Gestalt einer tiefen Freude, andere werden von großer Unruhe erfasst. Manchem geht ein Wort der Bibel nicht mehr aus dem Kopf, ein anderer entdeckt, dass seine Sehnsucht nach Gott wächst. Es gibt auch Menschen, die plötzlich in nüchterner Ruhe wissen: Gott ist jetzt da und bittet um Einlass in mein Lebenshaus. Und vielleicht ist es bei Ihnen ja noch ganz anders.

Christus Raum geben

Auf jeden Fall gilt: Christ ist, wer Gottes Wahl annimmt, wer „Ja" sagt zu seiner Taufe, indem er Jesus Christus die Tür seines Lebens öffnet. Ein Christ gestattet Jesus Christus Zutritt zu seinem Lebenshaus, erlaubt ihm, die Räume dieses Hauses zu betreten und mit seiner Gegenwart zu erfüllen.

Jesus Christus die Tür öffnen – ist das nur ein erbauliches Bild? Ganz gewiss nicht. Es geht um eine Grundentscheidung mit weitreichenden Folgen. Es geht um die Frage, ob Sie dem auferstandenen Christus Raum geben wollen in Ihrem Denken, Planen, Handeln, ob Sie Gott Mitspracherecht einräumen wollen, ob Sie ihm gestatten, sich mit seinem Zuspruch und Anspruch in Ihrer Ehe, Ihrem Beruf, Ihrem Privatleben zu entfalten.

Viele Menschen bekommen instinktiv Angst bei diesem Gedanken. Sie fürchten, dass sie ihre Freiheit verlieren, wenn sie ihr Lebenshaus mit Jesus Christus teilen. Bedeutet das nicht Fremdbestimmung, Abhängigwerden von einem anderen? Christsein heißt in der Tat, dass ich von Gott abhängig werde. Aber, und das ist die paradoxe Erfahrung der Christen, gerade die Abhängigkeit von Gott macht uns frei. Sie befreit von Bindungen, die uns den Lebensraum einschnüren. Wer Jesus Christus als Gast in sein Lebenshaus einlässt, der erfährt: Dieser Gast nimmt nicht Platz weg, sondern schafft Raum zum Leben. Wer Gott Entfaltungsraum gibt, dessen Leben wird weit und nicht eng.

Übrigens müssen Sie noch nicht einmal Ihr Lebenshaus aufräumen, bevor Sie Jesus Christus einlassen. Das ist ja die Grundangst, wenn wir Gäste erwarten, dass unsere Gäste Unaufgeräumtes, noch nicht Gesäubertes, Ungeklärtes in unseren vier Wänden wahrnehmen. Darum putzen wir unser Haus, bevor jemand kommt, zeigen uns von der besten Seite. Jesus kommt gern in unaufgeräumte Lebenshäuser. Auch das unterscheidet ihn von anderen Gästen. Er hilft sogar beim Aufräumen – wenn wir ihn lassen. Er schafft sich in unserem Lebenshaus selbst eine Ordnung, die wir allein oft gar nicht mehr hinkriegen.
Am liebsten würde ich Ihnen jetzt gegenübersitzen, liebe Leserin, lieber Leser dieses Buches. Ich würde gerne hören, wie es Ihnen mit dem geht, was Sie bisher gelesen haben, wo es auftrifft auf Ihre Lebenswirklichkeit und wo es Sie in Ihrer Lebenswirklichkeit nicht erreicht! Da ich Sie leider persönlich nicht kenne, bin ich auf Vermutungen angewiesen.
Wie immer es Ihnen im Moment auch gehen mag – vielleicht finden Sie sich in dem Bild unten irgendwo wieder: Sie sehen eine halb ge-

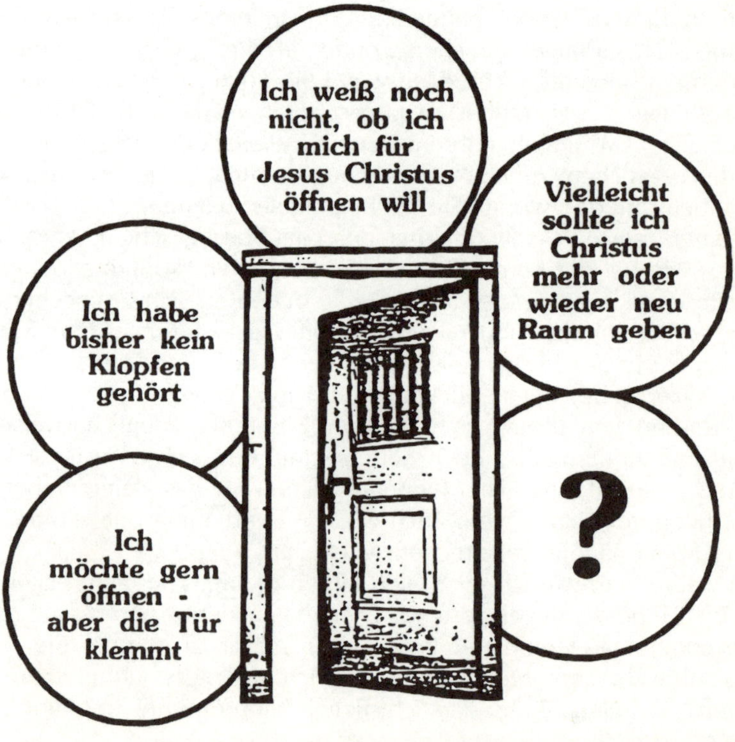

öffnete Tür – nicht ganz zu, aber auch noch nicht ganz offen. Vielleicht spüren Sie in sich die Spannung zwischen Wunsch und Unvermögen: „Ich möchte mich gern für Gott öffnen – aber die Tür klemmt". Oder Sie erleben die Enttäuschung: „Ich habe bisher keine Klopfzeichen Gottes gehört". Vielleicht entdecken Sie auch eine abwartende Skepsis in sich: „Ich weiß noch nicht, ob ich mich überhaupt öffnen will". Oder Sie fragen sich, wenn Sie bereits Christ sind: „Sollte ich Jesus Christus wieder mehr oder wieder neu Raum in meinem Leben geben?"
Ich will Sie mit diesen Fragen nicht bedrängen. Ich weiß: Hier geht es um sehr persönliche Fragen. Aber ich bitte Sie herzlich, muten Sie sich diese Fragen ruhig zu! Es lohnt sich.

Eine Einstiegshilfe ins Christsein

Wenn Sie Gott Ihr Lebenshaus (erneut oder erstmalig) öffnen möchten, dann schlage ich Ihnen jetzt einen konkreten Schritt vor, den Sie gehen können: eine Einstiegs- bzw. Wiedereinstiegshilfe ins Christsein. Es ist ein Gebet. Sie können dieses Gebet wie einen „Türöffner" verstehen, wie ein Echo des Glaubens auf Gottes zuvorkommende Liebe. Dieses Gebet ist eine konkrete Möglichkeit, sein Herz an Gott zu verlieren. Es ist wie ein Schritt auf die Brücke, die Gott in Jesus zu uns hin gebaut hat. In diesem Gebet können Sie Ihr „kleines Amen" auf Gottes „großes Ja" zu Ihnen sprechen, können in Ihre Taufe „hineinkriechen" wie in ein bergendes Zelt. Und wenn Sie noch nicht getauft sind und beabsichtigen, sich taufen zu lassen, dann eignet sich dieses Gebet auch als Antwortgebet in Ihrem Taufgottesdienst oder (falls Sie es schon vorher sprechen möchten) als eine voranlaufende Antwort Ihres Glaubens auf das, worauf Sie mit Ihrer Taufe zugehen.
In einem solchen Antwortgebet des Glaubens geschieht etwas ähnliches wie bei der Konfirmation eines Menschen. Konfirmation – vom lateinischen *„confirmare"* abgeleitet – bedeutet: sich festmachen, das Seil seines Lebens- und Glaubensschiffes festzurren an dem starken Poller, der Jesus Christus heißt. Konfirmation bedeutet, dass ich bei Gott vor Anker gehe, mich „rückbinde" an ihn. Viele sind mit 14 Jahren überfordert von diesem Schritt. Aber was Ihnen möglicherweise zur Zeit Ihrer Konfirmation noch „eine Nummer zu groß" war, ist Ihnen heute vielleicht eine Hilfe. Jedenfalls dürfen Sie das kleine Gebet, das ich Ihnen vorschlage, gern auch wie eine Vertiefung oder Erneuerung Ihres Konfirmations-Versprechens verstehen.
Ich weiß noch, wie ich vor vielen Jahren meiner Frau zum ersten Mal meine Liebe zu ihr eingestand. Diese Liebe lebte schon eine ganze Weile in mir, als Gefühl und Bewusstsein, zu ihr zu gehören. Sie wusste das natürlich. Aber irgendwann spürte ich: Ich muss, ich möchte es ihr sagen. Sie soll es hören, dass ich sie lieb habe und bei ihr bleiben will.

Es waren stammelnde Worte damals. Aber während ich ihr sagte, was ich für sie empfand, merkte ich: Das musste „raus"!
Das kleine Gebet, das ich Ihnen jetzt zeige, ist wie eine Liebeserklärung Gott gegenüber. Sie können eine solche Liebeserklärung an Gott natürlich auch mit eigenen Worten formulieren. Aber wenn Ihnen die Worte dazu im Augenblick fehlen, dann dürfen Sie sich die Worte dieses Gebetes gern ausleihen, dürfen sie zu Ihren Worten machen:

Mein Gott,
ich habe deine Stimme vernommen
inmitten der vielen Stimmen,
die mich umgeben.
Lange Zeit bin ich dir aus dem Weg gegangen.
Aber nun hast du meinen Weg gekreuzt.
In Jesus läufst du mir mit offenen Armen entgegen.
Ich danke dir dafür und freue mich darüber.
Ich will mich dir nicht länger im Misstrauen verschließen.
Ich vertraue mich dir an.

Herr Jesus Christus,
vor dir gestehe ich ein,
was mich an Versagen und Versäumnis bedrückt.
Ich bitte dich:
Vergib mir meine Schuld
und sprich mich frei von belastender Vergangenheit.
Du beschenkst mich mit Gottes unverdienter Güte.
Dieses Geschenk nehme ich im Glauben dankbar an.
Du sagst bedingungslos Ja zu mir.
Darauf sage ich jetzt Ja zu dir.

Erfülle mich mit deinem Geist.
Stärke meinen Glauben.
Halt mich fest, wenn mein Vertrauen zu dir schwindet.
Zeig mir die Orte und Gelegenheiten,
an denen ich dir dienen kann.
Denn ich will ganz für dich da sein
und für die Menschen, die mich brauchen.

Mein Gott,
lieber Vater im Himmel,
lass mich nicht mehr aus deiner Hand fallen.
Ich möchte zu dir gehören
und bei dir bleiben
im Leben und im Sterben.
Amen

Bevor Sie weiterlesen...

Wie geht es Ihnen mit diesem Gebet?
Welche Sätze dieses Gebetes würden Sie gern verändern?
Mögen Sie es zu Ihrem Gebet machen?

Wenn nein -
was hindert Sie daran?

Welche Hilfen brauchen Sie zusätzlich,
um Ihren Glauben (neu) festzumachen?
Mit wem können / wollen Sie darüber reden?

VIII. Vom langen Atem des Glaubens – und wie wir Christen bleiben

Tagtäglich ereignet sich in unserem Leben unzählige Male ein Vorgang, den wir nur selten bewusst wahrnehmen: Wir atmen. Wir „holen Luft", füllen unsere Lungen damit, versorgen uns so mit Sauerstoff, den wir zum Leben brauchen, und lassen die eingeatmete Luft wieder ausströmen. Der Vorgang wiederholt sich ständig: Einatmen – Ausatmen – Einatmen – Ausatmen. Dieser Rhythmus darf nicht aus dem Gleichgewicht kommen. Man kann nicht nur einatmen, ohne auch auszuatmen. Verbrauchen wir wenig Energie (wie z.B. im Schlaf), dann verlangsamt sich der Rhythmus des Atmungsvorgangs. Wird der Energieverbrauch größer, beschleunigt er sich. Bei besonderen Anstrengungen „schnappen wir nach Luft". Da geht uns plötzlich „die Puste aus". Wir werden kurzatmig. Und für bestimmte Hochleistungssportarten braucht es sogar eine besondere Atemtechnik. Das Atmen ist eine Grundvoraussetzung dafür, dass wir leben. Wer seinen letzten Atemzug tut, der stirbt. Darum ist der Mensch, solange er am Leben bleiben will, darauf aus, möglichst einen „langen Atem" zu behalten.
Wie behält eigentlich unser Glaube einen „langen Atem"? Wie bleibt unser Christsein am Leben? Viele Christen spüren, dass die Luft zum Durchatmen für den Glauben dünn geworden ist. Das gesellschaftliche Klima der Gottvergessenheit, die säkulare Dunstglocke unter einem von unten verschlossenen Himmel drohen den Glauben zu ersticken. Manche schnappen in ihrem Christsein nach Luft wie Fische, die ans Land gespült wurden. Ihrem Glauben scheint die Puste auszugehen. Wie behält der Glaube einen langen Atem? Woher bekommt er Frischluft? Wie lernt man, tief ein- und auszuatmen in der Beziehung zu Gott? Gibt es eine spezielle Atemtechnik des Glaubens? Um diese Fragen soll es auf der letzten Etappe unserer Reise ins Land des Glaubens gehen.
Machen wir uns zunächst die Grundvoraussetzung des Atmens bewusst: Die Luft, die wir ein- und ausatmen, produzieren wir nicht selbst. Die Energie, von der wir leben, ist nicht unsere eigene. Wir „holen" Luft, aber wir „machen" sie nicht. Für den kreatürlichen Atmungsvorgang versteht sich das von selbst. Es gilt aber auch für das Atemholen des Glaubens. Auch die Energie, die unseren Glauben am Leben erhält, ist nicht unsere eigene.
Seltsamerweise wissen das viele Christen aber gar nicht. Ihr Glaube gleicht eher einem „Luftpumpen" als einem „Luftholen". Ihr Christsein lebt nicht aus einer Kraftquelle, sondern ist selber eine einzige, große

Kraftanstrengung. Fragen wir deshalb jetzt zunächst: Woher kommt eigentlich der Sauerstoff, den unser Glaubensatem braucht?

Energiezufuhr von außen

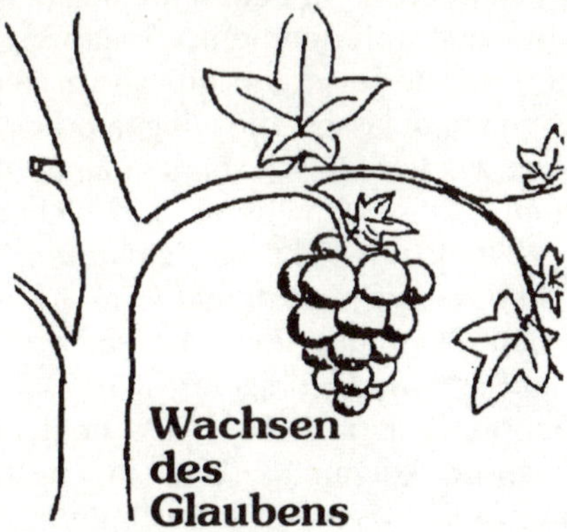

An der saft- und kraftvollen Weintraube auf diesem Bild lesen Sie das Stichwort „Wachsen des Glaubens“. Das ist die Sehnsucht vieler Menschen, die einen Anfang im Glauben erfahren haben, dass ihr Glaube aufblüht wie diese Traube, dass ihr Christsein saft- und kraftvoll wird. Und es kann gut sein, dass in Ihnen dieser Wunsch auch aufgekeimt ist bei der Lektüre dieses Buches. Vielleicht sind Sie insgeheim besorgt, ob Sie das wohl schaffen werden. Mich überfällt diese Sorge jedenfalls ab und zu, ob ich den Glauben denn wohl durchhalten werde. Man weiß ja nicht, was noch alles kommt. Wenn es Ihnen im Moment so geht, ist dieses letzte Kapitel besonders wichtig für sie. Vielleicht kann uns ja die Sorge um das Überleben unseres Glaubens genommen werden.

Wer nichts von den Vorgängen in der Natur versteht, könnte auf die absurde Vermutung kommen, dass die Rebe die Traube aus eigenen Energien produziert, sie sozusagen mit einer ungeheuren Kraftanstrengung aus sich herauspresst – nach dem Motto: „Ich muss jetzt Frucht bringen!“ Ich kenne Christen, die solchen Reben gleichen. Sie leben eine wahnsinnig angestrengte Christlichkeit. Man spürt ihnen ab, dass ihnen dabei eigentlich schon längst die Puste ausgegangen ist. Manchmal merken das die anderen eher als sie selbst. Kennen Sie solche Christen auch, die ständig etwas aus sich machen wollen? Konsequenter, frömmer, besser, heiliger wollen sie werden, und japsen dabei dauernd nach Luft. Sie wollen Glaube, Liebe, Hoffnung aus sich herauspressen – und verkrampfen völlig, weil ihnen für ihren Kraftakt die Kraft fehlt.

Da treffen sich zwei Freunde. Der eine hat seinen kleinen Hund dabei. „Na?", sagt der andere und schaut mitleidig lächelnd auf den kleinen Vierbeiner herab, „willst du den großziehen? – „Nee", sagt sein Freund, „den will ich nicht großziehen! Den lasse ich einfach wachsen!" Wir wollen so viel großziehen in unserem Leben, so furchtbar viel selber machen. Darum packt uns die Sorge, ob wir denn auch unseren kleinen Glauben großziehen können. Dabei übersehen wir, dass das Entscheidende an unserem Glauben gerade nicht gemacht wird. Es wächst. Unser Glaube ist kein Produkt unserer Kraftanstrengung. Die Rebe produziert die Traube nicht. Sie wächst an ihr – wie von selbst. Sie wächst, weil die Rebe an den Weinstock angeschlossen ist. Durch ihn fließen die Nährstoffe in sie hinein und bewirken ihr Wachstum – automatisch, wie von selbst.

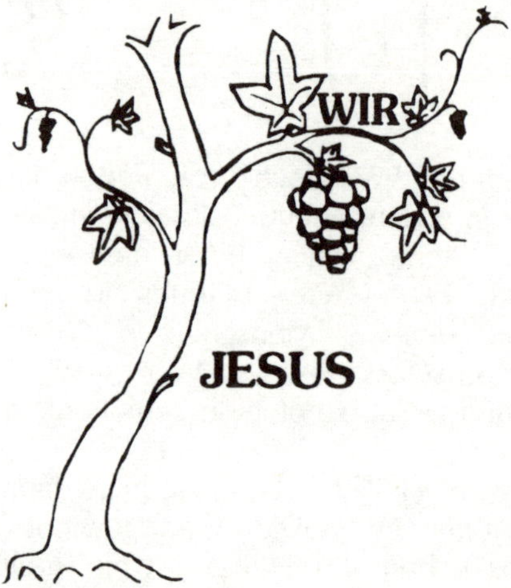

Jesus hat dieses Bild benutzt, um zu erläutern, wie der Atmungsvorgang des Glaubens abläuft (vgl. Joh 15,1ff). Er deutet das Bild, indem er zunächst eine Rollenverteilung vornimmt. Jesus sagt: „Ich bin wie dieser Weinstock. Ihr Christen seid wie Reben, die an mir hängen." Wer diese Rollenverteilung missachtet, darf sich nicht wundern, wenn das Christsein plötzlich unglaublich anstrengend und die Luft zum Glauben äußerst dünn wird. Denn mit dieser Rollenverteilung sagt Jesus: „In mir sind die Nährstoffe für euren Glauben. Von mir empfangt ihr die Energie, die ihn am Leben erhält. Ich liefere den Sauerstoff, der euch im Christsein durchatmen lässt". Wir sollten das hören: die Kraftquelle für unseren Glauben liegt nicht in uns. Das hätten wir natürlich gern. Wir wären gern selber der Energiespender unseres Christseins. Aber der Energiespender heißt Jesus Christus. Indem wir Verbindung mit ihm halten, gewinnen wir Anschluss an ein Kraftfeld, an ungeahnte Lebens- und Glaubensenergien, die wir nicht in uns selber tragen.

Gottes langer Atem

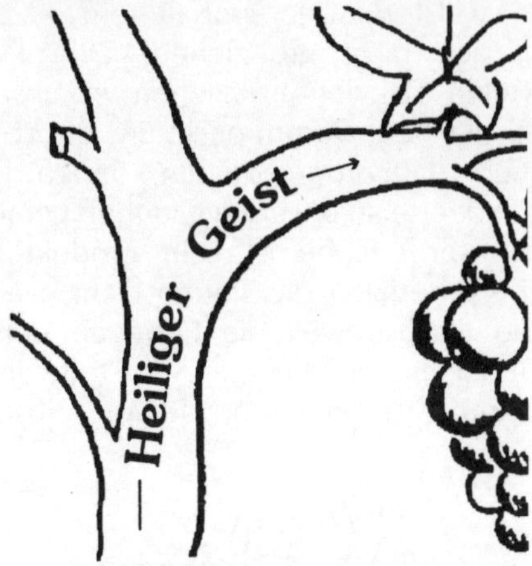

Die Kraft, die durch den Weinstock in die Reben, fließt, der Sauerstoff, der von Jesus her in unsere Glaubenslungen strömt, wird in der Bibel *„Heiliger Geist“* genannt. „Heilig“ heißt, dass er zu Gott gehört und von ihm ausgeht. Dieser Geist Gottes ist nun aber nicht ein Energiestrom, über den wir Menschen frei verfügen können. Der Heilige Geist ist Gott selbst in Aktion. Wer es mit diesem Geist zu tun bekommt, bekommt es also auf eine sehr konkrete Weise mit Gott selbst zu tun.

Wenn Christen vom Heiligen Geist reden, dann meinen sie die erfahrbare Seite Gottes. Im Heiligen Geist gewinnt Gott unmittelbaren Einfluss auf unser Leben. Im Heiligen Geist greift Gott nach uns. Christen sind Menschen, die von Gott ergriffen sind. Wir begreifen immer nur so viel von Gott, wie wir uns von ihm ergreifen lassen.

Damit stehen wir vor dem eigentlichen *Geheimnis Gottes.* Geheimnisse kann man nicht lösen wie Rätsel. Sie wollen bestaunt werden. Vielleicht haben Sie sich schon manchmal darüber gewundert, dass Christen immer drei Anläufe nehmen, wenn sie von ihrem Gott erzählen. Sie reden vom „Vater“, vom „Sohn“ und vom „Heiligen Geist“. Man könnte meinen, sie sprechen damit von drei Göttern. Das stimmt aber nicht. Es geht um den einen Gott und seine erstaunliche Geschichte mit uns. Indem die Christen stammelnd den Dreieinigen Gott bezeugen, versuchen sie, dieses Geheimnis Gottes zu bestaunen.

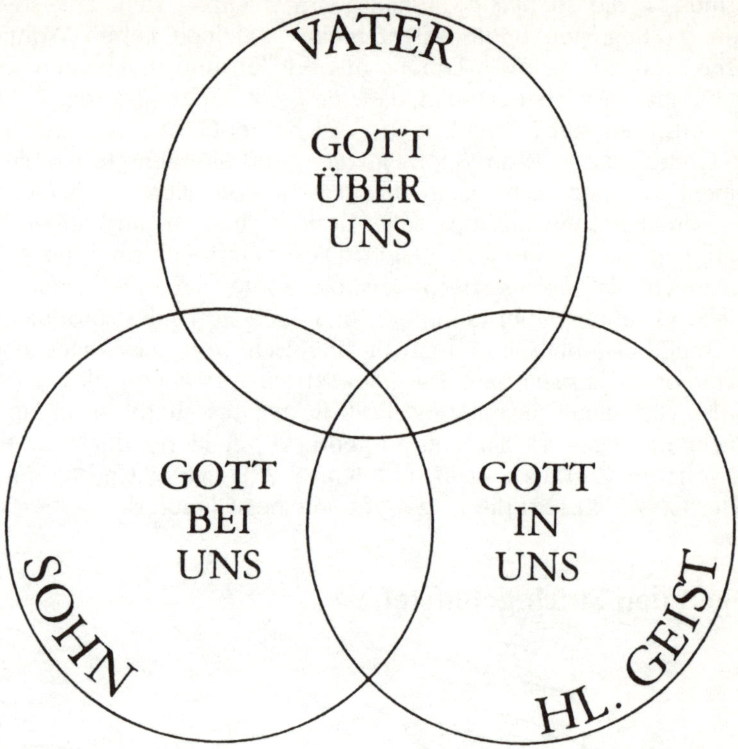

Das Erstaunliche an Gott ist, dass er sich uns in dreifacher Weise zu erkennen gibt: als Vater über uns, als Sohn neben uns, als Heiliger Geist in uns. Aber in allen drei Gestalten seiner Mitteilung an uns bleibt er zugleich der eine Gott. „Das verstehe ich nicht", denken Sie jetzt vielleicht. „Drei in eins" – eine merkwürdige Rechnung.

Vielleicht hilft ein altes Bild als Vergleich: Was ist die Sonne, von der unser Leben abhängt? Sie ist nicht nur der ferne Feuerball am Himmel. Sie besteht auch aus den Strahlen, die sie aussendet, und in denen sie uns nahe kommt. Zugleich ist sie auch das Kraftfeld von Wärme und Licht, in das wir eintauchen, wenn die Sonnenstrahlen uns erreicht haben.

Man kann das Geheimnis des Dreieinigen Gottes auch in der Denkbewegung ausdrücken, in der ich in diesem Buch von Gott und seinem Weg zu uns geredet habe: *Gott, unser Vater im Himmel, läuft*

uns in Jesus entgegen und will im Heiligen Geist in uns wohnen. Das ist wirklich zum Staunen: Der Mensch ist die Wahlheimat Gottes! Gott möchte bei uns, möchte bei Ihnen und bei mir ganz zu Hause sein.
Sie müssen die kirchliche „Trinitätslehre" nicht verstehen. Es reicht, wenn sie begreifen: Gott will in meinem kleinen Leben Wohnung machen. Er möchte mein Lebenshaus erfüllen und durchlüften. Er ist der Odem, den ich einatmen darf. Er ist die Triebkraft, die meinen Glaubensmotor auf Touren bringt: „Welche der Geist Gottes treibt, die sind Gottes Kinder" (Röm 8,14). Plötzlich spürt ein Mensch: Ich bin mit meinem Glauben nicht allein, nicht mehr von allen guten Geistern verlassen. Ich kann aus der Fülle Gottes schöpfen, aus seiner Kraft leben. Das macht der Heilige Geist. Dieser Geist kehrt bei mir ein. Er kehrt auch einiges aus, besonders die Sorge, ich müsste mich um meinen Glauben selber kümmern, den Sauerstoff selbst produzieren, den mein Glaubensatem braucht. Plötzlich hört das angestrengte, verkrampfte Christsein auf. Da entdeckt einer staunend, dass Gott in ihm ist. „Es" glaubt in mir, „es" hofft in mir, „es" betet in mir. In der Sprache des Neuen Testaments ausgedrückt: „Ich lebe, doch nun nicht ich, sondern Christus lebt in mir" (Gal 2,20). Dieser Christus in mir, Gottes Geist selbst, ist der lange Atem meines Glaubens.

Gegen den Strich gebürstet

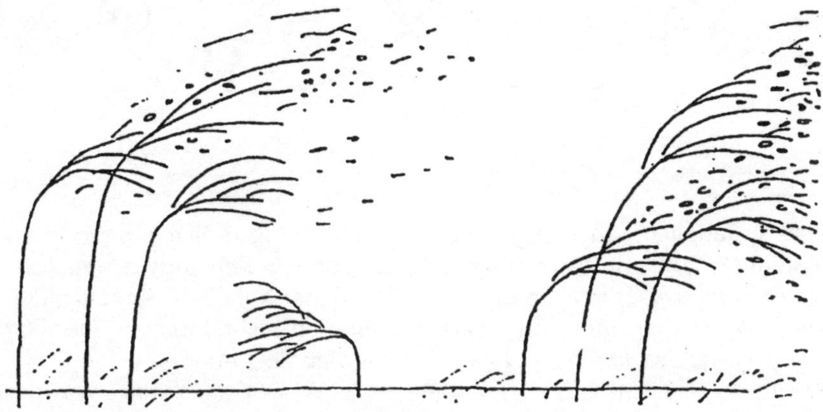

Sich auf Gottes Geist einzulassen, ist allerdings alles andere als harmlos. Denn dieser Geist bringt einiges in Bewegung in unserem Leben. Darauf können Sie sich verlassen. Er bürstet uns geradezu gegen den Strich. Die Ursprungsbedeutung des biblischen Begriffs für den Heiligen Geist ist: „bewegte Luft" (griechisch: *„pneuma"*, lateinisch: *„spiritus"*). Von den ersten Christen wird erzählt, dass sie die bewe-

gende Kraft des Geistes Gottes wie einen Sturmwind erfahren haben, der ihrem Leben eine völlig neue Richtung gab.
Ohne den Heiligen Geist wird unser Leben weithin vom „Zeitgeist" bestimmt, von den Strömungen und Triebkräften, den Werten und Normen der Kultur und Gesellschaft, in der wir leben. Viele passen sich dem jeweils herrschenden Zeitgeist einfach stromlinienförmig an. Sie lassen sich von dem treiben, was „man so denkt und tut" – und halten das für ihre „Freiheit". Dabei ist es oft nichts anderes als ein langweiliger Konformismus, der die Profile des Lebens gleichschaltet und uns, die wir so stolz sind auf das „Individuelle", uniformiert. Gottes Geist aber macht aus Menschen Persönlichkeiten, Nonkonformisten, Leute, die die Freiheit erfahren, ihrem Leben eine völlig andere Ausrichtung zu geben: „Wo der Geist des Herrn ist, *da* ist (wirklich) Freiheit" (2. Kor 3,17).

Wozu uns Gottes Geist befreit

Wozu befreit uns denn der Heilige Geist? Er befreit uns zunächst zum *Glauben.* „Ich kann nicht glauben", das ist ja nicht nur ein Satz von Skeptikern, Zweiflern und Nichtchristen. Das sagen auch die Christen, wenn sie verstanden haben, worum es geht. Auch die Christen? Ja, auch sie! Niemand, wirklich keiner kann aus sich heraus glauben, „kann Jesus seinen Herrn nennen, es sei denn durch den Heiligen Geist" (1. Kor 12,3). Gottes Geist ist es, der unser Christusvertrauen weckt. Er bestätigt uns immer wieder neu, dass wir Gottes Kinder sind (Röm 8,16). Damit befreit er uns übrigens auch zum Selbstvertrauen und davon, unser Selbstwertgefühl von dem abhängig zu machen, was andere über uns denken und sagen. „Ein Christenmensch ist ein freier Herr über alle Dinge und niemandem untertan" (Martin Luther).
Der Heilige Geist schenkt zweitens die Freiheit zum *Lieben.* Er befreit uns aus dem Gefängnis der Selbstsucht, treibt uns heraus aus der Isolation, die einsam macht. Stumpfe Gleichgültigkeit weicht plötzlich dem Geist der Solidarität. Das eigene Leben blüht auf in einem dienenden, fürsorglichen Teilnehmen am Leben anderer Menschen. „Ein Christenmensch ist ein dienstbarer Knecht aller Dinge und jedermann untertan" (Martin Luther).
Und schließlich befreit uns der Heilige Geist zum *Hoffen.* Er vertreibt den Geist der Sorge und Resignation. Er erfüllt uns mit Zuversicht im Ausblick auf das kommende Reich Gottes. Er lässt uns Zeichen der Gegenwart dieses Reiches entdecken und gibt uns Phantasie zu Schritten, die uns Gottes Zukunft erahnen lassen. Er stärkt unsere Widerstandskraft gegen alles, was sich dieser Zukunft entgegenstellt. Er weckt prophetische Klarheit im Nebel der Meinungen und macht aus geduckten Christen Leute mit Zivilcourage, die den aufrechten Gang wagen.

Nein, harmlos, spießig, kleinkariert ist sie wirklich nicht, diese Dynamik des Himmels, diese „Kraft von oben“. Sie bringt uns in Bewegung, nicht selten sogar in eine Gegenbewegung zu der Richtung, aus der sonst der Wind bläst. Gottes Geist macht eine müde Kirche munter. Er weckt verschlafene Christen auf. Darum ist es nicht ungefährlich, wenn man sich auf ihn einlässt. Wo sich Christen mit dem langen Atem von Glaube, Liebe und Hoffnung ins Leben einmischen, da mischen sie es auch auf. Da stecken sie andere mit Lebensenergie an und werden zu Hoffnungsträgern.

Stromausfall im Hause Gottes?

Aber nun fragen Sie vielleicht: „Wo sind sie denn, diese begeisterten und begeisternden Christen?“ Wo ist denn etwas zu spüren vom befreienden Kraftfeld des Geistes Gottes? Das Erscheinungsbild der Christenheit ist doch (zumindest in Europa) eher von lähmender Müdigkeit und Kraftlosigkeit geprägt. Die Christen verbreiten weithin Langeweile. Dass der Sturmwind des Heiligen Geistes durch unsere kirchliche Landschaft braust, kann ja nun wirklich niemand behaupten. Und vielleicht vermissen Sie ihn auch in Ihrem eigenen Christsein, den langen Atem Gottes, die treibende Kraft des Himmels. Ist den Christen die Puste ausgegangen? Vor Jahren konnte man in Berlin kleine Dosen mit der Aufschrift „Berliner Luft“ kaufen. Aber wenn man sie öffnete, war nichts drin. Ist der Heilige Geist eine Mogelpackung? Oder liegt die Ursache für die Müdigkeit der Christen woanders?

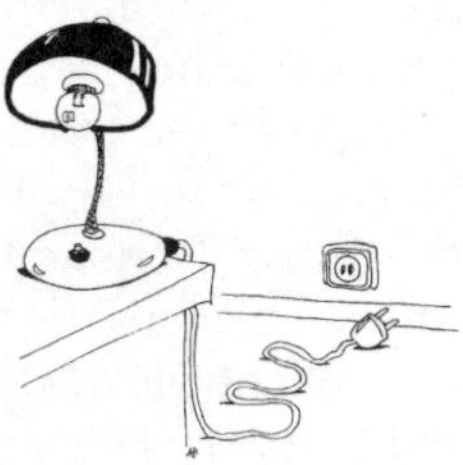

Vielleicht hilft uns dieses (zugegeben schlichte) Bild bei der Antwort auf unsere Fragen. Eine Alltagssituation: Sie wollen Ihre Schreibtischlampe anknipsen. Aber es geht nicht. Ist die Birne kaputt? Ein Birnentest überzeugt Sie vom Gegenteil. Vielleicht gibt es gerade einen Stromausfall? Aber dann würden auch die anderen elektrischen Geräte im Haus nicht funktionieren. Sie überprüfen das. Der Kühlschrank läuft, die Stereoanlage lässt sich einschalten, die Deckenbeleuchtung arbeitet einwandfrei. Da fällt Ihr Blick auf das Kabel Ihrer Schreibtischlampe. Es liegt erwartungsvoll auf dem Teppichboden – direkt neben der Steckdose an der Wand. Nur: Der Stecker ist nicht drin. „Kann ja nicht gehen“, murmeln Sie vor sich hin. Stecker rein. Die Lampe brennt.

Liegt hier vielleicht der Grund, warum uns das Thema „Heiliger Geist“ so schnell verlegen macht? Manche vermuten zunächst einen Stromausfall des Himmels, halten die Energie des Heiligen Geistes eventuell sogar für eine Illusion der Christen, wenn sie merken, dass ihre Glaubenslampe nicht brennt. Oder sie sehen sich selbst als defekte

Birne. „Ich habe offenbar keine religiöse Ader, keine Antenne für den Glauben“, sagte mir mal jemand. Auf die einfachste Lösung aber kommen wir häufig nicht: Vielleicht ist der Stecker nicht drin. Vielleicht ist die Verbindung unseres Glaubens mit der Energiequelle des Heiligen Geistes unterbrochen.

Anschluss an Jesus

Als Jesus seinen ersten Freunden das Bild vom Weinstock und seinen Reben malte, hat er auf etwas Einfaches, aber sehr Entscheidendes aufmerksam gemacht. Er hat gesagt: „Bleibt in mir und ich in euch. Wie die Rebe keine Frucht bringen kann aus sich selbst, wenn sie nicht am Weinstock bleibt, so auch ihr nicht, wenn ihr nicht in mir bleibt. Ich bin der Weinstock, ihr seid die Reben. Wer in mir bleibt und ich in ihm, der bringt viel Frucht; denn ohne mich könnt ihr nichts tun“ (Joh 15,4-5).
„Vom langen Atem des Glaubens – oder wie wir Christen bleiben“, lautet das Thema dieses Kapitels. Jesus definiert, wie ich finde, das Christbleiben ebenso einleuchtend wie praktisch. Christbleiben heißt schlicht: bei ihm, bei Jesus bleiben, in seiner Nähe bleiben, mit ihm verbunden bleiben, in ihm verwurzelt bleiben. „Kümmert euch um mich, dann kümmere ich mich um den langen Atem eures Glaubens“, sagt Jesus. „Sorgt dafür, dass ihr mit mir Kontakt haltet, dann sorge ich dafür, dass ihr genug Glaubensenergie habt“. Anschluss an Jesus: Das ist die Grundvoraussetzung für ein kraftvolles Christsein.
Den offenen Himmel gibt es gratis. Aber dass sich die Energien des Himmels, die Potentiale des Heiligen Geistes in unserem Leben auch auswirken, das kostet seinen Preis.

„Spiritualität“ – Atemtechnik des Glaubens

Zur Zeit macht ein Modewort die Runde: „Spiritualität“ – ein Zauberwort und ein Container-Begriff zugleich, der je nach weltanschaulich-religiösem Hintergrund höchst unterschiedlich gefüllt wird. Versteht man „Spiritualität“ vom Evangelium her, dann geht es dabei um die schlichte Frage, wie der „Stecker“ in die „Dose“ kommt, wie der Heilige Geist (*spiritus*) in unser dürres Leben fließt. Christliche Spiritualität meint keinen esoterischen Selbsterfahrungstrip. Sie hilft Menschen, bei Jesus zu bleiben. Sie übt dieses Bleiben ein. Sie führt an die Kontaktstellen zwischen den Energien des Himmels und unserer Sehnsucht nach einem langen Atem im Glauben. Spiritualität trainiert das kontinuierliche Durchatmen des Glaubens. Man könnte sie die „Atemtechnik des Glaubens“ nennen. Sie ist zugleich die Überlebenskunst des Christseins.

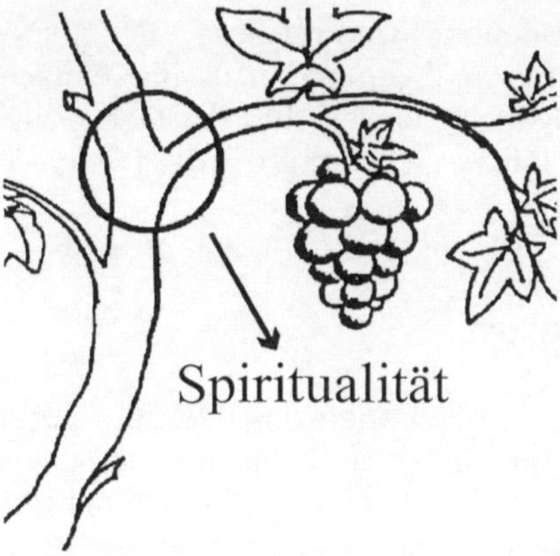

Spiritualität

Wie sieht die Atemtechnik aus, die sich „Spiritualität" nennt? Achten Sie einmal bewusst auf Ihre körperliche Atmung. Sie geschieht in einem Vorgang, der sich in einem bestimmten Rhythmus wiederholt. Es geht in der christlichen Spiritualität um einen „Rhythmus des Glaubens", um eine auf Wiederholung angelegte Gestaltung des Christseins im Alltag. Früher nannte man eine solche praktische Lebensgestalt des Glaubens übrigens *„Frömmigkeit"*. Das Wort ist leider in Misskredit geraten. Man versteht darunter heute vielfach eine weltflüchtige Innerlichkeit, die letztlich lebensuntauglich macht. Genau das aber meint der Begriff ursprünglich gerade nicht. Frömmigkeit ist vielmehr eine vom Glauben gespeiste Lebenstüchtigkeit, eine Durchhaltekraft im Alltag, die sich aus praktischen Vollzügen des Glaubens nährt. Frömmigkeit, Spiritualität – das beschreibt einen „geerdeten" Glauben in einer lebendigen Gestalt. Die Erfahrung vieler Christengenerationen zeigt: Nur ein gestalteter Glaube behält einen langen Atem. Inhalte ohne Gestalt verwehen wie im Wind, verflüchtigen sich schnell. Wem die Luft zum Glauben nicht wegbleiben will, der sollte deshalb nach einem Rhythmus des Ein- und Ausatmens, nach einer Alltagsgestalt seines Christseins Ausschau halten. „Das Leben findet nicht hinter dem Rücken der Gestaltung statt. Eine ungestaltete Hoffnung verfliegt, und eine nicht gefeierte Vision wird blass" (Steffensky, S. 46).

Nehmen Sie z.B. das kleine Gebet, mit dem das letzte Kapitel schloss. Wer ein solches Gebet spricht, gibt seiner Sehnsucht nach Gott eine konkrete Gestalt. Erst in dieser Gestaltung wird die vage Sehnsucht zu einem wirklichen Schritt auf Gott zu. Sie „verleiblicht" sich. Nur wenn wir unserem Glauben eine Form geben, bekommt er Wurzeln und Flügel, die ihn im Leben „erden" und im „Tiefflug des Alltags" tragfähig machen. Sicher wird die konkrete Gestalt, in der wir unser Christsein leben, je nach Lebenssituation individuell verschieden sein. Aber es gibt einige unverzichtbare Elemente christlicher Frömmigkeit, auf die ich Sie jetzt gern aufmerksam machen möchte.

Gottes Adresse sollte man kennen

Wer bei Jesus Christus, in seinem Einflussbereich bleiben will, der muss wissen, wo sich Jesus aufhält. Damals in seiner irdischen Existenz hat Jesus keinen festen Wohnsitz gehabt. Er war Wanderprediger. Darum mussten die, die bei ihm bleiben wollten, hinter ihm herlaufen. „Nachfolge" nannte man das. Im übertragenen Sinn hat dieses Wort auch für uns noch Bedeutung. Christsein heißt: „Jesus nachfolgen". Aber wo hält sich Jesus heute auf?

Jesus hat uns eine Adresse hinterlassen, einen Ort, an dem er sich als Auferstandener finden lässt. Seine aktuelle Anschrift heißt: „Wo zwei oder drei versammelt sind in meinem Namen, da bin ich mitten unter ihnen" (Mt 18,20). Wenn Menschen sich im Namen Jesu Christi versammeln, nennt man das *Gemeinde*. Bei Jesus bleiben heißt daher: in einer christlichen Gemeinde mitleben. Hier, im Zusammensein mit anderen Christen, gewinnt der Glaube eine konkrete Gestalt. Hier fließen die Kräfte des Weinstocks in die Reben. Gemeindeanschluss, gelebte Kirchenzugehörigkeit, bewahrt vor geistlichem Sauerstoffmangel.

Vielleicht wenden Sie ein: „Muss man denn dauernd in die Kirche rennen, um als Christ leben zu können? Weht Gottes Geist nicht auch außerhalb der Kirchenmauern?" Mit Sicherheit tut er das. Gottes Geist lässt sich nicht einsperren, nicht kirchlich domestizieren. Aber seltsamerweise scheint sich der Heilige Geist in seiner Freiheit immer wieder selbst zu binden, und zwar an die Verkündigung des Evangeliums, an den Ort, wo das laut wird, was die Bibel „Wort Gottes" nennt. Von diesem Wort lebt der Glaube. Dieses Wort kann er sich nicht selber sagen.

Gottes Geist hat die Eigenart, Menschen zusammenzuführen, sie aus ihrer Vereinzelung herauszulocken. Er verbindet sie mit Jesus Christus, indem er sie auch untereinander verbindet. Er schließt sie zu einer Gemeinschaft zusammen, die das Neue Testament den „Leib Christi" nennt. Hier „verleiblicht" sich das Bleiben in Christus, im gemeinsamen Hören und Beten, Feiern und Arbeiten, Fragen und Zweifeln, Suchen und Finden, Loben und Klagen. Wer an den Blutkreislauf des Leibes Christi angeschlossen ist, hat und behält auch Anschluss an Jesus. Ich brauche den langen Atem der Gemeinde, die nun schon seit 2000 Jahren unterwegs ist, um selber im Glauben durchatmen zu können.

Christsein kann man auf Dauer nur mit anderen Christen zusammen. Sonst kommt man in Atemnot.
Genau an dieser Stelle widerspricht der Geist Gottes sehr energisch dem „Zeitgeist". Unsere Zeit ist durch einen wachsenden Individualismus geprägt. Die wichtigen Dinge macht man mit sich allein ab – auch und gerade die religiösen. „Was ich glaube, geht niemanden etwas an", sagen viele. „Religion ist Privatsache". Das mag für manche religiösen Praktiken gelten – fürs Christsein gilt es nicht. Christsein ist zwar immer persönlich, aber nie privat! Wer es mit dem „Vater im Himmel" zu tun haben will, bekommt es automatisch auch mit „Schwestern und Brüdern" zu tun, mit der „Familie Gottes", der Gemeinde, der Kirche Jesu Christi.

Familienanschluss

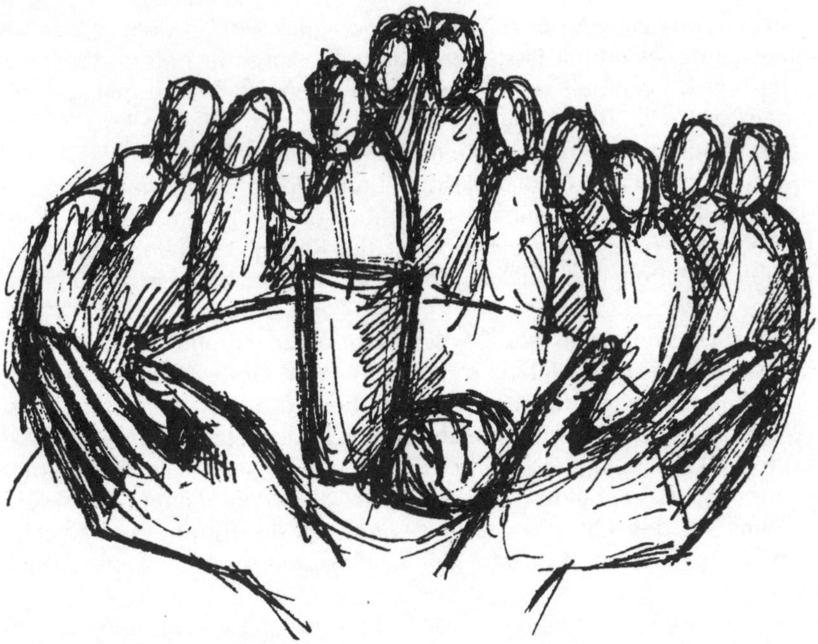

Darum ist es wichtig, dass ein Christ am Leben der Familie Gottes teilnimmt – an den Familientreffen und auch an den gemeinsamen „Mahlzeiten". Ich denke z.B. an den Gottesdienst einer Kirchengemeinde, das sonntägliche Familientreffen am Tisch Gottes, zu dem alle Christen eingeladen sind. Der Gottesdienst will Tankstelle des Glaubens sein. Ich darf vor Gott ausruhen nach der Hektik der Woche, begegne Menschen, in denen Christus auch wohnt, erfahre im Singen, Beten und Hören Wegweisung, Korrektur und Hilfe zur Gestaltung

meines Christseins im Alltag. In der gemeinsamen Anbetung Gottes kann der Glaube tief durchatmen. Hier bekommt er Wurzeln und Flügel.
Vielleicht haben Sie Gottesdienste erlebt, die alles andere als „beflügelnd“ waren. Die gibt es, leider. Die Kirchen müssen sicher an ihrer Gottesdienstkultur arbeiten. Viele Gemeinden haben bereits damit angefangen. Aber auch dann, wenn ein Gottesdienst „nichts Besonderes“ war, hatte er doch eine Besonderheit, die man sonst nirgendwo findet. Wissen Sie, warum der Gottesdienst „Gottes-Dienst“ heißt? Weil Gott uns dienen will. Er macht sich für uns klein, kniet sich vor uns nieder wie Jesus damals, als er seinen Freunden ihre dreckigen Füße gewaschen hat. Jesus Christus dient uns mit Worten des Lebens, mit seinem Trost und seiner Vergebung, mit einem Stück Brot und einem Schluck Wein beim Abendmahl. Darauf sollten Sie – Gottesdienstkultur hin oder her – nicht verzichten. Darauf dürfen Sie nicht verzichten, wenn Sie Christ bleiben, im Glauben lebendig bleiben wollen. „Weinstock und Reben“ – hier im Gottesdienst wird konkret erfahrbar, was dieses Bild meint.

In vielen Gemeinden gibt es inzwischen überschaubare Kleingruppen: Gesprächs-, Bibel- und Hauskreise. Immer wieder erzählen mir Christinnen und Christen, dass die Beheimatung in einer solchen Kleingruppe für sie zu einem unverzichtbaren Element ihres Glaubenslebens geworden ist. Im lebensbezogenen Gespräch über biblische Texte können die großen „Scheine“ sonntäglicher Verkündigung in alltagstaugliche „Münzen“ eingewechselt werden. Hier wagen Menschen ein Stück Weggemeinschaft im Glauben, muten sich einander zu mit ihren Glaubenserfahrungen und mit ihrer Glaubensarmut. Hier darf man auch zweifeln und „dumme“ Fragen stellen, die oft so dumm gar nicht sind.
Wenn sich eine solche Weggemeinschaft gesund entwickelt, ist sie kein Rückzugsghetto einer frommen Elite, sondern ein Ort, wo sich Menschen treffen, weil sie einander brauchen, weil sie entdeckt haben:

Jesus Christus begegnet mir nie einfach „senkrecht“ von oben, sondern immer in der Schwester und im Bruder, deren Gesichter und Namen mir vertraut sind. Dietrich Bonhoeffer war sogar der Überzeugung, dass der Christus im Bruder und in der Schwester in der Regel stärker ist als der Christus in mir.
Für Menschen, die ganz neu in die Familie Gottes hineinwachsen möchten, kann ein Gesprächskreis zu einer „Krabbelstube des Glaubens“ werden. Mit älteren Christen, die schon ein paar Meter Glauben hinter sich haben, lernt man, Christsein zu erproben, lässt sich durch sie herausfordern, erlebt Reifungsprozesse in der eigenen Geschichte mit Gott. Gerade in der Anfangsphase eines bewussten Christseins ist eine solche Gruppe oft eine Hilfe, um das Ein- und Ausatmen im Glauben einzuüben.
Nicht zuletzt in Glaubenskrisen, wenn die eigene Gottesbeziehung kurzatmig wird, ist es gut, mit anderen zusammen sein zu können, die im Moment den längeren Atem haben. Wir leben immer auch vom Glauben der anderen. Vor einigen Jahren überfiel mich auf einmal das Gefühl: „Ich kann nicht mehr richtig glauben“. Als ich in unserem Gesprächskreis davon erzählte, sagten die anderen: „Du, das ist nicht schlimm. Wir glauben für dich mit – bist du wieder kannst!“ Und das haben sie auch getan.

Die Geschichte von Swimmy

Kennen Sie die Geschichte von „Swimmy“? Swimmy ist ein kleiner Fisch, der gerade das Schwimmen gelernt hat. Er ist mächtig stolz darauf, dass er es nun endlich kann. Swimmy ist Solo-Schwimmer. Im Schwarm mit den anderen fühlt er sich nicht wohl. Das weite Meer ist verlockend – und von seinen Gefahren ahnt Swimmy noch nichts. Eines Tages taucht unmittelbar in seiner Nähe ein großer, schwarzer Fisch auf. Swimmy hat ihn noch nie gesehen. Plötzlich schnappt der große Schwarze nach einem kleinen Artgenossen von Swimmy und verschluckt ihn. Der Kleine war auch allein unterwegs. Swimmy fährt für einen Moment der Schreck in die Schwanzflosse. Aber bald hat er die Sache vergessen. Wie aus dem Nichts taucht der schwarze Fisch am nächsten Tag plötzlich wieder auf. Diesmal hat er es auf Swimmy selbst abgesehen. Swimmy kann ihm mit letzter Kraft gerade eben noch entkommen. In Panik schwimmt er zu seinem Vater, um ihm alles zu erzählen.
Swimmys Vater stehen die Schuppen zu Berge, als er erfährt, dass sein Sprössling dauernd allein durch die Gegend schwimmt. „Wusstest du denn nicht, wie gefährlich das ist?“, fragt er entsetzt. Swimmy hatte es bisher tatsächlich nicht gewusst. „Ihr kleinen Fische dürft auf keinen Fall allein schwimmen. Allein geht man ein“, sagt Swimmys Vater.

„Allein geht man ein". Swimmy beschließt, sich diesen Satz hinter die Kiemen zu schreiben.

Dann überrascht sein Vater ihn mit einer Idee. Sie ist so gut, dass Swimmy begeistert mit der Schwanzflosse wedelt. „Toll", sagt er, „darauf hätte ich eigentlich auch selber kommen können". Im Nu ist er auf und davon. Er schwimmt zu seinen Freunden und erzählt ihnen von Vaters Vorschlag. Und der sieht so aus:

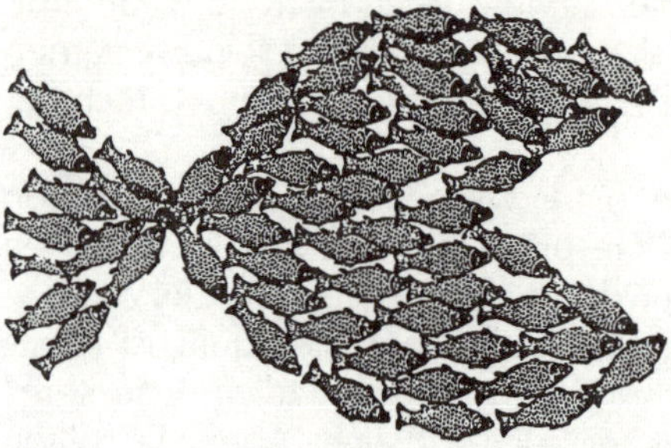

Die anderen finden den Vorschlag genial. Sie folgen dem Rat von Swimmys Vater. Sie tun sich zusammen und bilden selber einen großen Fisch. Und was keiner vermutet hätte: Gemeinsam zu schwimmen macht richtig Spaß. Swimmy, bisher überzeugte „Solo-Flosse", wird zum begeisterten Gruppenschwimmer. Manchmal ist er ganz vorn und zieht die anderen mit. Manchmal hat er auch nicht so viel Kraft. Dann bewegt er sich im Mittelfeld und ist froh, dass einer über und einer unter ihm schwimmt. Manchmal, wenn er müde ist, hängt er auch hinten in der Schwanzflosse und lässt sich einfach mitziehen.

Und der große schwarze Fisch? Ab und zu taucht er noch auf. Aber er bleibt respektvoll auf Abstand, wenn er den „großen Swimmy" entdeckt.

Ich will Ihnen keine Angst machen vor dem „großen Fisch", der nach Ihrem kleinen Glauben schnappt. Aber es ist realistisch, mit ihm zu rechnen. Das Meer des Lebens birgt viele Gefahren für den Glauben. Man kann sich davor schützen. Bleiben Sie bitte nicht allein mit Ihrem Glauben. Der „große Swimmy" – die Gemeinde – ist ein genialer Einfall unseres Vaters im Himmel.

Schönheit und Schönheitsfehler der Gemeinde

Nun weiß ich natürlich auch, dass keine christliche Kirche oder Gemeinde das Paradies auf Erden ist. Es „menschelt" gewaltig, wenn fehlerhafte Menschen als Christen zusammenleben. Die „Gemeinschaft der Heiligen", zu der sich die Christenheit bekennt, besteht aus lauter Engeln mit Schönheitsfehlern. Sie werden das von Ihrer Familie zu Hause kennen. Das sind auch nicht alles Engel. Die „Gemeinschaft der Heiligen" ist eine „Gemeinschaft von Sündern". Wer mehr sucht, will zu viel. Aber gerade zu denen, die keine Glanzlichter sind, fühlt sich Gottes Geist offenbar hingezogen. Auf sie lässt er seinen Glanz fallen.

Vielleicht leiden Sie an der Gemeinde oder Kirche, zu der sie gehören. Trösten Sie sich: Gott auch. Aber er hält ihr trotzdem, vielleicht sogar gerade deswegen die Treue. Vielleicht sind Sie durch Vorerfahrungen mit Kirche oder Gemeinde enttäuscht oder verletzt worden. Das mag bitter sein und hat eventuell Ihre positiven Erwartungen an ein Zusammenleben mit anderen Christen auf Null zurückgeschraubt. Aber nur wer an der Armut der Kirche Jesu Christi teilnimmt, gewinnt auch Anteil an ihrem Reichtum. Solange Christus seine Zusage nicht zurücknimmt, dass er mitten unter uns ist, wenn sich zwei oder drei in seinem Namen zusammenfinden, solange ist jede Gemeinde, die damit noch rechnet, die beste, die Sie kriegen können.

Wenn Sie merken, dass Ihnen in einer Gemeinde das Durchatmen schwer fällt, dann suchen Sie das Gespräch mit den anderen, suchen Sie gemeinsam nach den Fenstern, durch die frische Luft reinkommen kann. Viele Fenster lassen sich öffnen, auch wenn sie zunächst etwas klemmen. Der Wechsel in eine andere, vermeintlich „bessere" Gemeinde ist als letzter Schritt sicher auch möglich. Aber Sie sollten schon sehr genau wissen, warum Sie ihn gehen. Oft gehen Leute raus aus einer Gemeinde, ohne zu merken, dass Sie eigentlich noch gar nicht richtig drin waren.

Übrigens: Es fehlt nicht nur Ihnen etwas, wenn Sie dem „Leib Christi" den Rücken kehren. Auch diesem Leib fehlt etwas. Er wird sozusagen um ein Körperteil amputiert, verliert die Gabe, die Sie durch Ihre Person in das Zusammenspiel mit den anderen Teilen des Leibes einbringen können. Jede Christin, jeder Christ ist ein persönliches Geschenk Gottes an eine Gemeinde. Vielleicht sind Sie Auge oder Ohr am Leib Christi, weil Sie Weitblick haben oder gut zuhören können, vielleicht Hand oder Fuß, weil Sie zupacken können oder schnell Wege zu anderen finden, vielleicht Schulter oder Lunge, weil Sie die Gabe haben, Nöte mitzutragen oder tief durchzuatmen im Gebet für die Gemeinde, wo andere nur noch kurzatmig und hektisch sind. Ihr Glaube wird ärmer ohne Gemeinde – ganz ohne Frage. Aber auch Ihre Gemeinde wird ärmer ohne Sie.

➔ *Bevor Sie weiterlesen...*

Sind Sie in einer christlichen Gemeinde beheimatet? Nehmen Sie aktiv am Leben dieser Gemeinde teil?
Wenn nein – was hält Sie davon ab?
Negative Vorerfahrungen?
Schwellenängste? Trägheit?
Wer könnte Ihnen helfen,
Anschluss an eine Gemeinde zu finden?

Phantasieren Sie einmal:
Was geht einer / Ihrer Gemeinde verloren, wenn Sie nicht dabei sind?

Wie müsste eine Kleingruppe von Christen, eine Weggemeinschaft des Glaubens auf Zeit aussehen, zu der Sie gerne gehören würden?

Spiritualität des Alltags: dem eigenen Glauben Gestalt geben

Spiritualität, gelebte und gestaltete Frömmigkeit, ereignet sich nicht ständig im Zusammensein mit anderen Christen. Das Ein- und Ausatmen des Glaubens hat auch eine individuelle, sehr persönliche Seite. Jeder Mensch hat seine unverwechselbare, persönliche Geschichte mit Gott. Sie will sich entfalten. Wie kann das geschehen? Welche Hilfen gibt es dafür? Wie sieht eine „Spiritualität des Alltags" aus, eine Frömmigkeit, die das individuelle Leben prägt?
In der Geschichte der Christenheit wurden auf diese Fragen viele Antworten gegeben und ausprobiert. Im Kern kreisen sie alle um ein Thema: Christbleiben meint ein Bleiben im Dialog mit Gott und mit den Menschen. Christliche Spiritualität ist Hilfestellung zum Dialog mit dem „großen Du" Gottes und mit dem „kleinen Du" der anderen. Wenigstens ein paar Gedanken und praktische Anregungen dazu:

Hören auf das „große Du"

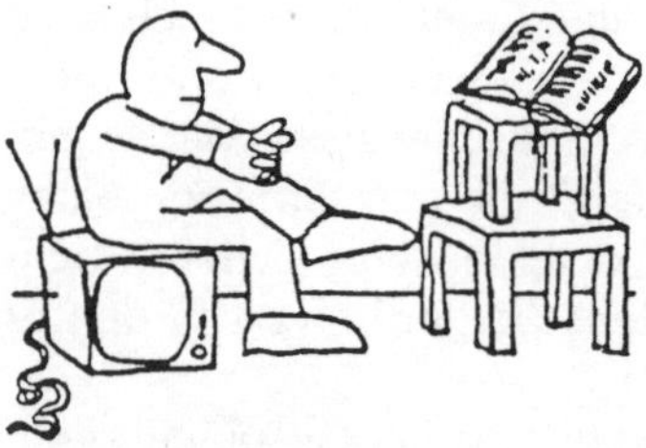

Sehen Sie auch gerne fern? Bilder und Worte aus aller Welt per Knopfdruck im eigenen Wohnzimmer – wer möchte darauf verzichten? Keine Angst, ich will Ihnen das Fernsehen nicht madig machen. Ich gucke ja selbst gern in die Röhre. Aber in vielen Häusern hat das Fernsehen aus dem Kreis der Familie bereits einen Halbkreis gemacht. Lebensnotwendige Kommunikation ist verstummt. Die virtuelle Welt verdrängt die reale immer mehr. Unser Innenleben wird überschwemmt mit Bildern, die wir kaum verarbeiten können. Was muten wir unserer Seele eigentlich zu durch diese Überfülle an Informationen? Manchmal bin ich nach einem (zu) langen Fernsehabend voll und leer zugleich. Kennen Sie das auch?

Unsere Seele, unser innerer Mensch, unser Glaube – sie leben von heilenden Bildern und Worten. Und die kommen von etwas weiter her als aus Hamburg oder Mainz. „Der Mensch lebt nicht vom Brot allein, sondern von einem jeden Wort, das aus Gottes Mund geht" (5. Mose 8,3). Man kann sich mit Worten abspeisen lassen, die nicht satt machen. Unser innerer Mensch aber hungert nach Gott, weil wir angelegt sind auf einen Dialog mit ihm. Wir brauchen es, dass Gott zu uns redet, weil wir sonst innerlich veröden. Gottes Wort, sein Zuspruch und sein Anspruch, ist wie Wasser auf dürres Land, wie Brot für unseren inneren Menschen, wie Nahrung für unseren Glauben. Bei Christus bleiben, am Glauben bleiben, bedeutet deshalb auch, die eigene Seele mit Worten des Lebens füttern, Gott ein Wort im Alltag mitreden lassen – ein stärkendes, aufrichtendes, auch ein korrigierendes und kritisches Wort.

Mäßig – aber regelmäßig

Eine alte Regel fürs Essen heißt: „Mäßig – aber regelmäßig". Das ist eine gute Regel, auch für die „Nahrungsaufnahme" im Glauben. Ich meine das ganz praktisch. Bei uns zu Hause liegt auf dem Küchentisch ein kleines Büchlein mit dem Titel „Losungen". Da findet man für jeden Tag des Jahres zwei kurze Bibelworte und ein kleines Gebet – Lesezeit etwa zwei Minuten. So kann das anfangen, Gott ein Mitspracherecht einzuräumen – sozusagen zwischen der ersten und der zweiten Tasse Kaffee beim Frühstück. Manchmal erfahre ich, wie ein solches Wort Gottes, das ich morgens gelesen habe, hineinredet in meinen Alltag, wie es meine Sicht verändert für Menschen, Lebensumstände, Tagesentscheidungen. Nicht selten merke ich auch: Der Appetit kommt beim Essen. Dann schlage ich die Bibel auf und lese das Wort aus den „Losungen" im Zusammenhang. Oder ich greife ich nach einem Andachtsbuch, das mir einen Bibeltext erläutert und mein eigenes Nachdenken anregt über das, was Gott mir sagen will. Es gibt viele Hilfen in Buchform, die den Umgang mit der Bibel im Alltag erleichtern. Lassen Sie sich doch mal in einer christlichen Buchhandlung beraten, oder schauen Sie auf dem Büchertisch nach, den es vielleicht in Ihrer Gemeinde gibt.

Unser Glaube lebt davon, dass Gott uns mit sich ins Gespräch zieht. Sein Wort ist Wegweisung und Kraftquelle, heilsamer und kritischer Kommentar zu dem, was wir tagtäglich tun und lassen. Es verändert unseren Alltag. Wer sich von Gottes Stimme bestimmen lässt, verfällt nicht so leicht den anderen Stimmen, die uns beschwatzen wollen.

Lassen Sie mich das an einem Alltagsthema veranschaulichen, das uns alle betrifft: der Arbeit. Im „Lebenshaus“ eines Deutschen ist das „Arbeitszimmer“ meist überdimensional groß. Die Arbeit nimmt bei uns gewöhnlich einen breiten Raum ein. Nicht ohne Grund sind wir Deutschen weltweit als „Arbeitstiere“ verschrien.
Kennen Sie den Witz von den drei Rentnern? Was tun ein englischer, ein französischer und ein deutscher Rentner, wenn sie morgens aufstehen? Der englische Rentner trinkt einen Brandy und geht in seinen Club. Der französische Rentner genehmigt sich einen Cognac und geht zu seiner Freundin. Und der deutsche Rentner? Der nimmt seine Herztabletten und geht zur Arbeit.
Immer mehr Menschen werden zu „workaholics“, zu Arbeitssüchtigen. Alle stehen wir ständig unter Stress. Woher kommt unsere Arbeitssucht? Sie ist Ausdruck unseres heimlichen Glaubensbekenntnisses: „Ich bin das, was ich schaffe“. Wir Handlungstolle definieren uns über unser Tun. Wir ziehen unser Selbstwertgefühl aus unserer Leistung. Arbeit ist ein großes Gut, aber wenn sie zum eigentlichen Lebensinhalt wird, wird sie zum Glaubensinhalt. Damit machen wir uns kaputt. „Ich bin das, was ich schaffe“ – Wenn wir auf diese Stimme hören, dann sind wir bald geschafft.
Gottes Stimme, sein Wort sagt uns etwas anderes. Gott sagt zu Arbeitenden und Arbeitslosen: „Du bist mehr als du schaffst. Du bist von mir geschaffen und gewollt. Du bist schon wer, bevor du etwas leistest. Du bist mir viel wert, auch wenn du nichts (oder nichts Bezahlbares) leistest. Du hast ein Ansehen, weil ich, dein Gott, dich ansehe“. Ein Christ lässt sich das gesagt sein. So gibt er Gott ein Mitspracherecht in seinem Alltag, ob er Arbeit hat oder nicht. Er bindet sein Selbstwertgefühl nicht daran, was er schaffen kann. Darum zahlt er auch für beruflichen Erfolg nicht jeden Preis. Er hört, dass Gott ihn wichtig nimmt. Das befreit ihn von aller Wichtigtuerei. Wir arbeiten ja oft deswegen wie verrückt, weil wir meinen, dass uns sonst keiner wichtig nimmt. Die Grundangst, zu kurz zu kommen in unserer Sehnsucht nach Anerkennung, ist eine Triebfeder unserer Arbeitswut. Diese Angst nimmt uns Gottes Wort von der ersten bis zur letzten Seite der Bibel. Es ermutigt uns dazu, zu sagen: „Ich bin da. Gott ist da. Und dass ich vor ihm sein und leben darf, das ist an sich schon gut. Darin liegt die Güte meines Lebens“. Wer täglich Gottes Vergebungswort zu seiner Speise macht, muss sich nicht selbst verurteilen bei Fehlentscheidungen oder Scheitern im Beruf. Gott spricht ihm zu: „Du darfst Fehler machen. Du bist sogar im Scheitern von mir gehalten!“
Aber das alles muss uns eben in unserem Arbeitsalltag immer wieder neu gesagt werden. Nur im täglich neuen Hören auf das biblische Wort gewinnen wir eine heilsame Distanz zu unserer Arbeit, gewinnen wir auch die Freiheit, das ständige „Muss“ durch „Muße“ zu unterbrechen.

Echo auf die Stimme Gottes

Der Dialog mit dem großen „Du“ Gottes lebt nicht nur vom Hören, sondern auch vom Antworten, vom Echo auf die Stimme Gottes, dem Gebet. Viele Menschen haben Sehnsucht danach, beten zu können, und sind zugleich hilflos, wenn es um die Praxis des Betens geht. Wann haben Sie zuletzt gebetet? Wann hat das Beten in Ihrem Leben angefangen? Warum haben Sie eventuell damit aufgehört?
Im Beten hört alles Schauspielern im Glauben auf. Im Gebet muss ich mir und Gott nichts mehr vormachen. Beten heißt, dass ich ehrlich werden darf vor Gott. Wer vor Gott ehrlich wird, entdeckt zuerst, dass er nicht weiß, wie er beten soll. Es ist gut, sich einzugestehen, wenn man nicht beten kann. Manches Stoßgebet, mancher Seufzer, den ein Mensch zum Himmel schickt, besteht nur aus einem kleinen „Ach!“ (vgl. Ps 3,2), nur aus einem „O je!“ (übrigens, was viele nicht wissen, eine Kurzform von „O Jesus!“).
Karl Barth, ein großer Theologe des letzten Jahrhunderts, hat einmal gesagt: „Dieser kleine Seufzer, mit dem wir zu Gott sagen: Ach, ja! – das ist das Gebet und Quelle aller Gebete! Da steckt das ganze Vaterunser darin und jedes Miserere und Gloria, das die Kirche gebetet hat. In diesem kleinen Seufzer steckt alles, und alles muss auch immer wieder zu diesem kleinen Seufzer werden. Da gibt es keine Kunst des Betens, da gibt es nur das ganz schlichte Dürfen der Kinder Gottes. Dass du von diesem Dürfen Gebrauch machst, das ist es, was du tun sollst, wenn du nicht beten kannst“ (Barth, S. 65).
In meiner eigenen Gebetsarmut tröstet mich ein Satz der Bibel: „Desgleichen hilft auch der Geist (Gottes) unserer Schwachheit auf. Denn wir wissen nicht, was wir beten sollen, wie sich's gebührt, sondern der Geist vertritt uns mit unaussprechlichem Seufzen“ (Röm

8,26). Ich verstehe das so: Unser Gebet darf ruhig armselig und stümperhaft sein. Aber wir sind nicht allein, wenn wir uns Gott im Gebet zuwenden. Wir haben einen „großen Verbündeten" beim Beten, einen Dolmetscher, der Gott unser Stammeln übersetzt. Gottes Geist trägt Gott das zu, was wir ihm gern sagen möchten und oft nicht können. Darum klingen selbst unsere wortlosem Seufzer gut in Gottes Ohren. Er versteht uns besser als wir ahnen. Mir tut es gut, das zu hören. Es macht mir Mut, mit dem Beten anzufangen – immer wieder neu.
Nur: Wie können wir anfangen, wenn wir in unserem Seufzen nach Worten suchen? „Ich möchte ja gerne beten, aber mir fehlen die Worte." Vielleicht denken Sie das auch oft. Sie befinden sich damit übrigens in guter Gesellschaft. Den ersten Freunden Jesu ging es nämlich ganz ähnlich. Sie wussten auch nicht, wie man mit Gott spricht. Jesus hat ihnen damals nicht mit einer Gebetstechnik aus ihrer Gebetsnot geholfen – und auch nicht mit theoretischen Erklärungen. Er hat ihnen ein kleines Gebet geschenkt, sein Gebet, das Vaterunser – als praktische Anleitung sozusagen.

Huckepack-Gebet

Darum mein erster Rat: Wenn Ihnen die Worte zum Beten fehlen – nehmen Sie doch Jesu Worte! Das Vaterunser ist wie ein Geländer, an dem man sich bei seinen eigenen Gebetsschritten festhalten kann. Man kann sich Jesu Worte ausleihen, sich in seiner (fremden) Sprache bergen. Wenn Kinder noch nicht lange laufen können, nimmt sie ihr Vater häufig „Huckepack". Im Vaterunser nimmt Jesus uns „Huckepack", nimmt uns in sein Beten hinein. Wir können uns bei ihm anhängen. Das ist sehr entlastend. Unsere eigenen Gebete verbrauchen sich schnell. Das Vaterunser trägt, auch gerade dann, wenn es uns beim Beten die Sprache verschlägt.
Das Vaterunser nimmt unserem Beten die Kurzatmigkeit. Kurzatmig wird unser Beten immer da, wo es sich nur noch um unser atemloses Wünschen und Sehnen dreht. Aber das Gebet Jesu stellt uns in einen weiten Raum. Denn es bettet unsere schnell wechselnden Wünsche ein in den weit gespannten Horizont der Wünsche Gottes: „Dein Name werde geheiligt, dein Reich komme, dein Wille geschehe". Das wünscht sich Gott – und es ist gut für uns, wenn wir das wissen. Nicht, dass unsere eigenen Wünsche bei Gott nicht zählen! Keine Angst, Gott nimmt sie ernst. Aber im großen Horizont dessen, was Gott sich wünscht, bekommen unsere Wünsche erst ihren richtigen Stellenwert.
Das Vaterunser hilft uns, für das zu beten, was Gott am Herzen liegt. Das mag für Sie befremdlich klingen. Heißt Beten denn nicht, Gott das zu sagen, was *uns* am Herzen liegt? Schüttet der, der betet, nicht Gott

sein Herz aus? Das ist schon richtig. Nur ist unser Herz oft so leer, dass gar nichts rauskommt, wenn wir es vor Gott ausschütten wollen. Oder es ist so voll mit Dingen, über die wir mit Gott noch gar nicht reden wollen oder können.
Wenn wir immer nur das zu unserem Gebetsanliegen machen, was uns am Herzen liegt, dann läuft unser Beten außerdem Gefahr, an den (zu) kleinen Themen unseres (zu) kleinen Horizonts zu sterben. „Zieh den Kreis nicht zu eng", heißt es in einem Lied. Das Vaterunser zieht einen weiten Kreis. Es weitet unser Herz. Es bereichert unser Beten. Denn es macht uns Themen lieb, auf die wir von allein vermutlich gar nicht gekommen wären.
Übrigens enthält die Bibel neben dem Vaterunser noch viele andere Gebete, an die wir uns in unserer Suche nach Worten zum Beten anhängen dürfen – insbesondere die Psalmen, die Gebete des Volkes Israel. „Der Herr ist mein Hirte, mir wird nichts mangeln" – fremde Worte, die zu meinen Worten werden können, wenn ich sie nach- und mitspreche. Blättern Sie doch einmal die Psalmen in der Bibel durch. Hier wird das ganze Leben mit seinen Höhen und Tiefen, seinem Lachen und Weinen vor Gott ausgebreitet. Hier wird Gott gelobt. Hier wird ihm geklagt. Hier bergen sich Menschen in seinem Schutz. Hier kämpfen sie auch mit Gott. Die Psalmen sind eine kleine Gebetsschule des Glaubens. Wenn ich sie lese, spüre ich, wie mein Beten hineingestellt wird in eine lange, viele Christengenerationen umgreifende Gebetsgeschichte. Wie gut, dass schon lange vor mir Menschen gebetet haben, dass ich beim Betenlernen nicht bei mir selber anfangen muss!

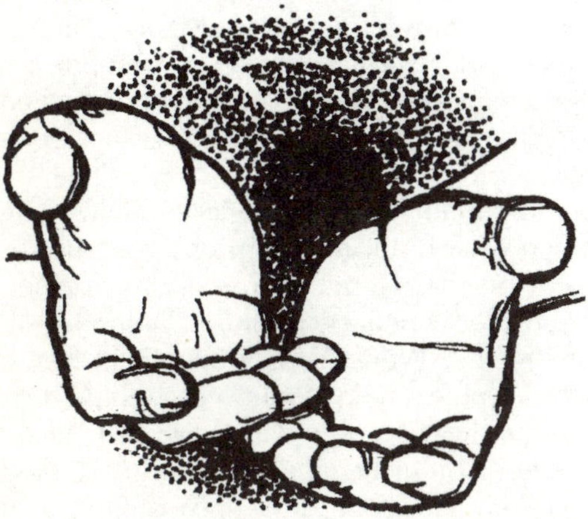

Dass Menschen im Gebet Gott ihre leeren Hände entgegenstrecken, damit er sie füllt, ist kein spezifisch christliches Phänomen. Unzählige Menschen ganz unterschiedlicher religiöser Herkunft und Prägung beten – oft sogar mit größerer Hingabe, Leidenschaft und Regelmäßigkeit als Christen. Was aber macht ein Gebet zu einem „christlichen Gebet"?
Christliches Beten zeichnet sich durch eine bestimmte Grundhaltung aus. Christen beten nicht in einer Sklavenhaltung, die vor Gott buckelt, unsicher, ob er überhaupt an unserem

Reden mit ihm interessiert ist. Christen beten wie Kinder, die ihrem Vater erzählen, was sie bewegt. Das ist die große Freiheit der Christen, dass sie mit Gott auch über die Kleinigkeiten ihres Lebens reden können. Beten ist ein Vorrecht der Kinder Gottes. Wir dürfen uns beim Beten darauf verlassen: Unser Vater im Himmel meint es gut mit uns. Er weiß, was wir brauchen (vgl. Mt 6,8). Das hat Folgen für den Inhalt und die Gestalt christlichen Betens.

Wie Christen mit Gott reden

Erstens: Christliches Beten ist *antwortendes* Beten. Jedes gute Gespräch lebt davon, dass die Gesprächspartner aufeinander hören. Sonst redet man aneinander vorbei. Gott hat das Gespräch mit uns schon längst eröffnet. Unser Beten ist Echo auf sein Reden mit uns. Wir sollten beim Beten deshalb nicht an Gott vorbeireden, sondern zunächst hinhören auf das, was Gott uns sagt. Darum mein Rat: Bringen Sie im Gebet nicht (nur) das vor Gott, was Ihnen gerade in den Sinn kommt. Beten Sie über der aufgeschlagenen Bibel. Lassen Sie die biblischen Geschichten zu sich reden. Fragen Sie beim Lesen: „Was will Gott mir sagen? Was spricht er mir zu? Wozu ermutigt er mich? Wo korrigiert er mich?" Wer bibelbezogen, wer antwortend betet, der sucht den Dialog mit Gott. Darum geht ihm auch der Stoff beim Beten nicht so schnell aus.

Zweitens: Christliches Beten ist *wahrnehmendes* Beten. Wer betet, lebt bewusster. Er nimmt sein Leben im Licht des Evangeliums wahr, im Horizont der Güte Gottes. Dass Gott uns Gutes erfahren lässt, das will wahrgenommen werden. Oft sehen wir nur das Negative in unserem Leben. Das verengt unseren Blick und lässt uns unzufrieden werden. Aber es gibt etwas Besseres. Man kann z.B. anfangen zu danken. Im Dankgebet nehmen wir wahr, dass wir Gutes erfahren haben. „Lobe den Herrn, meine Seele, und vergiss nicht, was er dir Gutes getan hat". (Ps 103,2). Lobe den Herrn, meine Seele! Da gibt ein Mensch seiner Seele einen kräftigen Rippenstoß: Bleib nicht in deinen Dämmerungen hängen wie eine Fledermaus am Balken! Nimm Gottes Güte wahr und freu dich daran vor Gott! Vergiss nicht, was er dir Gutes getan hat! Das Dankgebet ist eine Hilfe gegen die Vergesslichkeit, die unser Leben so grau macht. Danken schützt vor einer trostlosen Gedankenlosigkeit, in der wir Tag für Tag das, was Gott uns schenkt, wie selbstverständlich hinnehmen.

Was halten Sie davon, wenn Sie in Gedanken abends vor dem Einschlafen den Tag noch einmal an sich vorbeiziehen lassen? Trotz allem, was an diesem Tag vielleicht nicht gut gelaufen ist, werden Sie auch auf

Spuren der Güte Gottes in Ihrem Leben stoßen. Geben Sie dann Ihrer Seele ruhig einen kleinen Rippenstoß! Ein Dankeschön an Gott tut ihr bestimmt gut.

Drittens: Christliches Beten ist *erwartungsvolles* Beten. Wer betet, zeigt, dass er noch etwas von Gott erwartet. Wir müssen uns nicht vornehm zurückhalten. Wir dürfen Gott ruhig bestürmen mit dem, was uns unter den Nägeln brennt. „Bittet, so wird euch gegeben!“ (Mt 7,7). Viele haben aufgehört, Gott um etwas zu bitten, weil sie in ihren Erwartungen immer wieder enttäuscht wurden. Erhört Gott unser Bitten? Eltern, die diesen Namen wirklich verdienen, werden jede Bitte ihrer Kinder in dem Sinn „erhören“, dass sie sich mit innerer Anteilnahme hineinhören in die Wünsche ihrer Kinder. Sie werden sich ihre Sehnsüchte zu Herzen gehen lassen. Aber sie werden ihnen trotzdem nicht jeden Wunsch erfüllen.
Gott „erhört“ jedes Gebet. Er lässt sich unsere Wünsche zu Herzen gehen. Aber er weiß auch, was wir brauchen, was wir nötig haben, was wirklich gut für uns ist. Wissen wir das denn immer? Als Vater von drei Kindern habe ich erlebt, wie törichte, ja sogar gefährliche Kinderwünsche es geben kann. Solche Gebete gibt es auch. „Gott erfüllt nicht alle unsere Wünsche, aber er erfüllt alle seine Verheißungen“ (Dietrich Bonhoeffer). Darum kann seine Antwort auf unser Beten auch anders ausfallen, als wir sie erwarten. Nicht selten begreifen wir diese Antwort erst auf Umwegen, erst im Nachhinein, erst auf einem mühevollen Weg der Deutung als eine Gebetserhörung. Manchmal mutet Gott uns auch zu, mit unseren nicht erfüllten Erwartungen ohne solche Deutung weiterzuleben. Ich bitte Sie: Brechen Sie gerade dann, im vermeintlichen Schweigen Gottes, das Gespräch mit ihm nicht ab.

Viertens: Christliches Beten ist auch *stellvertretendes* Beten. Man nennt diese Stellvertretung Fürbitte. Wenn Sie in Ihrer Firma einen Kollegen vertreten, dann nehmen Sie seinen Platz ein – und halten ihm zugleich den Platz frei, bis er wieder da ist. In der Fürbitte treten wir für andere Menschen vor Gott ein, halten ihnen einen Platz frei bei Gott. Wir setzen uns für sie bei Gott ein – gerade auch für Menschen, die selber nicht beten wollen oder können. Wir leihen denen vor Gott unsere Stimme, die das Leben stumm gemacht hat. Wir nennen vor Gott Namen „im Namen Jesu“.
Sie werden beim Beten für ein Menschen merken: Die Fürbitte verbindet sie mit dem anderen. Das verändert Ihre Beziehung zu dem, den Sie im Gebet vor Gott bringen. Indem ich Gott einen Menschen ans Herz lege, bekommt dieser Mensch auch in meinem Herzen einen Platz. Jesus hat uns sogar aufgefordert, für unsere Feinde zu beten (Mt 5,44). Tun Sie das mal, für einen Menschen

beten, den Sie absolut nicht ausstehen können, weil er Ihnen übel mitspielt! Sie werden merken: Ihr Verhältnis zu diesem Menschen verwandelt sich. Wen ich im Gebet vor Gott bringe, den werde ich nicht mehr umbringen können – auch nicht mit Worten oder in Gedanken. Ich kenne Menschen, die sorgen sich um jemanden, und dieses Sorgen frisst sie auf. Fürbitte entlastetet von der Sorge um andere, weil sie Menschen der Fürsorge Gottes überlässt. Ich weiß nicht, an welche(n) Menschen Sie im Moment denken. Aber vielleicht können Sie diese Person jetzt einfach dem fürsorglichen Handeln Gottes anvertrauen.

Fünftens: Christliches Beten ist schließlich *zweckfreies* Beten. „Das hat ja doch keinen Zweck“, sagt mancher, der das Beten eingestellt hat. Muss eigentlich alles einen Zweck haben? Die Diktatur der Zwecke knebelt uns. Zweckfreie Räume, in denen man sich „einfach nur so“ aufhält, sind rar geworden. Ich wünsche Ihnen, dass Sie noch Zeit finden für Dinge, die überhaupt keinen Zweck haben. Sie reden doch sicher mit Ihrem Lebenspartner oder mit guten Freunden nicht nur dann, wenn Sie irgendeine Absicht verfolgen, irgendetwas von ihnen wollen. Am schönsten sind zweckfreie Unterhaltungen, wo man bei einem Glas Wein zusammen sitzt und ein Wort das andere ergibt. Absichtslos, zweckfrei beten, einfach mit Gott zusammen sein wollen wie mit einem guten Freund, nicht weil man etwas will, sondern weil es schön ist bei ihm – das ist ein Merkmal des Dialogs der Christen mit Gott.

Weil Gott weiß, was wir brauchen, müssen wir ihm nicht ständig Vorträge halten, die mit langen Wunschzetteln enden. Wir dürfen in Gottes Schoß ausruhen, uns an Christi Schulter lehnen, im zweckfreien Schweigen vor Gott da sein. Manchmal, auf Spaziergängen, probiere ich das. Ich bin einfach vor Gott da – ohne eine Intention. Ab und zu erlebe ich, wie mir ein Bibelwort oder ein Liedvers durch den Sinn geht. Dann betet „es“ in mir. Dann spüre ich Gottes Atem, der in mir wohnt. Welchen Zweck das hat? Es ist einfach schön und gut. Es muss keinen Zweck haben, im Dialog zu bleiben mit dem großen Du Gottes. Beten, der Dialog mit dem „großen Du“, das Gespräch mit Gott – wer es lernen will, wird den Kampf um die Stille aufnehmen und damit den Kampf gegen den Lärm um uns herum und besonders in uns selbst. Der Lärm in uns ist oft sogar lauter als die äußere Geräuschkulisse. Erschreckend laut ist das Echo, das die Dinge in uns selbst haben. Halten Sie, wenn Sie können, ein paar Minuten des Tages frei für die Stille, für das Hören und Beten. Vielleicht hilft Ihnen eine Kerze oder ein Meditationsbild, eine bestimmte Körperhaltung oder ein besonderer Raum zur Konzentration. Hier muss jede(r) selbst ausprobieren, was ihm (ihr) dabei hilft, im Dialog mit Gott, im Einatmen und Ausatmen des Glaubens einen möglichst langen Atem zu behalten.

Spiritualität und Solidarität

Was halten Sie übrigens von diesem Beter? Auch er übt ja treu und brav die Fürbitte für andere. Sogar die Hungernden und Verfolgten kommen in seinem Nachtgebet vor. Aber da stimmt etwas nicht. Die, die er in sein Gebet einschließt, schließt er zugleich aus seinem Leben aus. Seinem frommen Herzen mögen sie nahe sein, aber ihre physische Nähe erträgt er nicht. Die Tür ist verrammelt. Sein Bett, in dem er sich für diese Nacht von Gott einen ruhigen Schlaf erbittet, hat er wie ein Bollwerk gegen das Elend vor den Eingang seines Schlafzimmers geschoben. Er sehnt sich im privaten Gebetskämmerlein danach, dass Gott ihm ein Fenster zum Himmel öffnet. Aber von der Not, die ihm durchs Schlafzimmerfenster reinguckt, will er nicht gestört werden. Da faltet einer die Hände, um sich nicht die Finger schmutzig machen zu müssen. Aber so geht es nicht.

Hier wird die Fürbitte zum frommen Alibi für den unterlassenen persönlichen Einsatz. Hier drückt jemand die Not der Welt an sein träges Herz – und drückt sich zugleich um die geschuldete Hilfeleistung herum. Er will bei Gott sein, ohne bei den Menschen bleiben zu müssen. In diesem frommen Schlafzimmer ist stickige Luft. Hier kann der Glaube nicht durchatmen.

Spiritualität darf Solidarität nicht ersetzen. Das Ein- und Ausatmen des Glaubens will uns nicht in den Schlaf der Gerechten wiegen. Es will eine praktische Hilfe sein, bei Jesus zu bleiben. Ich hatte Ihnen bereits den „Erstwohnsitz“ Jesu auf dieser Erde genannt: die Gemeinde der Christen, die Kirche Jesu Christi. Wo zwei oder drei im Namen Jesu und seines Gottes zusammen sind, da ist er dabei. Aber Jesus hat noch einen „Zweitwohnsitz“ in unserer Welt. Da hält er sich mindestens so häufig auf wie in seiner Hauptanschrift.

Der Zweitwohnsitz Jesu

Der Zweitwohnsitz Jesu liegt in keiner besonders attraktiven Wohngegend. Es ist der Arme-Leute-Stall von Bethlehem, das Lepra-Tal von Jericho, die Brücke, unter der die Penner schlafen, das Obdachlosenheim der Großstadt, der Slum von Kalkutta oder Sao Paulo, die Asylanten-Herberge ganz in der Nähe, das Sterbezimmer des Altenheims um die Ecke, die Intensivstation der örtlichen Klinik, die Bahnhofstoilette, auf der sich die Fixer den Schuss setzen, die Jugendstrafanstalt mit den Gitterfenstern, die Nachbarwohnung, aus der manchmal Schreie zu hören sind, die kleine Kneipe an der Ecke, wo sie sitzen, weil sie zu Hause niemand erwartet, die Etagenwohnung in der Mietskaserne, in der jemand seine Verzweiflung mit Schnaps zu ertränken versucht.
Auch da wohnt Gott, auch da ist Jesus zu Hause. Inkognito sozusagen, unter anderem Namen. Jesus ist gerade dort zu finden, wo wir ihn gar nicht vermuten. Er will uns an Orten begegnen, wo wir nicht mit ihm rechnen. Im großen Spital dieser Welt hält er sich auf, nicht nur in feierlichen Gottesdiensten, im Rotlicht-Milieu, nicht nur im Kerzenschein, im Schrei vergaster Juden, nicht nur im Lobpreis der Christen, mitten in der Nacht des zerrissenen Lebens, nicht nur im frommen Abendgebet. Wir verfehlen Jesus gründlich, wenn wir seinen Zweitwohnsitz meiden, wenn wir ihn nicht auch dort aufsuchen, wo das Leben von Menschen auf dem Spiel steht.
Jesus hat eine Geschichte erzählt, in der sich Leute darüber wundern, dass sie ihm in ihrem Leben überhaupt begegnet sind. Besonders fromm waren sie nämlich nicht. Sie haben nicht gebetet und nicht die Bibel gelesen. „Spiritualität" war ein Fremdwort für sie. Keine Kirche haben sie von innen gesehen. Und doch sind sie Jesus ganz nahe gekommen. Zu ihnen sagt Jesus in seiner Beispielgeschichte: „Ich bin hungrig gewesen, und ihr habt mir zu essen gegeben. Ich bin durstig gewesen, und ihr habt mir zu trinken gegeben. Ich bin ein Fremder gewesen, und ihr habt mich aufgenommen. Ich bin nackt gewesen, und ihr habt mich gekleidet. Ich bin krank gewesen, und ihr habt mich besucht. Ich bin im Gefängnis gewesen, und ihr seid zu mir gekommen. Was ihr getan habt einem von diesen meinen geringsten Brüdern, das habt ihr mir getan" (Mt 25,35ff). Seltsam, dass man bei Jesus bleiben kann und es gar nicht weiß. Wir werden im Himmel noch darüber staunen, wer alles zu Jesus gehört.

Beten und Tun des Gerechten

Wir haben in uns einen Zug zum „Höheren". Auch in unserer Spiritualität wollen wir in der Regel Himmelsluft schnuppern. Gott dagegen hat einen Zug nach unten, zu denen, die im Dreck sitzen. Wer bei diesem Gott bleiben will, muss sich tief bücken, sonst übersieht er ihn vielleicht trotz seiner ganzen Frömmigkeit. Nicht nur im Nachtgebet ist Gott. Er ist in der Nacht, in der die Lichter ausgegangen sind. Darum schickt er die, die sein Licht gesehen haben, auch in die Nacht. Der Glaube will nicht im Herzen stecken bleiben. Er will in die Hände und in die Füße, will konkret werden im Tun.
„Beten und Tun des Gerechten" gehören zusammen. „Beten" ist das Ausatmen des Glaubens nach oben. „Tun des Gerechten" ist das Ausatmen des Glaubens nach rechts und links. Spiritualität braucht Solidarität. Einspruch gegen das, was Menschen entrechtet und entwürdigt. Wer mit dem Himmel Verbindung behalten will, muss der Erde treu bleiben, weil Gott ihr die Treue hält.
Das Gerechte tun heißt, das jetzt Notwendige, das im Augenblick Not-Wendende tun, soweit es mir möglich ist. Ich muss mir nicht das ganze Elend der Welt aufladen. Diese Last trägt Jesus Christus. Aber wenn ich bei ihm bleiben will, beteiligt er mich daran. „Einer trage des andern Last, so werdet ihr das Gesetz Christi erfüllen" (Gal 6,2). Also, wenn Sie beten, fragen Sie Jesus ruhig: „In welchem Menschen begegnest du mir heute, Jesus? Hilf mir, dass ich ihn, dass ich dich in ihm nicht übersehe!"
Aus der evangelischen Bruderschaft von Taizé in Südfrankreich stammt der Satz: „Lebe das vom Evangelium, was du verstanden hast, auch wenn es nur ganz wenig ist". Mir gefällt dieser Satz, weil er mich angesichts der Not dieser Welt, angesichts des vielen, was notwendig getan werden müsste, nicht überfordert.

Glaube will sich mitteilen

Um eine letzte Gestalt des Ausatmens im Glauben soll es nun abschließend noch gehen, nämlich um die Mitteilung des eigenen Glaubens an andere. Werfen wir zunächst einen Blick auf das Bild auf S. 219. Ich vermute, die beiden Männer sind zwei Nichtsesshafte, die von dem leben, was ihnen Menschen tagtäglich zukommen lassen. Die Essensschale des einen ist bereits gefüllt, die des andern noch leer. Hunger haben sie beide.

Hunger ist nicht nur ein körperliches Phänomen. Wir Menschen brauchen nicht nur Nahrung. Wir haben auch „Hunger nach Gott", einen „spirituellen Hunger", auch wenn viele die Kirche satt haben und ihnen der Appetit auf die christliche Hausmannskost vergangen zu sein scheint. Ich beobachte, wie Menschen nach Sinnfindung hungern, nach einer Hoffnungsperspektive, nach einem Halt in ihrem Leben, nach Annahme, nach Hilfen zum Umgang mit der eigenen Angst. Darin versteckt, ihnen selbst oft gar nicht bewusst, zeigt sich ihr Hunger nach Gott. Aber sie finden die Nahrungsquelle nicht. Sie halten ihre leere Glaubensschale in der Hand (wenn sie die nicht schon längst weggeschmissen haben!), und keiner füllt sie ihnen.

Im Bild oben zeigt einer seinem Kumpel, wo es etwas zu essen gibt. Er weist ihm den Weg zur Nahrungsquelle. Das bekannte Isenheimer Altarbild von Matthias Grünewald zeigt eine Kreuzigungsszene. Johannes, einer der Jünger von Jesus, ist mit einem überdimensional großen Finger dargestellt, der auf den Gekreuzigten hinweist. Solche Menschen brauchen wir, die anderen zum Fingerzeig, zum Wegweiser zu Gott werden. Brot des Lebens gibt es genug. Gott ist bereit, es in Fülle auszuteilen. Niemand muss spirituell verhungern. Es gibt aber zu wenige, die anderen zeigen, wo es zu essen gibt.

Wenn Sie entdeckt haben, wo man seinen Hunger nach Gott stillen kann, dann bitte ich Sie herzlich: Sagen Sie es weiter! Teilen Sie das Brot des Lebens mit anderen, teilen Sie ihnen etwas mit von Ihrem Glauben.

Vielleicht sagen Sie: „Das Wenige, das ich in meiner Glaubensschale habe, reicht gerade so eben für mich. Davon werde ich knapp selbst satt". Aber es gibt Dinge, die wachsen und vermehren sich gerade dadurch, dass man sie mit anderen teilt. Sie kennen das Sprichwort: „Geteilte Freude ist doppelte Freude". Auch die Freude an und auf Gott vermehrt sich in uns, wenn wir sie nicht für uns behalten. Das jedenfalls ist die Entdeckung unzähliger Christen, dass ihr Glaube vitaler geworden ist, seit sie angefangen haben, sich vor anderen als Christ zu „outen".

Wissen Sie, warum das Tote Meer „totes Meer" heißt? Weil es nur Zuflüsse, aber keinen Abfluss hat. So kann das Wasser nur verdunsten. Die

Folge ist ein zu hoher Salzgehalt, der alles Leben ersterben lässt. Manche Christen gleichen einem toten Meer, obwohl sie ihrem Glauben ständig Gutes zufließen lassen. Ihr Glaubenswasser riecht trotzdem abgestanden, weil sie es nicht weiterleiten an die, deren Lebensdürre es so nötig hätte. Sie leiden unter einer Art spiritueller Stoffwechselkrankheit. Sie wollen das Evangelium dauernd nur einatmen, ohne es auch wieder auszuatmen, indem sie es ins Gespräch und unter die Leute bringen. Da gehört es nämlich hin. Es ist Zeit, dass Christen wieder den Mund aufkriegen nicht nur im geschlossenen Raum der Kirche, sondern auch draußen auf dem Markt, wo das Geschwätz der Leute stattfindet.
Gott hat Sehnsucht nach seinen Menschen. Vielleicht hat diese Sehnsucht Sie schon gefunden. Dann bitte ich Sie, an dieser Sehnsucht Gottes teilzunehmen, zum Sprachrohr dieser Sehnsucht zu werden. Wenn Sie erfahren haben, dass Gott etwas zu sagen hat, sollten Sie ihn nicht verschweigen.

Reisesegen

Unsere Reise ins Land des Glaubens geht zu Ende. Gut, dass Sie dabei waren. Haben Sie etwas von der Schönheit dieses Landes entdeckt? Hoffentlich sind Sie unterwegs nicht irgendwo ausgestiegen. Ich hätte Ihnen gern einige Sehenswürdigkeiten, an denen wir vorbeigekommen sind, noch genauer gezeigt. Manchen spannenden Seitenweg sind wir gar nicht erst gegangen. Aber es muss ja für Sie nicht bei dieser Stippvisite bleiben. Ich hoffe, dass Sie Lust bekommen haben, das Land des Glaubens weiter zu erkunden. Ich kann Sie dabei nicht länger begleiten. Sie werden andere finden, die das tun. Bleiben Sie Gott befohlen auf Ihrer Lebens- und Glaubensreise! Ich wünsche Ihnen jeden Tag gute, neue Entdeckungen im Land des Glaubens. Und damit Sie auf Ihrer Reise einen langen Atem behalten, gebe ich Ihnen jetzt zum Schluss – als kleinen, ersten Reiseproviant sozusagen – noch einen Reisesegen mit auf den Weg.

Wegsegen

gott segne deinen weg,
die sicheren und die tastenden schritte,
die einsamen und die begleiteten,
die großen und die kleinen.

gott segne dich auf deinem weg
mit atem über die nächste biegung hinaus,

mit unermüdlicher hoffnung,
die vom ziel singt, das sie nicht sieht,
mit dem mut, stehen zu bleiben,
und der kraft, weiterzugehen.

gottes segen umhülle dich auf deinem weg
wie ein bergendes zelt.
gottes segen nähre dich auf deinem weg
wie das brot und der wein.
gottes segen leuchte dir auf deinem weg
wie das feuer in der nacht.

geh im segen,
und gesegnet bist du segen,
wirst du segen,
bist ein segen,
wohin dich der weg auch führt.
(Katja Süß)

Quellen

Der Verlag ist bemüht, jeweils die genaue Bild- bzw. Textquelle anzugeben. Leider ist das nicht in allen Fällen möglich gewesen. Für Hinweise ist der Verlag dankbar.

Literatur

S. 210 *Karl Barth*, Gottes Gnadenwahl, Theologische Existenz heute 47, 1936, © Theologischer Verlag Zürich

S. 32 *Wolf Biermann*, Alle Lieder, © 1991 by Verlag Kiepenheuer & Witsch Köln

S. 65 / 66 *Martin Buber,* Die Brennpunkte der jüdischen Seele, aus: Martin Buber, Der Jude und sein Judentum, © Gütersloher Verlagshaus GmbH Gütersloh

S. 71 / 72 *Max Frisch*, Ausgewählte Prosa, edition Suhrkamp 36, © Suhrkamp Verlag Frankfurt am Main 1963

S. 136 *Max Frisch*, Mein Name sei Gantenbein, © Suhrkamp Verlag Frankfurt am Main 1964

S. 57 / 58 *Matthias Horx*, Trendbuch 2, 1995, Econ Verlag Düsseldorf und München

S. 65 *Tilmann Moser*, Gottesvergiftung, © Suhrkamp Verlag Frankfurt am Main 1976

S. 21 *Wolfdietrich Schnurre,* Ich frag ja bloß, 1973, Paul List Verlag München

S. 200 *Fulbert Steffensky,* Wo der Glaube wohnen kann, Kreuz Verlag Stuttgart 1989

S. 220 / 221 *Katja Süß*, Wegsegen, aus: Gesegneter Weg, Segenstexte und Segensgesten, Hg. von Martin Schmeisser, © Verlag am Eschbach, 2. Aufl. 2000

S. 83 *Rudolf Otto Wiemer*, Ernstfall, J. F. Steinkopf Verlag Kiel

S. 142 *Paul M. Zulehner,* Kirchen-ent-täuschungen, Ein Plädoyer für Freiheit, Solidarität und einen offenen Himmel, Kremayr & Scheriau Wien 1997

Abbildungen

S. 8 Tiki Küstenmacher

S. 9 © Waldemar Mandzel

S. 12 /13 / 27 / 35 / 37 / 41 / 62 / 64 / 91 / 94 / 100 / 107 / 108 / 109 / 110 / 112 / 113 / 114 / 119 / 120 / 152 / 164 / 180 / 192 / 193 / 194 / 200 Hans-Werner Mehnert

S. 15 / 47 / 49 / 86 aus: Ivan Steiger sieht die Bibel, Verlag Katholisches Bibelwerk und Deutsche Bibelgesellschaft Stuttgart
S. 23 Thomas Putze
S. 36 / 146 / 150 © Hans Biedermann
S. 50 aus: Gerhard Timmer, Kinderbriefe an den lieben Gott, © Gütersloher Verlagshaus GmbH, Gütersloh
S. 57 Steinmann, aus: Fundscheibe, Löwensteiner Cartoon Service Fridingen
S. 58 / 184 aus: Werner „Tiki" Küstenmacher, Die fromme Geisterbahn, Claudius Verlag München, S. 12, 19
S. 66 Michel Angelo
S. 70 Marc Chagall, Mose vor dem Dornbusch, © VG Bild-Kunst, Bonn 2002
S. 74 Persy
S. 77 Vorlet, Spaziergang im Tiefdruckgebiet
S. 81 Helmut Münch, Seht, welch ein Mensch
S. 85 alphapress/Derlath, Garching
S. 95 Ernst Barlach, „Das Wiedersehen", Holz 1926, © Ernst und Hans Barlach GbR Lizenzverwaltung Ratzeburg
S. 97 Edvard Munch, Der Schrei (Ausschnitt), © The Munch Museum/The Munch Ellingsen Group/ VG Bild-Kunst, Bonn 2002
S. 103 Arend van Dam, aus: Fundscheibe, Löwensteiner Cartoon Service Fridingen
S. 124 links Rembrandt
S. 136 Wolfgang Mattheuer, Gewissensbisse, © VG Bild-Kunst, Bonn 2002
S. 141 Marcus, aus: Fundscheibe, Löwensteiner Cartoon Service Fridingen
S. 157 / 162 oben / 202 / 212 aus: Fundscheibe, Gesellschaft für Christliche Öffentlichkeitsarbeit Würzburg
S. 174 Oskar Kokoschka, Die Speisung der Kinder, © VG Bild-Kunst, Bonn 2002
S. 192 / 193 / 194 / 200 / 201 Burghard Krause
S. 195 aus: Klaus Douglass, Glaube hat Gründe. Wie ich eine lebendige Beziehung zu Gott finde, Kreuz Verlag Stuttgart 1994, S. 137
S. 198 Alexander Hermanspann, aus: Hermann Brünjes, Glaube, Aussaat Verlag Neukirchen-Vluyn 1997
S. 203 Liebermann, aus: Fundscheibe, Löwensteiner Cartoon Service Fridingen
S. 216 Mester, aus: Fundscheibe, Löwensteiner Cartoon Service Fridingen
S. 218 Ernst Barlach, „Selig sind die Barmherzigen", Lithographie, 1916, © Ernst und Hans Barlach GbR Lizenzverwaltung Ratzeburg